Weltausstellungen

Erik Mattie

Weltausstellungen

Belser Verlag

Die Deutsche Bibliothek- CIP Einheitsaufnahme
Weltausstellungen / Erik Mattie. – Stuttgart; Zürich:
Belser, 1998

ISBN 3-7630-2358-5

Printed in Belgium 1998

Diese Ausgabe ist auch in einer englischen und niederländischen Version erhältlich. Die in der englischen Version auftretenden Textunterschiede sind von nebensächlicher Bedeutung.

Illustration, Seite 3: **Der Chrystal Palace im Bau**

Inhalt

OYSELIERS
TAIANCIERS
OYSELIERS
LINGERIES
M Lingerie
Change pour le Roy
Vin d'Espagne
M de Laune et de Couvertes
Hebenistes et Affiquets

Vorwort

Linke Seite: Die Foire Saint Germain in Paris; überdachte Markthallen aus dem Jahre 1511

Unten: Die französische Nationalausstellung von 1834 auf dem Place de la Concorde. Vier große Hallen säumen beidseitig den Boulevard, eine der Achsen des Geländes. Eine solche Einrichtung des Ausstellungsgeländes sollte sich später bewähren.

Weltausstellungen haben in den vergangenen anderthalb Jahrhunderten durch ihren Charakter und ihr Ausmaß einen wichtigen Beitrag zur Geschichte der Architektur geleistet. Da die Ausstellungen Prestigeprojekte waren und keinen dauerhaften Bestand hatten, zeigten sich die Pavillons häufig spektakulär und innovativ. Die greifbaren Beweise dafür sind jedoch in ihrer überwiegenden Mehrheit verschwunden, was manchmal – wie im Fall des Londoner Crystal Palace – unbeabsichtigt war, aber im Allgemeinen – wie im Fall der Galerie des Machines – ganz bewusst geschah. Einige berühmte Bauwerke sind allerdings erhalten geblieben, man denke nur an den Eiffelturm in Paris und das Atomium in Brüssel. Der deutsche Pavillon von Ludwig Mies van der Rohe aus dem Jahre 1929 und der Pavillon de l'Esprit Nouveau von 1925 von Le Corbusier wurden sogar rekonstruiert.

Was jedoch die vielen hundert größeren und kleineren Pavillons betrifft, die dem Zahn der Zeit zum Opfer fielen, so ist der Liebhaber des Genres auf Literatur angewiesen. Hin und wieder stößt man in Antiquariaten noch auf Kataloge, Broschüren und andere gedruckte Publikationen aus der Zeit der Ausstellungen selbst. Daneben gibt es, ebenfalls antiquarisch, auch einige Bücher, die mehr oder weniger auf die Architektur der Weltausstellungen eingehen. Die wichtigsten einschlägigen Titel sind die Bücher von Friebe und Allwood sowie ein Ausstellungskatalog des Centre Pompidou.[1] Da diese Bücher nur schwer erhältlich sind, das Thema allerdings relevant ist, schien es dem Verleger und dem Autor nahe liegend, eine neue Ausgabe zusammenzustellen, in der der Schwerpunkt auf dem chronologisch geordneten Bildmaterial liegt. Die über 300 Abbildungen von 30 Weltausstellungen vermitteln einen umfassenden Eindruck vom Reichtum und von der Vielfalt einer fast vergessenen architektonischen Kategorie: dem Ausstellungspavillon.

1 *Friebes Buch* Buildings of the World Exhibitions *ist mehr auf Osteuropa ausgerichtet, während in Allwoods Buch* The Great Exhibitions *nicht die Architektur im Mittelpunkt steht. Letzteres gilt auch für den Katalog* Le livre des expositions universelles 1851-1989.

Einleitung

Geschichte

Die erste internationale Weltausstellung fand bekanntlich 1851 in London statt. Frühere Ausstellungen industrieller und handwerklicher Erzeugnisse besaßen, vor allem in England und Frankreich, nationalen Charakter, aber Mitte des 19. Jahrhunderts hatten das industrielle Wachstum und die Suche nach neuen Absatzmärkten den Weg für ein größer angelegtes Ereignis geebnet. Zunächst mussten allerdings die Importbeschränkungen, die den Handelsverkehr in der ersten Hälfte des 19. Jahrhunderts noch behindert hatten, abgebaut werden. Im Allgemeinen hatte man damals optimistische Zukunftsvorstellungen und man glaubte, dass die bevorstehende brüderliche Vereinigung aller Völker dies künftig möglich machen würde.

Die Vision, dass der Welthandel und der Weltfriede miteinander einhergehen würden, ist trotz der beiden Weltkriege und zahlreicher anderer bewaffneter Auseinandersetzungen seit 1851 bestehen geblieben. Dass die Firma Krupp und andere Waffenhersteller einst auf den Ausstellungen stolz Kanonen und Maschinengewehre vorzeigten, tat diesem optimistischen Weltbild kaum Abbruch.

Die Weltausstellungen hatten eine enorme Ausstrahlung. Auch in ihren Anfängen, als es noch keine besonders fortschrittlichen, neuartigen Verkehrsmittel gab, zogen sie Millionen Besucher an. Sie kamen aus dem In- und Ausland, und darunter waren Würdenträger, Prominente und Angehörige verschiedener Königshäuser. Für die meisten von ihnen war der Besuch die erste Gelegenheit überhaupt, die neuesten Erfindungen wie den Fahrstuhl, das Telefon oder das Fernsehen kennenzulernen.

Trotz immenser Investitionen und der nicht weniger hohen Verluste der Veranstalter war die Organisation einer Weltausstellung oftmals ein großer Schritt vorwärts, und zwar nicht nur für das Exportgeschäft selbst, sondern auch für die Städte, die bei dieser Gelegenheit gewaltige Summen in die Infrastruktur sowie in die Gestaltung der öffentlichen Anlagen, Einrichtungen und Unterkünfte investierten. Drei Städte nahmen die Durchführung der Weltausstellung sogar zum Anlass, eine U-Bahn zu bauen: Chicago 1893, Paris 1900 und Montreal 1967.

Der Charakter einer Weltausstellung hat sich im Lauf der Zeit gewandelt. Ungefähr seit der Jahrhundertwende ist die Industrie nicht mehr von großen, universellen Ausstellungen abhängig. Stattdessen gewinnen die Fachmessen zunehmend an Bedeutung. Die Weltausstellung ist zwar noch die Bühne, auf der neue Produkte vorgestellt werden, aber es überwiegt ihre Unterhaltungsfunktion. Rummelplätze und pittoreske historische Dörfer, die schon seit dem letzten Viertel des 19. Jahrhunderts populär sind, werden zu den wichtigsten Publikumsattraktionen. Die teilnehmenden Länder stellen am liebsten die eigene nationale Identität zur Schau statt eine Auslese ihrer Industrieprodukte zu präsentieren. Die ursprüngliche Idee, dass einmal alle Länder in Frieden miteinander leben werden, ist nicht mehr unmittelbar an Handelsinteressen gekoppelt, sondern wird zum eigenständigen Thema. Allerdings nimmt mit dem Wandel im Charakter der Ausstellungen der Anteil der innovativen und experimentellen Architektur keineswegs ab. Nach wie vor fordern Weltausstellungen die Länder und Organisatoren geradezu heraus, die Welt mit dem Neuesten vom Neuen in Erstaunen zu versetzen.

Ausstellungstyp und -organisation

Vom Typ her kann man zwischen internationalen, nationalen, multilateralen und kolonialen Ausstellungen unterscheiden sowie zwischen solchen, die einem bestimmten Schwerpunkt oder Thema (z. B. Elektrizität, Fischerei, Architektur usw.) gewidmet sind. Im Prinzip werden in diesem Band überwiegend die universellen, internationalen Ausstellungen behandelt, die für alle Länder und alle Waren gedacht waren, und zwar schon aus dem einfachen Grund, weil sie in architektonischer Hinsicht am interessantesten waren. Wichtige Ausnahmen bilden die internationalen thematischen Ausstellungen für angewandte Kunst, die 1902 in Turin und 1925 in Paris stattfanden.

Offiziell geregelt wurde die Organisation von Weltausstellungen auf der Pariser Konferenz von 1931 (Vorbereitung 1928), auf der 31 Länder, darunter die großen Kolonialmächte, vertreten waren. In jenem Jahr wurde auch das Bureau International des Expositions (BIE) gegründet. Dieses nationenübergreifende Forum setzt sowohl die Regeln und Anforderungen

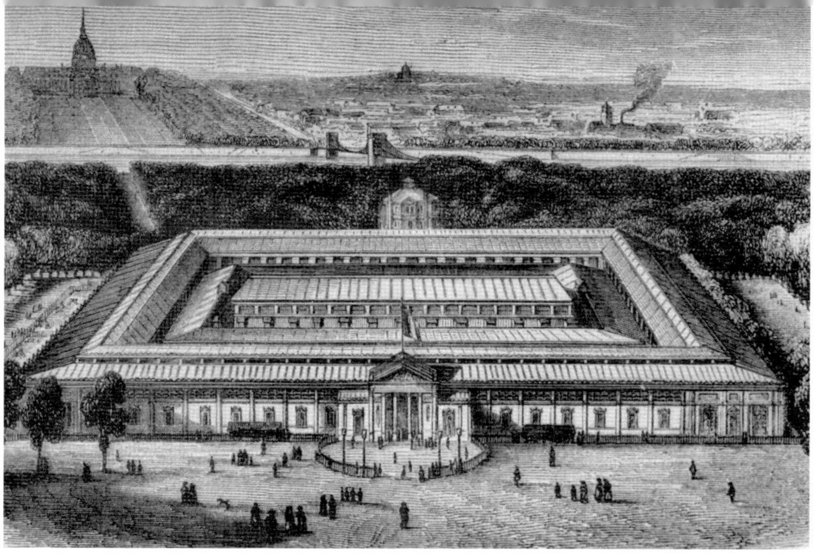

als auch den Standort und den Termin der Ausstellungen fest. Die Teilnehmerländer setzen ihrerseits jeweils ein Nationalkomitee ein. Bis 1931 lag die Durchführung der Ausstellungen ganz im Ermessen ehrgeiziger Staatsoberhäupter, Regierungen und einflussreicher Privatleute.

Es gibt Ausstellungen der Kategorie A und B, eine Einteilung, die im Allgemeinen dem Unterschied zwischen universell und international-thematisch entspricht. Auf A-Ausstellungen wird von den Ländern erwartet, dass sie ihren Pavillon selbst entwerfen.

Oben: Die französische Nationalausstellung von 1844 auf den Champs Elysées. Der Prototyp der rechteckigen Ausstellungshalle mit einer dem klassischen Stil entlehnten Vierfrontfassade

Die Architektur der Weltausstellungen

Die Ausstellungen des 19. Jahrhunderts bedeuteten für den Ingenieurbau eine besondere Herausforderung. Die riesigen Hallen, die die vielen Stände beherbergen sollten, setzten ein technisches Konzept und neue Berechnungsmethoden voraus, die an Ausbildungsinstituten wie etwa der Academie des Beaux Arts nicht vermittelt wurden. Neue Baustoffe wie Glas, Eisen und später der stabilere Stahl erlaubten nicht nur größere Spannweiten, sondern machten es auch möglich, schnell und relativ billig zu bauen. Da den Organisatoren aber nicht immer daran gelegen war, die Wunder der Technik in den Mittelpunkt zu stellen, beauftragten sie die Architekten mit dem Entwurf von Holzverkleidungen und Verputzungen für das Glas und den Stahl. So vermittelten die Weltausstellungen des 19. Jahrhunderts einen ambivalenten Eindruck. Einerseits sah man gewagte Ingenieurbaukonstruktionen wie den Crystal Palace und den Eiffelturm, andererseits auch verputzte Fassaden, die meist im Stil des Klassizismus gehalten waren. Nach der Jahrhundertwende und insbesondere seit der Pariser Ausstellung von 1900 schien der Architekt die Oberhand über den Ingenieur zu gewinnen. Nach dem Zweiten Weltkrieg experimentierte man jedoch wieder intensiv mit neuen Bauformen. Nicht nur Glas und Stahl traten wieder in den Vordergrund, sondern man führte auch neue Techniken ein. Ab 1967 hielt auch der Computer Einzug, weil so manche komplizierten Berechnungen nicht mehr auf herkömmliche Weise bewältigt werden konnten. Seit Brüssel 1958 fällt die Tendenz auf, die Grenze zwischen Wand- und Dachkonstruktion aufzuheben. Den ersten Anstoß dazu gab der russische Pavillon, den Melnikow für die Exposition des Arts Décoratifs im Jahre 1925 entworfen hatte.

Der Urtyp des Ausstellungspavillons ist das mehrschiffige Basilikamodell: ein länglicher Baublock, manchmal mit einem Querschiff versehen, in lange Gänge gegliedert, die von freistehenden Säulen begrenzt werden. Die Außenmauern sind verputzt, wie schon auf der Pariser Nationalausstellung von 1849 (ein Prototyp), oder auch durchsichtig wie beim Crystal Palace in London. Abweichungen kommen zwar vor, sie machen aber nicht Schule. Man kennt zahllose Varianten in Größe und Maßstab, in der Anzahl der Querschiffe oder Türme, der Dekoration und so weiter. Der Urtyp verliert im 20. Jahrhundert an Bedeutung, er verschwindet aber nicht völlig. Eine besondere Variante ist der Symbol Zone genannte Bereich auf der Ausstellung in Osaka von 1970, bei der nur noch der rechteckige Grundriss an die illustren Vorgänger erinnert.

Abgesehen von diesem Standardmodell werden die Ausstellungen, vor allem von dem Moment an, da zum Hauptgebäude zahlreiche andere Pavillons treten, zum Prüffeld einer hyperindividuellen Architektur, die typologisch nicht ohne weiteres zu klassifizieren ist. Mit etwas gutem Willen kann man die Galerie des Machines noch als Urtyp ohne Zwischenstützen betrachten, aber der Eiffelturm und das Atomium sind natürlich einmalig. Von diesen einzigartigen Bauwerken und der etwas „gängigeren" Ausstellungsarchitektur handelt dieses Buch.

Great Exhibition of the Works of Industry of all Nations London

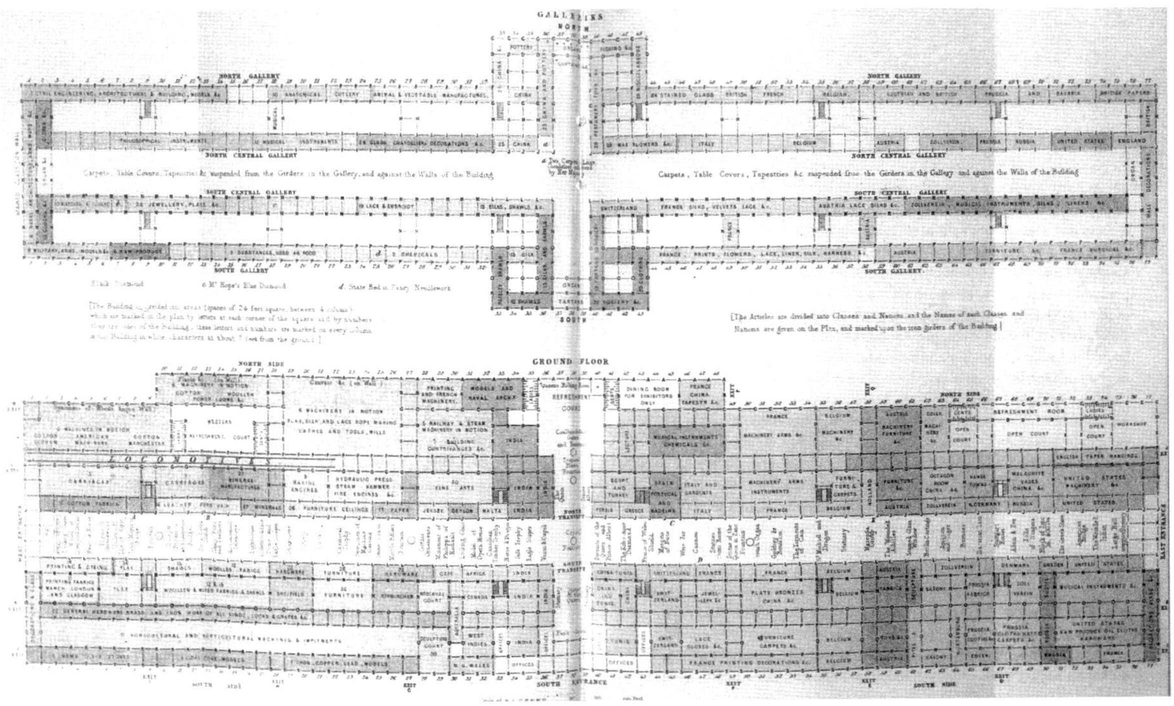

Oben: Grundrisse des Erdgeschosses und der Galerien

Linke Seite: Der Crystal Palace nach dem Wiederaufbau in Sydenham, um 1855

Jahr **1851, 1. Mai bis 11. Oktober** Standort **London: Hyde Park** Fläche **10,5 ha** Besucher **6.039.195** Teilnehmerzahl **28 Länder (17.062 Aussteller)** Architekt **Joseph Paxton** Bauaufsicht **Matthew Wyatt** Baubetrieb **Fox Henderson & Co** Neuheiten **Telegraph; erster Plastikstuhl aus vulkanisiertem Kautschuk**

Die Bedeutung der ersten Weltausstellung im Londoner Hyde Park und der Einfluss des Crystal Palace auf den Verlauf der Architekturgeschichte sind hinreichend bekannt. In dem Sinn, wie die Ausstellung von 1851 die Mutter aller Weltausstellungen ist, kann Sir Joseph Paxton als Großvater der modernen Architektur betrachtet werden. Die Konstruktion des enormen Pavillons wich so stark von den bis dahin üblichen Ausstellungsgebäuden ab und war zugleich so grandios, dass sie fast einhellige Bewunderung erntete. Königin Victoria und ihr Gemahl Prinz Albert waren nicht weniger stolz auf diese unvergleichliche britische Leistung als Millionen ihrer Untertanen.

Die Vorgeschichte

Die erste internationale Weltausstellung entsprang der Hoffnung, dass alle Völker der Welt in Frieden miteinander leben könnten und, etwas prosaischer gesagt, dem Wunsch, einen neuen Absatzmarkt für die britischen Erzeugnisse zu finden. Dass davon in erster Linie nur eine kleine, privilegierte Gruppe profitieren würde, interessierte dabei kaum. Die Technikgläubigkeit und das Vertrauen ins menschliche Können waren groß, und so nahm man an, dass die gezeigte Auswahl guter und preiswerter Produkte aus allen Himmelsrichtungen dem Handel und der Industrie insgesamt zugute kommen würde.

Die Idee, eine Weltausstellung zu veranstalten, stammte von Sir Henry Cole, dem Assistant Keeper des Public Records Office. Er hatte auf seinen Europareisen auch die große Nationalausstellung in Paris von 1849 besucht. Cole gelang es, Prinzgemahl Albert für das Projekt zu begeistern, und das englische Parlament erteilte angesichts des königlichen Engagements noch im selben Jahr sein offizielles Einverständnis. Man gründete ein Building Committee, das sich mit dem Bau des Pavillons befassen sollte. Das Komitee schrieb einen Architektenwettbewerb aus und erhielt innerhalb von drei Wochen nicht weniger als 245 Einsendungen. Dankbar sah sich das Komitee die vielen Entwürfe an, beschloss jedoch schon nach der ersten Runde auf Vorschlag von Henry Cole, dessen Schützling Joseph Paxton mit der Aufgabe zu betrauen. Paxton hatte sich bereits die Rolle des Spitzenkandidaten angemaßt, indem er seinen Plan eines Glas- und Eisenbaus in der London News publiziert hatte. Revolutionär war die Idee einer solchen Konstruktion nicht. In Frankreich war Hector Horeau, der sich übrigens an dem Wettbewerb beteiligt hatte, einer der Pioniere des Glas- und Eisenbaus. Etwa zur Zeit der Ausschreibung baute man gerade die Hallen der Bahnhöfe Kings Cross in London und Gare de l'Est in Paris. Auch im englischen Treibhausbau wandte man diese Bauweise schon seit einigen Jahrzehnten an.

Linke Seite, links: Interieur des Crystal Palace in Längsrichtung

Linke Seite, rechts: Interieur des Crystal Palace. Foto: William Henry Fox Talbot

Unten: Der Südeingang des Querschiffes. Innen zeichnen sich schwach die Umrisse eines Baumes ab, der in den Bau einbezogen wurde.

Paxton, der selbst aus dem Bereich der Gartenarchitektur stammte, besaß in Chatsworth ein Treibhaus für Grünpflanzen das Great Conservatory (1838-1840). Als der Wettbewerb ausgeschrieben wurde, entwarf er gerade ein Victoria-Regia-Gewächshaus. Warum sollte er für den Prinzgemahl kein gleichartiges Gebilde entwerfen? Er ließ sich von den Blattadern der Victoria Amazonica zur tragenden Konstruktion inspirieren. Die Kostenberechnung überließ Paxton dem Eisenbahningenieur William Henry Barlow. Paxtons Entwurf des Ausstellungsgebäudes unterschied sich von seinen früheren Treibhausentwürfen durch die enormen Proportionen. Eine solche Konstruktion ließ sich relativ schnell und billig bauen, ohne dadurch an Großartigkeit – das war angesichts der königlichen Anteilnahme an dem Projekt durchaus erwünscht – einzubüßen.

Für Grandeur sorgte vor allem die klare Struktur des Gebäudes. Ein fünfschiffiger Grundriss mit bis zu 564 m reichenden Sichtlinien und ein erhöhtes Querschiff verliehen dem Crystal Palast ein majestätisches Äußeres.

Abgesehen von dem eigentlichen Entwurf, der in seiner Schlichtheit so spektakulär wirkte, ist der Crystal Palace auch als Wunder baulicher Organisation und Planung in die Geschichte eingegangen. Die Standardisierung und die Verwendung von Fertigteilen, darunter 3300 hohle Eisenpfähle und 300.000 Glasplatten, sollten die Bauzeit verkürzen. Die Baufirmen wussten zwar kaum, wer offiziell befugt war, ihnen Aufträge zu erteilen und Zahlungen zu leisten, stellten jedoch den ersten Pfeiler am 26. September auf und übergaben den Bau siebzehn Wochen später. Am 1. Mai 1851 verließen die königlichen Kutschen Buckingham Palace, um an der Eröffnung einer Ausstellung teilzunehmen, die möglicherweise zu den Höhepunkten der Geschichte der industriellen Revolution gehörte.

Das Interieur Die an sich schon außergewöhnlichen Maße mussten noch monumentaler werden, weil eine der zusätzlichen Anforderungen lautete, dass einige der riesigen Ulmen im Hyde Park erhalten bleiben sollten. Paxton überdachte zu diesem Zweck das Querschiff mit einem 33 m hohen Tonnengewölbe, das damit genauso hoch war wie das Innere der Pariser Notre Dame. Der Palast orientiert sich also an vier Bäumen und erinnert in dieser Hinsicht an einen anderen Ausstellungspavillon, in den der Architekt einen Baum einbezog – den Pavillon de l'Esprit Nouveau von Le Corbusier aus dem Jahre 1925. Auch bei dem letztgenannten Pavillon war der Grundriss, der *plan libre*, frei einteilbar, was im Fall des Crystal Palace praktische Gründe hatte. Man wusste nämlich nicht, wie der Platz über die verschiedenen Aussteller verteilt werden sollte.

Das Interieur enthielt auch eine ganze Menge Holz, wobei die strukturellen Bauteile in Primärfarben gestrichen waren Das dominante, orientalisierende Farbschema stammt von Owen Jones. Auch der Fußboden war aus Holz und bestand aus Brettern, die während des Baus als Umzäunung gedient hatten.

Links ganz oben: Entwurf für die Londoner Ausstellung von Hector Horeau

Oben links: Montage des Crystal Palace

Oben rechts: Die Delegation der USA

Rechts: Blick auf den Crystal Palace in Längsrichtung mit dem nach Süden zeigenden Haupteingang unter dem Tonnengewölbe

Oben: Der Bau in seiner letzten Phase

Mitte: Entwurf der Ausstellungskommission nach dem Wettbewerb

Unten: Der Entwurf von Paxton, auf dem das Querschiff noch fehlt

Unten: Der Crystal Palace im Hyde Park aus der Vogelperspektive

Ganz unten links: Der Nordeingang zum Querschiff des Crystal Palace

Ganz unten rechts: Das am Boden zusammengesetzte Tonnengewölbe wird hochgezogen.

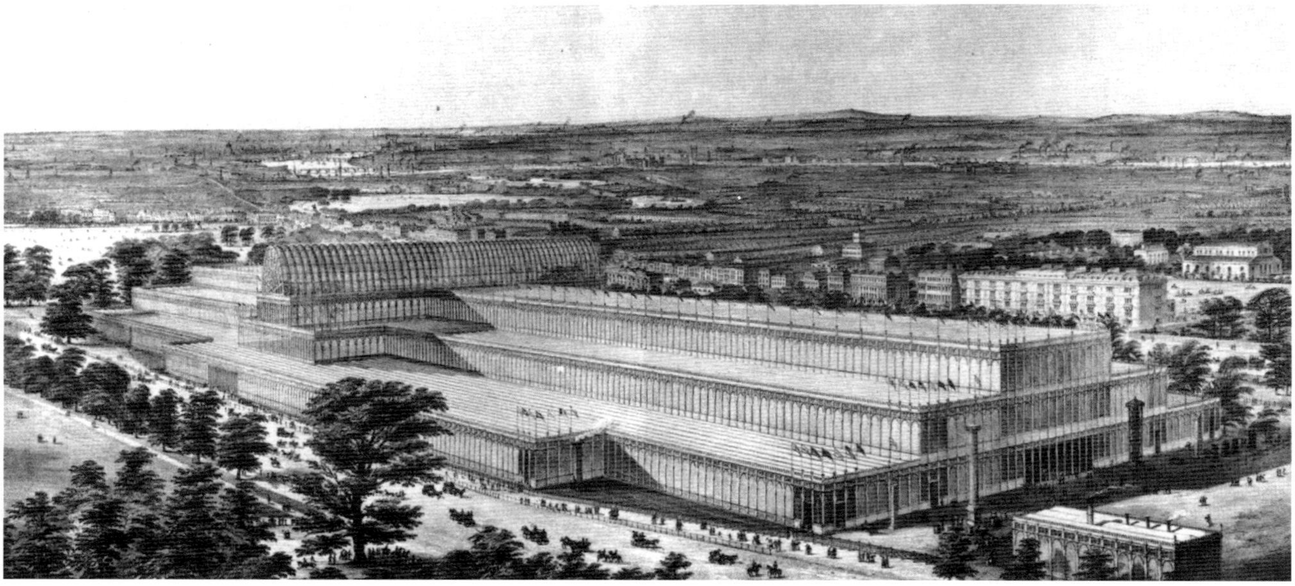

Dieses Modell einer Arbeiterwohnung aus Schachtelelementen wurde auf Vorschlag von Prinz Albert von Henry Roberts für die Ausstellung entworfen.

Die Ausstellung Die Nachfrage nach einem Stand auf der Weltausstellung war so groß, dass der Platz nicht einmal ausgereicht hätte, um alle britischen Interessenten zu berücksichtigen. Was das Ausland betrifft, so überließ man die Auswahl der Aussteller den jeweiligen Regierungen, die die ihnen zugeteilten Flächen aber nicht überschreiten durften Im Inland verteilten verschiedene Kommissionen den Platz. Ursprünglich hatte Prinz Albert eine Einteilung in die Bereiche Rohstoff, Produkt und Gestaltung vorgeschlagen, was sich aber als zu unpräzis erwies. Schließlich ging man von vier Hauptgruppen aus: Rohstoffe, Maschinen, Fabrikate und angewandte Künste, die ihrerseites in dreißig Kategorien unterteilt wurden. Die schönen Künste fehlten also, da die Ausstellung industriellen Charakter haben sollte. Die Jury griff bei ihrer Arbeit auf ein französisches System zurück. Henry Cole war für die Verwaltung verantwortlich. Bei der Eröffnung stand nur ein Zehntel der ausländischen Sektionen noch leer. Die Hausordnung war streng, aber gerecht: Alkohol, Rauchwaren und Hunde waren verboten – Letzteres zum Entsetzen eines jeden rechtschaffenen Engländers.

Das finanzielle Ergebnis Die Ausstellung erwirtschaftete einen Gewinn von 186.000 Pfund, der für Bildungszwecke eingesetzt wurde. Man kaufte in South Kensington Bauland, um ein Gelände für die Kunst und die Technik zu schaffen. Dort sollten später die wissenschaftlichen und geologischen Museen, das Imperial College of Science and Technology, die Royal Colleges of Art and Music und natürlich die Royal Albert Hall sowie das Victoria and Albert Museum entstehen.

Nachtrag Der Crystal Palace – dieser Beiname wurde erstmals in der Zeitschrift *Punch* verwendet – fand in Europa und in den USA viel Anklang und zahlreiche Nachahmer. Ähnliche Bauwerke schossen alsbald in Dublin, New York, München und Amsterdam in die Höhe. Noch bemerkenswerter ist jedoch, dass Abbildungen des Londoner Prototyps in vielen Wohnungen an der Wand hingen. Der Bürger des 19. Jahrhunderts schloss die moderne Architektur offenbar bedingungslos ins Herz.

Ursprünglich als vorübergehendes Bauwerk geplant, wurde der Crystal Palace 1854 sorgfältig demontiert und in Sydenham (Südlondon) als permanenter Ausstellungspavillon wieder aufgebaut. 1936 wurde das erste Weltausstellungsgebäude ein Opfer der Flammen.

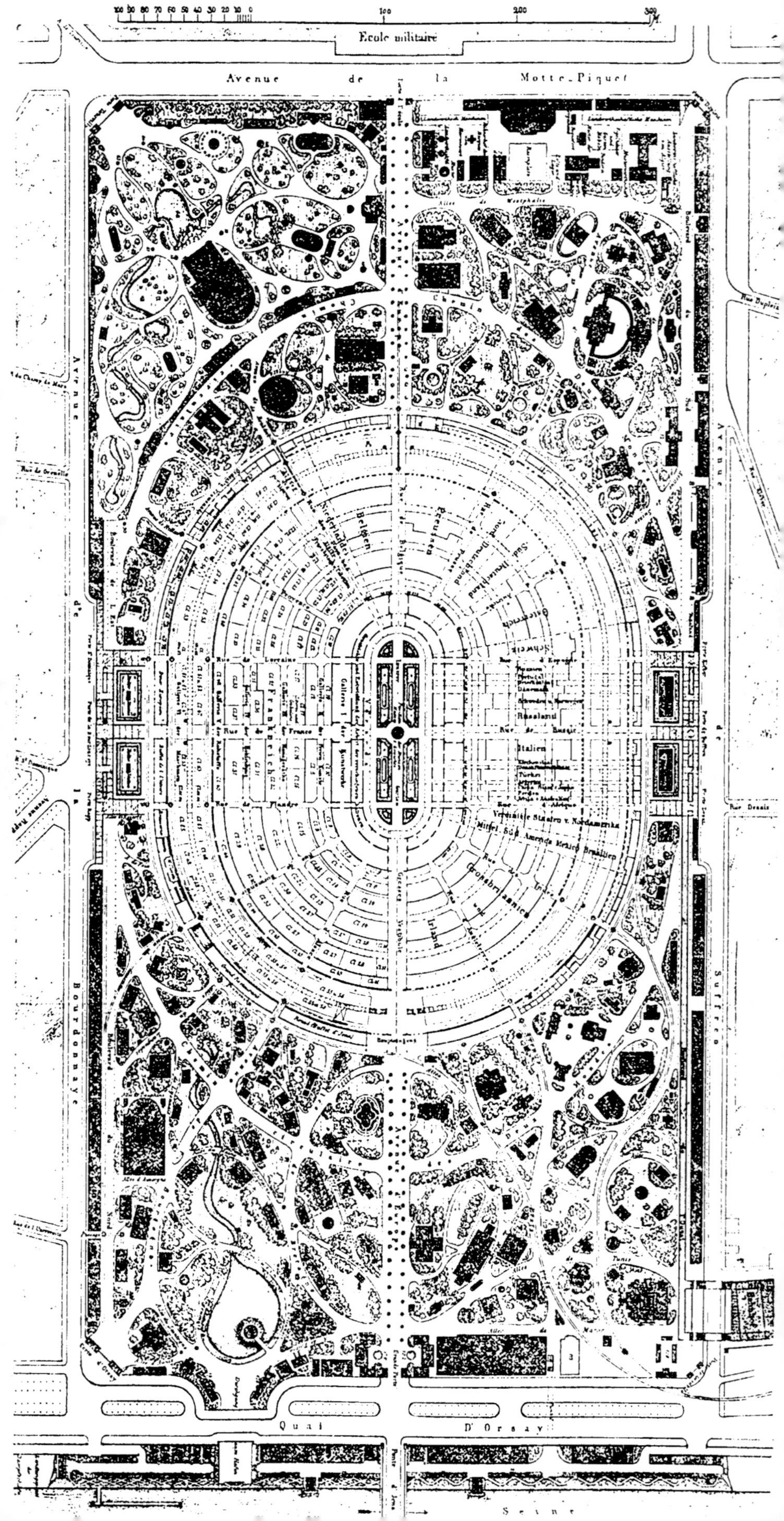

Ecole militaire
Avenue de la Motte-Piquet
Avenue de la Bourdonnaye
Avenue de Suffren
Quai D'Orsay
Seine
Rue Dupleix
Rue Desaix
Belgien
Preussen
Süd-Deutschland
Oesterreich
Schweiz
Russland
Italien
Frankreich
Vereinigte Staaten v. Nordamerika
Grossbritannien
Irland
Rue de Lorraine
Rue de France
Rue de Flandre
Rue de Russie

Exposition Universelle Paris

Oben: Das Ausstellungsgelände aus der Vogelperspektive

Linke Seite: Plan des Ausstellungsgeländes mit dem Hauptgebäude und den kleineren Pavillons

Jahr **1867, 1. April bis 31. Oktober** Standort **Paris: Champ de Mars** Fläche **66,8 ha** Besucher **6,8 Millionen** Teilnehmerzahl **32 Länder (52.200 Aussteller)** Baudirektor **Jean-Baptiste Krantz** Generalkommissar **Frédéric le Play** Neuheiten **Hydraulischer Fahrstuhl; Stahlbeton (Patent von Joseph Monier)**

Zwischen London und Paris

Auf London folgten Ausstellungen in Paris (1855) und wiederum London (1862), die vom Konzept und von der Größe her mit der Great Exhibition konkurrieren konnten, in architektonischer Hinsicht jedoch einen Rückschritt darstellten. Kleinere Ausstellungen fanden unter anderem in Dublin und New York statt. Die Pavillons hatten rechteckige Grundrisse wie der Crystal Palace, die in lang gestreckte und wie einzelne Hallen wirkende Bereiche eingeteilt waren. Während der Crystal Palace die Welt mit einem gewagten, offenen Entwurf überrascht hatte, der die Konstruktion an der Außenseite sichtbar machte, griffen die Nachfolger auf einzelne Stilrichtungen vergangener Generationen zurück. Neu war allerdings die Einbeziehung der bildenden Kunst als eigenständige Kategorie im Jahre 1855. Sie bekam sogar für die Dauer der Ausstellung ein eigenes Gebäude zugeteilt. Auch die Maschinen erhielten in diesem Jahr erstmals eine eigene, frei stehende Galerie, sodass das Phänomen der Weltausstellung seither nicht nur eine architektonische, sondern auch eine städtebauliche Geschichte hat. Das Gelände der Ausstellung von 1867 war nicht wie im Jahre 1855 das Champs Elysées, sondern das viel größere Areal des Champ de Mars, das auch Standort der Nationalausstellung von 1798 gewesen war.

Rechte Seite, oben: Das in Bau befindliche Hauptgebäude

Rechte Seite, Mitte links: Querschnitt der Galerie des Machines

Rechte Seite, Mitte rechts: Querschnitt der mittleren Galerie

Rechte Seite, unten: Aufriss und Querschnitt des Hauptgebäudes

Unten: Das Gebäude der Pariser Weltausstellung von 1855

Ingenieur und Architekt

Der Gegensatz zwischen den erklärten Vorboten des Funktionalimus wie dem Crystal Palace und den eher traditionell gestalteten Pavillons erklärt sich teilweise durch die verschiedenen Ausbildungsstätten ihrer Erbauer. Die technisch bewanderten Ingenieure waren im Allgemeinen für die Konstruktion verantwortlich. Auf der anderen Seite standen die Architekten, die sich bei ihren Entwürfen an die Regeln der Kunst hielten, die sie an Instituten wie der Académie des Beaux Arts erlernt hatten. Übrigens war es nicht unüblich, dass Ingenieure und Architekten gemeinsam an einer Ausstellung oder sogar an einem Gebäude arbeiteten. So konnte sich nach der Londoner Ausstellung der Prototyp einer verputzten Fassade entwickeln, die einen Kern aus Glas und Stahl umgibt. Die Grundform war der rechteckige Grundriss mit Eck- und Mittelpavillons. Allerdings setzte sich dieser Typ nicht bei allen Ausstellungen durch, wie das Beispiel von Paris 1867 beweist.

Das Hauptgebäude

Der Grundriss des Hauptgebäudes war oval und bestand aus sieben umlaufenden Hallen, die jeweils für eine Produktkategorie gedacht waren. Der Vorteil dieses Konzepts – es war schon früher einmal von George Maw und Edward Payne für die Londoner Weltausstellung von 1862 entwickelt, jedoch nie verwirklicht worden – bestand darin, dass man die Segmente des Bauwerks wie Tortenstücke auf die teilnehmenden Länder verteilen konnte. Der Besucher hatte die Wahl; er konnte eine vergleichende Warenanalyse innerhalb einer bestimmten Produktkategorie vornehmen oder das gesamte Angebot eines bestimmten Landes betrachten. Die Pariser Halle bildete übrigens keinen vollkommenen Kreis, da das Champ de Mars eine längliche Form hatte, die man optimal nutzen wollte. Der Vorschlag zum Bau dieses ersten ovalen Ausstellungsgebäudes stammt vom Generalkommissar, dem bekannten Ingenieur und Sozialökonomen Frédéric le Play, der auch für das Konzept der Pariser Ausstellung von 1855 verantwortlich gewesen war. Er arbeitete seinen Entwurf in enger Zusammenarbeit mit dem Prinzen Napoléon, einem Neffen des Kaisers Napoléon III., aus, der schon 1855 einen wichtigen Posten in der Organisation bekleidet hatte. In der Praxis funktionierte das Klassifikationsmodell nicht besonders gut, da nicht jedes Land die gleiche Anzahl von Waren in derselben Kategorie ausstellen konnte.

Aus früheren Ausstellungen hatte man gelernt, dass im ersten Stock präsentierte Erzeugnisse kaum bemerkt wurden. Also mussten alle Exponate im Erdgeschoss bleiben, was eine entsprechend große Fläche – in diesem Fall handelte es sich

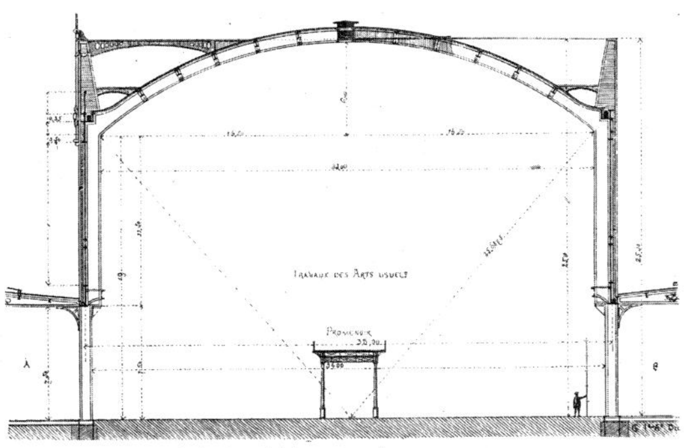

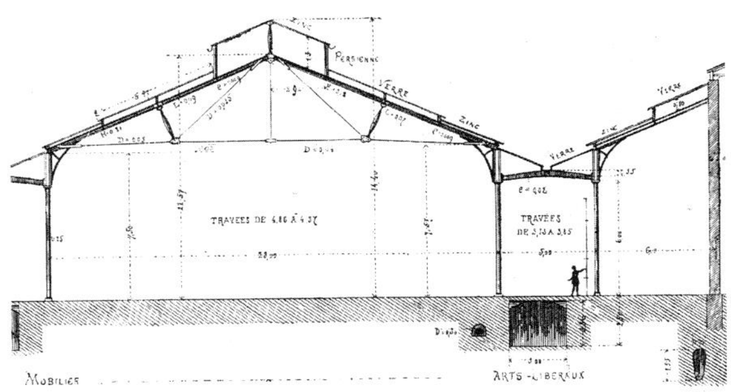
MOBILIER
ARTS LIBERAUX

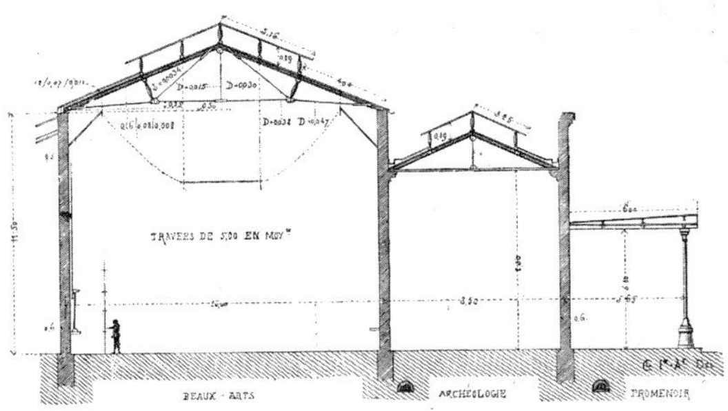
BEAUX ARTS
ARCHÉOLOGIE
PROMENOIR

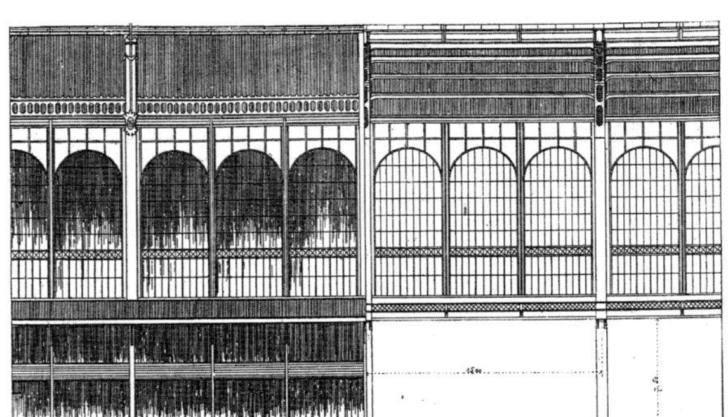

Rechts: Interieur der inneren Galerien

Unten: Restaurant und Promenade in der äußeren Schale des Hauptgebäudes

Rechts: Der neue hydraulische Fahrstuhl brachte die Besucher auf das Dach des Hauptgebäudes.

Ganz rechts oben: Ausgestellte Keramikverzierungen der Firma Muller

Ganz rechts unten: Ausgestellte Hohlziegel zum Bau der Trennwand in einem Weinkeller

Unten links: Details der Konstruktion; links oben die Galerie des Machines

Unten rechts: Aufriss und Grundriss einer Modellwohnung (Eisenrahmen stützen die Wände aus Hohlziegeln); Architekt: M.S. Ferrand, Kosten: 3000 französische Francs

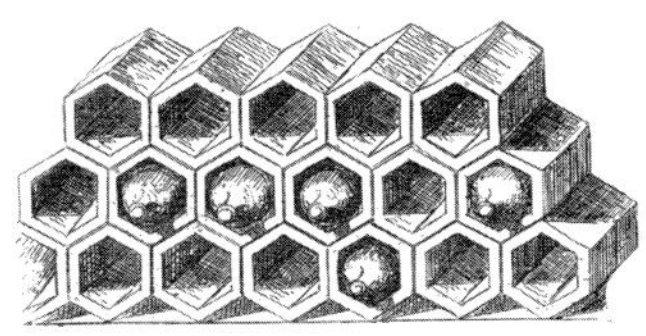

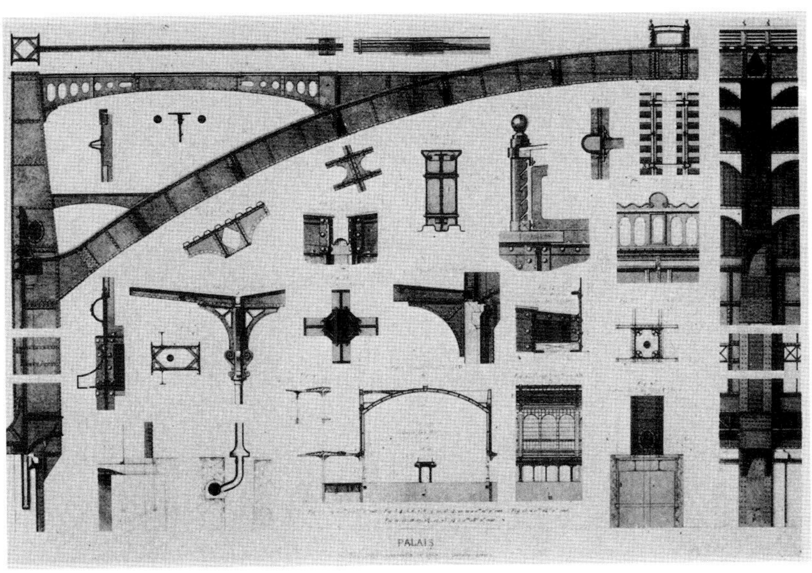

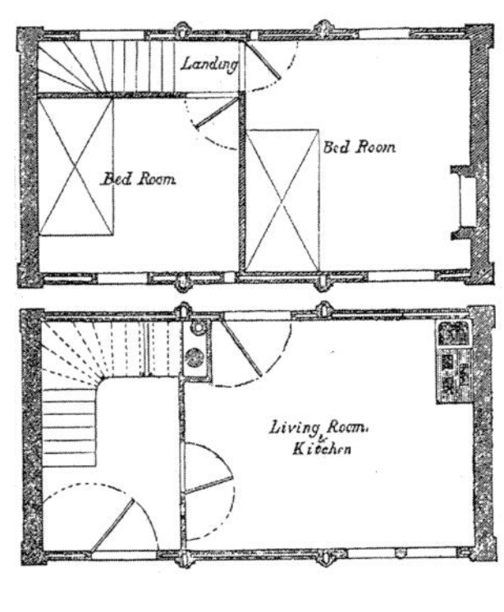

um 390 × 490 m – erforderte. Eine der Hauptrouten führte in Längsrichtung quer durch das Gebäude und kreuzte in der Mitte rechtwinklig die zweite Hauptstraße: das Modell der X- und der Y-Achse. Der offene Innenhof beherbergte einen Palmengarten mit Skulpturen und einem Gartenpavillon.

Die Galerie des Machines

Den äußeren „Produktring" des Hauptgebäudes bildete die höher konstruierte Galerie des Machines, die eine Aussicht über die zum Hof hin leicht ansteigende gläserne Dachlandschaft bot. Die 25,8 m hohe und 35 m breite Galerie des Machines war eine technische Spitzenleistung. Ihre aus gebogenen I-Profilen bestehende Haube wurde von Ständern an der Außenseite getragen, sodass sich Mittelpfeiler erübrigten. Für zusätzliche Festigkeit sorgten die Bögen zwischen den hoch aufragenden Ständern und der Haubenkonstruktion, die einen gotischen Effekt erzielten. Die anderen Hallen hatte man mit den altbewährten Polonceaubindern ausgestattet.

Umrandet wurde die Galerie von einem tiefer gelegenen Gürtel aus Cafés und Restaurants, die ganz aus Glas und Eisen bestanden, sodass abends an der Außenseite eine phantastische, von Gaslaternen erhellte Promenade unter einem Vordach entstand. Das Vordach wurde von spitz zulaufenden Fachwerkbindern getragen, die zusätzliche Ständer überflüssig machten. Der Lichtgarten der Galerie des Machines, der sich oberhalb des Restaurantgürtels befand, bestand aus hohen Fenstern und einer ziemlich einfach gehaltenen Balustrade, die nur über den Eingängen schmückendes Beiwerk aufwies. Das Hauptgebäude, das nur als temporäre Konstruktion geplant war, entsprach also – wie der Crystal Palace – der jungen Tradition des Ingenieurbaus und nicht dem Stil der Beaux Art-Ausstellungen von 1855 und 1862.

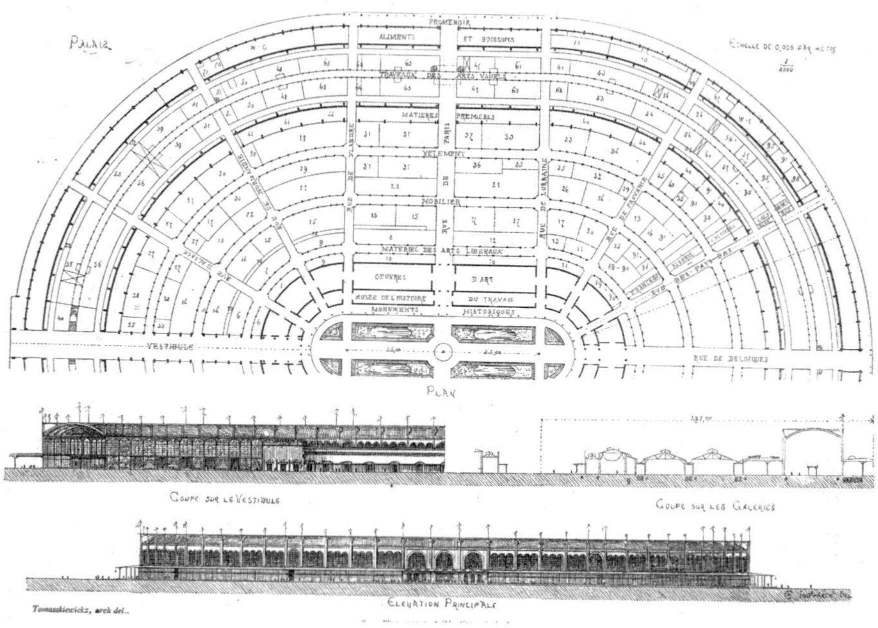

Rechts: **Halbierter Grundriss des Hauptgebäudes mit Querschnitt und Aufrissen**

Unten: **Nach der Reise mit dem Fahrstuhl bot sich eine atemberaubende Aussicht über die Dächer der Stadt.**

Oben: Außenansicht des Hauptgebäudes vom gegenüberliegenden Seineufer aus

Idealismus und Kommerz Der Entwurf des Hauptgebäudes stammte von Jean-Baptiste Krantz, einem Ingenieur für Brücken- und Straßenbau, dem Léopold Hardy und Charles Duval sowie der noch junge Ingenieur Gustave Eiffel als Assistenten zur Seite standen. Die ovale Form hatte le Play vorgeschlagen, und zwar nicht nur aus praktischen Gründen, sondern auch wegen ihrer symbolischen Funktion: Die beiden Halbkreise standen für die nördliche und die südliche Hemisphäre. Le Play setzte auch durch, dass die Ausstellung erstmals ein thematisches Konzept erhielt. Im Innenhof des Hauptgebäudes, der daher den Beinamen Colisée du Travail erhielt, führte man die Geschichte der Arbeit vor. Auch diese Ausstellung hatte also neben dem kommerziellen noch einen ideellen Ausgangspunkt. Häufig wird hervorgehoben, wie unrentabel die Ausstellungen waren, aber dieser Tadel ist angesichts ihrer erhabenen Ziele nicht ganz berechtigt. Außerdem wurde der eigentliche Nutzen meist erst nachträglich in Gestalt der gestiegenen Exportmöglichkeiten sichtbar.

Das Ausstellungsgelände Die Pariser Weltausstellung von 1867 war nicht nur im Hinblick auf ihr Klassifikationssystem und ihre nächtlichen Öffnungszeiten innovativ. Auch die vielen größeren und kleineren Pavillons, die ihr Gelände überzogen, waren eine Neuheit. Diese themenbezogenen Pavillons waren architektonisch unterschiedlich und häufig exotisch. Damit stellten sie eine Bereicherung der sowieso schon bunten Formensprache des Eklektizismus dar. Der so entstandene Vergnügungspark, zu dem man mit Booten auf der Seine und über eine kleine Bahnlinie gelangte, nahm etwa ein Drittel der Fläche des Hauptgebäudes ein. Er bildete einen Übergang zwischen den späteren, viel ausgedehnteren Vergnügungsparks und den Länderpavillons. Auf dem von le Play gestalteten Gelände war auch der Themenkomplex „Wohnungsbau" untergebracht, in dem architektonische Modelle im Maßstab 1:1 vorgestellt wurden. Ein außergewöhnliches Modell war das Haus zu 3000 Francs nach einem Entwurf von M.S. Ferrand, das für den einkommensschwachen Arbeiter bestimmt war. Es besaß ein gußeisernes Skelett aus Ständern in klassischer Anordnung, zwischen denen sich Rundbögen spannten. Die Flächenfüllung bestand aus Hohlziegeln. Die Details waren sorgfältig gestaltet und die Zimmer geräumig. Es gab auch kleine Häuser, die bestimmte ländliche Baustile repräsentierten und die die späteren pittoresken Dörfer vorwegnahmen. Des Weiteren gab es so verschiedenartige Bauten wie einen Leuchtturm, einen indischen Tempel, ein Minarett und ein tunesisches Kaffeehaus. Das einzige erhalten gebliebene Gebäude ist das Bardo, der kleine Palast des Bey von Tunis, der im Parc de Montsouris wiederaufgebaut wurde.

Weltausstellung Wien

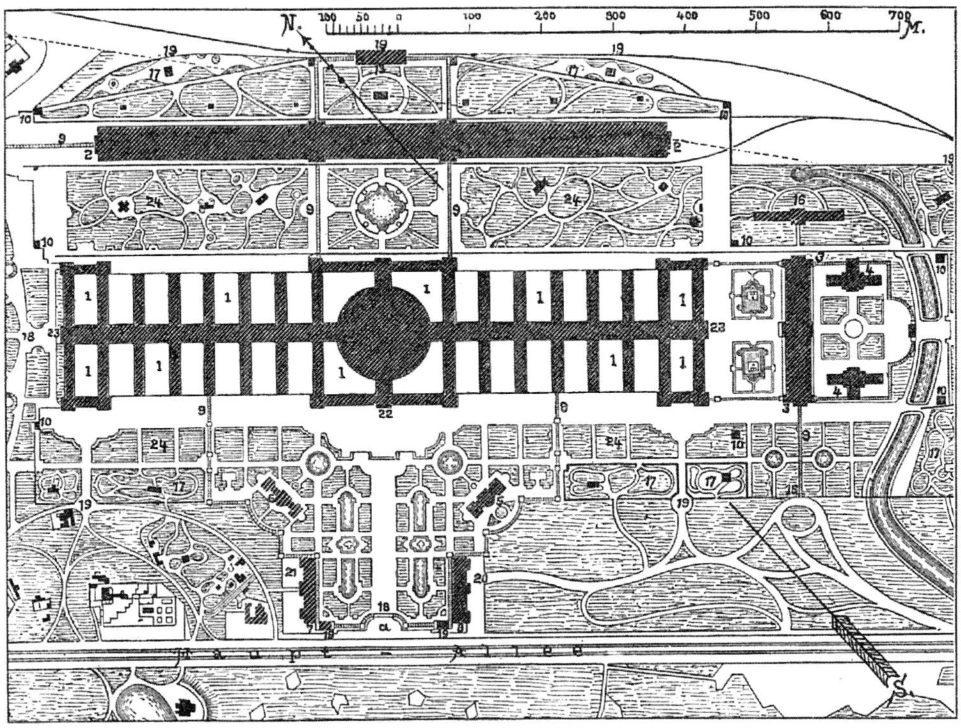

Fig. 1123. Situation der Wiener Weltausstellung im Jahre 1873.
1) Industriepalast. 2) Maschinenhalle. 3) Kunsthalle. 4) Exposition des Amateurs. 5) Kaiser-Pavillon. 6) Pavillon der Jury. 7) Verwaltungs-Bureau. 8) Post und Telegraph. 9) Verbindungs-Gallerien. 10) Wachthäuser. 13) Eisenbahnstation. *a*—18) Haupteingänge. 19) Nebeneingänge. 20) Weg zum Kaiser-Pavillon. 21) Weg nach dem Pavillon der Jury. 22) Haupteingang des Industriepalastes. 23) Nebeneingang desselben. 24) Plätze für Pavillons.

Oben: Plan des Geländes, in dem die Fischgrätenstruktur des Hauptgebäudes klar erkennbar ist. Aus: Klasen

Linke Seite: Die Rotunda

Jahr **1873, 1. Mai bis 1. November** Standort **Wien: Prater** Fläche **17 ha** Besucher **7 Millionen** Aussteller **53.000** Generaldirektor **Dr. Wilhelm von Schwarz-Sendborn**

Österreich wurde die Ehre zuteil, als erste Nation des deutschen Sprachraums eine Weltausstellung organisieren zu dürfen. Es sollte aber auch für lange Zeit die letzte sein. Wien entwickelte sich rasch zur Metropole von Mitteleuropa. Die berühmte Wiener Ringstraße befand sich in Bau, und der Hauptstadt der österreichisch-ungarischen Doppelmonarchie schien eine glanzvolle Zukunft bevorzustehen. Eine internationale Ausstellung war demnach bestens geeignet, dies den anderen Nationen zu demonstrieren. Leider sollte die Veranstaltung auf eine schreckliche Enttäuschung hinauslaufen. Die Wiener Börse brach zusammen, was Europa in eine Finanzkatastrophe stürzte. Außerdem brach die Cholera aus, es regnete ständig, und zu allem Überfluss war das Dach des Ausstellungsgebäudes nicht wasserdicht.

Standort und Hauptgebäude Die Ausstellung wurde auf dem Pratergelände an der Donau eingerichtet, dem ehemaligen Jagdrevier des Kaisers Maximilian II., das inzwischen in einen Stadtpark verwandelt worden war. Das Gebiet wurde gründlich mit dem Bagger bearbeitet. Im Zuge der Umgestaltung rodete man viele Bäume. Der Hauptpavillon wurde genau wie bei den Ausstellungen von 1855 (Paris) und 1862 (London) im pompösen Stil der Neorenaissance erbaut, unterschied sich aber von seinen Vorgängern durch den eigenartigen Grundriss, der als Summe der bisherigen Weltausstellungsbauten betrachtet werden kann. Er bestand aus dem üblichen rechteckigen Baublock, der jedoch nicht von einem oder drei, sondern von siebzehn Querschiffen durchkreuzt wurde. Es gab nur einen einzigen Mittelgang, der aber über 900 m lang war. Die Querschiffe waren geschlossen, sodass sich eine Fischgrätenstruktur ergab.

Das Fischgrätenkonzept stammte ursprünglich von den Architekten Eduard van der Nüll und August von Siccardsburg, die sich mit dem Bau der Neuen Hofoper an der Ringstraße einen Namen gemacht hatten. Zwischen den drei zentralen Querschiffen existierte eine Verbindung, und in dieser Aneinanderreihung umgaben sie die Rotunde, ein Glanzstück der Ingenieurbaukunst, das sich unter einem altmodischen Mantel verbarg. Die Entscheidung für ein rundes Bauwerk mit einer Kuppel war neu für eine Weltausstellung, wiewohl dieser Gebäudetyp bereits bestand. Als Anregung dienten die Skizzen, die J.I. Hittorf für die Pariser Ausstellung von 1855 angefertigt hatte, und die kleineren Rundbauten, die auf derselben Ausstellung gestanden hatten. Das österreichische Selbstbewusstsein war jedoch noch nicht so ausgeprägt, dass sich die einheimischen Ingenieure selbst an diese Konstruktion herangewagt hätten. Man beauftragte damit den Engländer John Scott Russell. Die schmiedeeiserne und gläserne Kuppel der Rotunde wurde von 32 Säulen getragen, die 24 m hoch waren.

Linke Seite: **Bauernhaus aus dem Elsaß. Statt der Arbeiterwohnungen, die in Frankreich und England gezeigt wurden, entschied sich die Wiener Ausstellung für eine internationale Auswahl von Bauernhäusern.**

Unten: **Süd- und Osteingang des Hauptgebäudes (oben) und zwei als Triumphbögen gestaltete Einlasspforten des Geländes (unten)**

Die Kuppel selbst besaß eine Rippenstruktur, an der die Dachbekleidung aufgehängt war. Von außen war die Konstruktion teilweise sichtbar, während sie innen von den üppigen Verzierungen verdeckt wurde. Das erste Oberlicht hatte einen Durchmesser von über 30 m, und die Kuppel maß 107 m im Durchmesser. Die Aussichtsplattform befand sich in 30 m Höhe, der Leuchter mit der gigantischen Kaiserkrone hing 85 m hoch. Die Rotunde, die nach der Ausstellung als Getreidebörse dienen sollte, war die größte Konstruktion ohne Zwischenstützen, die es je gegeben hatte.

Für die Gestaltung der fischgrätartigen Struktur und der Rotunde im Stil der Neorenaissance zeichnete Karl von Hasenauer verantwortlich. Hasenauer, der später zahlreiche Aufträge an der Ringstraße erhielt, stand deutlich unter dem Einfluss seiner Lehrmeister van der Nüll, Siccardsburg und Gottfried Semper. In seinem Eifer, die erworbenen Kenntnisse in die Praxis umzusetzen, entzog er sogar die phantastische Struktur der Russelschen Kuppel den Blicken der Besucher. Die Rotunde war übrigens das einzige Gebäude, das schon zu Beginn der Weltausstellung fertiggestellt war. Der Rest folgte erst in der zweiten Junihälfte.

Sonstige Gebäude

Die Maschinenhalle war im Prinzip mit der lang gestreckten Maschinenhalle der Pariser Ausstellung von 1855 vergleichbar, aber letztere war mit ihren 1200 Metern anderthalbmal so lang gewesen. Die Konstruktion mit ihrer Überdachung aus drei Gewölbejochen unter Polonceaubindern war nicht außergewöhnlich. Genau wie die Rotunde sollte die Maschinenhalle auch nach der Weltausstellung weiter bestehen. Man wollte das Gebäude nach der Ausstellung in ein Getreidelager umbauen. Wien setzte die Pariser Tradition der Länderpavillons oder, besser gesagt, der eth-

Oben: Das Ausstellungsgelände aus der Vogelperspektive. Gemälde von Johann Lange, Wien, Museum der Stadt Wien

Rechts: Interieur der Rotunde

nographischen Pavillons fort. Die offiziellen Präsentationen der internationalen Erzeugnisse fanden im Hauptgebäude statt. Die stilistisch unterschiedlichen Pavillons waren wie in Paris eher pittoreske Modelle im Maßstab 1:1.

Erstmals gab es einen gesonderten Bau für die Landwirtschaft, womit eine Tradition begründet wurde, die noch heute andauert. Da Österreich noch überwiegend ein Agrarland war, verwunderte es nicht, dass alle Länder Bauernhäuser ausstellten. Wie in Paris 1867 bildeten die authentischen Bauernhäuser und -wirtschaften eine Art malerisches Dorf, das zum unvermeidlichen Bestandteil späterer Ausstellungen wurde. Bemerkenswert war die Arbeiterbaracke aus Eisen, eine Vorläuferin der Baubude, die heute noch in der ganzen Welt verbreitet ist. Das zuweilen als kitschig bezeichnete Eingangsportal wirkte in der Tat bombastisch, autoritär und imposant, war aber eigentlich nicht weniger modern als die Bauten an der Ringstraße. Man hatte bei dieser Eingangslösung auf den Triumphbogen zurückgegriffen, auf den sich auch das Pariser Hauptgebäude von 1855 bezogen hatte. Die Wiener Aussstellung passt also trotz der spektakulären Rotunde mehr in eine etwas konservative Tradition hinein, was aber natürlich ihrer architekturgeschichtlichen Bedeutung keinen Abbruch tut.

Wie schon 1867 in Paris entwickelte man auch in Wien aus logistischen Gründen speziell für die Weltausstellung bestimmte Verkehrssysteme. Über das Gelände führten verschiedenen Bahngleise, und am Rand hatte man Parkplätze für die Kutschen eingerichtet, die jedoch angesichts der vielen Störfaktoren meist leer blieben. Die Verluste waren beträchtlich. Trotz der ursprünglichen Absicht ist von der Wiener Weltausstellung nicht mehr als ein Riesenrad im Park übrig geblieben.

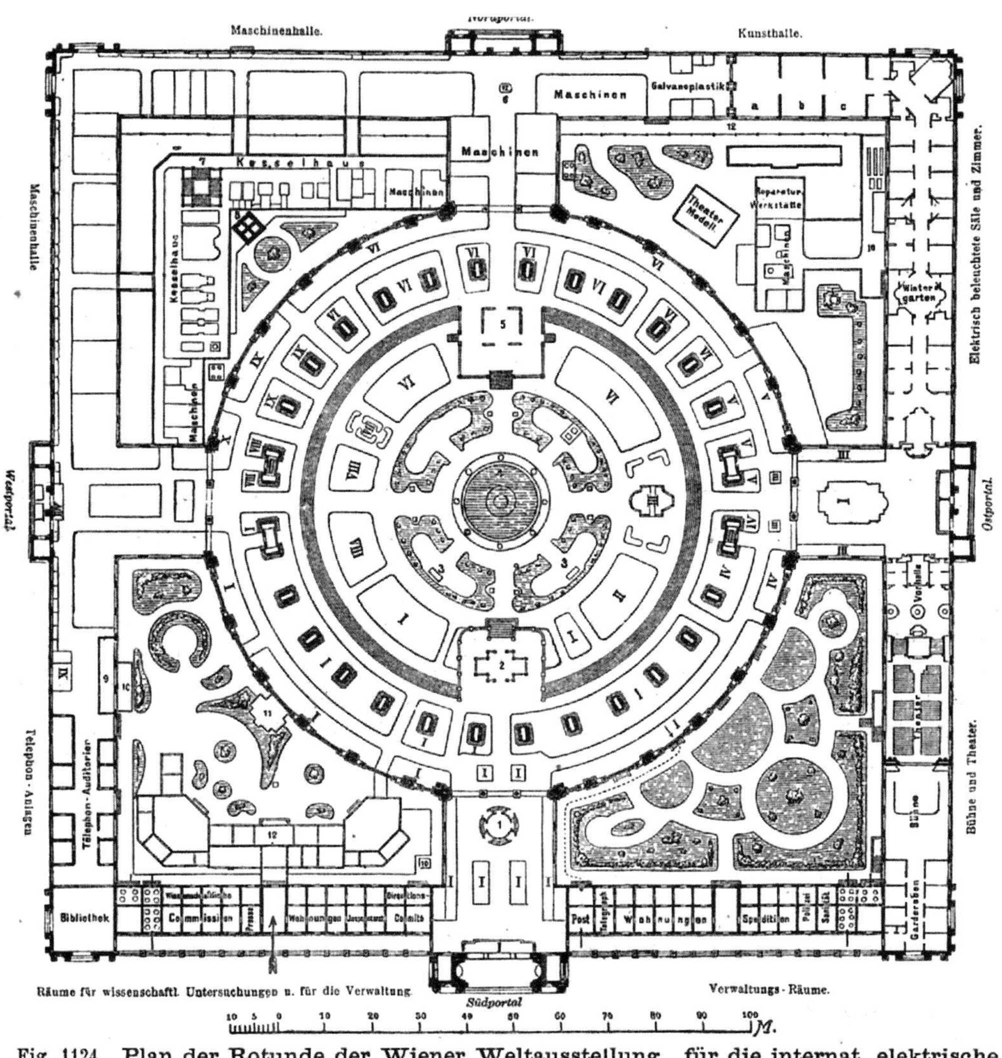

Fig. 1124. **Plan der Rotunde der Wiener Weltausstellung, für die internat. elektrische Ausstellung 1883 eingerichtet.**

I) Oesterreich-Ungarn. II) Belgien. III) England. IV) Italien. V) Dänemark. VI) Frankreich. VII) Türkei. VIII) Deutschland. IX) Russland. X) Schweiz. XI) Amerika. — 1) Kaiserpavillon. 2) K. k. österr. Handelsministerium. 3) Buffets. 4) Fontäne. 5) Franz. Ministerium. 6) Leuchtthurm. 7) Bremsthurm. 8) Schornstein. 9) Dunkelkammer. 10) Accumulatoren. 11) Musikpavillon. 12) Restauration.

Grundriss der Rotunde

CONFUCIUS
ASIA
MAHOMET
EDUCATION
EDUCATIONAL
Konig. Porsel

Centennial Exposition Philadelphia

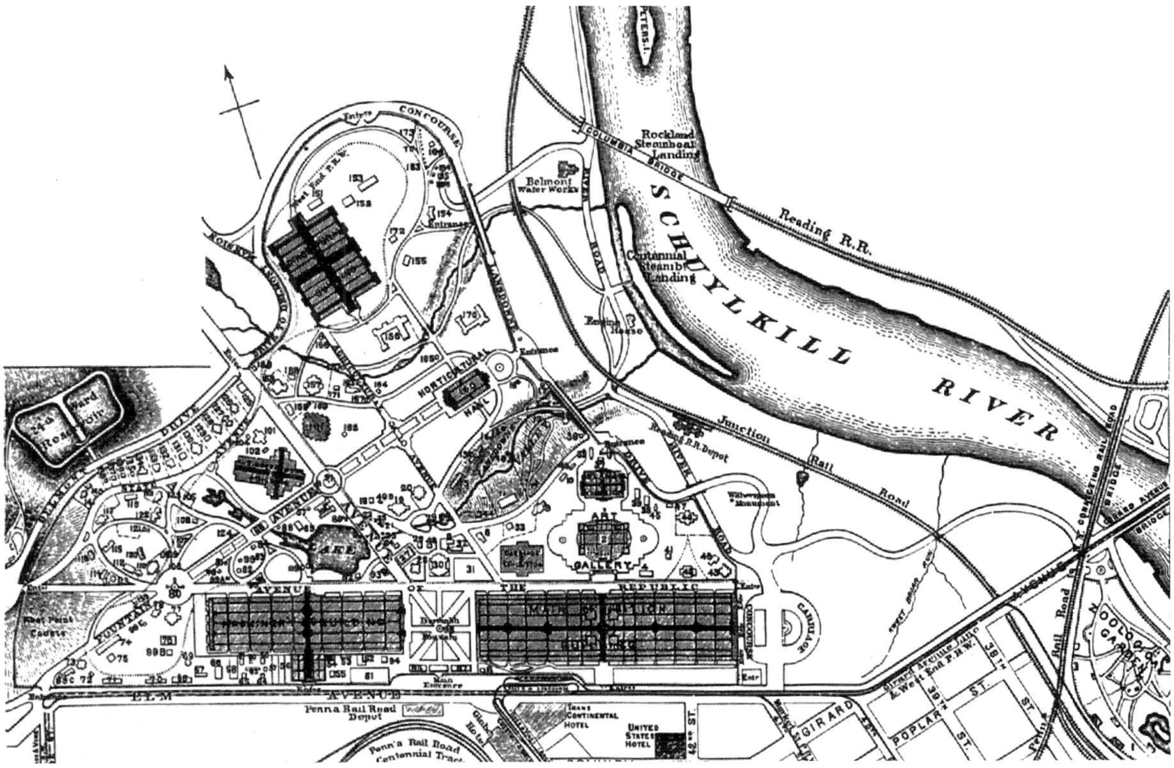

Oben: Plan des Ausstellungsgeländes

Linke Seite: Interieur des Hauptgebäudes

Jahr **1876, 10. Mai bis 10. November (ursprünglich angesetzt vom 19. April bis 19. Oktober)** Standort **Philadelphia: Fairmount Park** Fläche **115 ha** Besucher **9.910.966 (14.420 Aussteller)** Leitender Architekt **Herman Joseph Schwarzmann** Neuheiten **Thonetstuhl; Nähmaschine; Schreibmaschine; Telefon**

Die Vereinigten Staaten von Amerika hatten unter dem Eindruck der Londoner Ausstellung von 1851 zwei Jahre später in New York ihre erste Weltausstellung veranstaltet. Die Ausstellungshalle glich in der Form und im Material, nicht aber in der Größe, dem Vorbild aus dem alten Mutterland, aber der große Erfolg wollte sich wegen interner Meinungsverschiedenheiten und der distanzierten Haltung des Staates nicht einstellen. Philadelphia nahm sich nun vor, mit einer Weltausstellung, die alles Vorhergehende in den Schatten stellen sollte, den guten Ruf des amerikanischen Organsationstalents wiederherzustellen. Mit den Größenverhältnissen hatte man dabei im Land der unbegrenzten Möglichkeiten kein Problem, aber bei den Finanzen erging es Philadelphia nicht viel besser als Wien.

Der unmittelbare Anlass für die Weltausstellung war der hundertste Jahrestag der Unabhängigkeitserklärung, die in Philadelphia verabschiedet worden war. Im Unterschied zu den europäischen Ausstellungen brauchten die Organisatoren nur den inländischen Markt zu berücksichtigen, konnte doch die starke amerikanische Industrie noch nicht einmal den nationalen Bedarf ganz decken. Außerdem waren die USA wegen verschiedener Importbeschränkungen nicht wirklich an ausländischen Produkten interessiert. Dieser Umstand und die hohen Reisekosten hielten etliche europäische Länder – mit Ausnahme Frankreichs – von der Teilnahme ab.

Unten links: Die Lage des Ausstellungsgeländes im Stadtgebiet

Unten rechts: Außenansicht des Hauptgebäudes

Rechte Seite, oben: Halbierter Querschnitt des Hauptgebäudes

Rechte Seite, unten: Der Frauenpavillon

Ausstellungsgelände und Organisation

Wer die Ausstellung besuchte, musste zugeben, dass Amerika im technischen Bereich einen großen Sprung vorwärts gemacht hatte. Ebenso imponierend waren die riesigen Pavillons und die immensen Proportionen des Geländes, das mehr als anderthalbmal so groß war wie die bis dahin umfangreichste Ausstellung aus Paris 1867. Wie sich inzwischen herausgestellt hatte, kam es auf die Gestaltung des Geländes nicht weniger als auf den Entwurf der kolossalen Pavillons an. Ein so komplexes Projekt erfordert eine sorgfältige Planung in logistischer und künstlerischer Hinsicht, aber auch ein konsequentes städtebauliches Konzept, in dem im Fall Philadelphias 250 größere und kleinere Bauten berücksichtigt werden mussten.

Standort der Ausstellung war das etwas unebene Gelände des Fairmount Park, des Schuylkill River und der Elm Avenue. Der Landschaftsarchitekt Herman Joseph Schwarzmann war jung, aber erfahren und erfüllte hervorragend seinen Auftrag, den Park auf die Ausstellung vorzubereiten. Die Anlage enthält Elemente eines Landschaftsparks, in dem das Wasser – in Gestalt eines kleinen Sees und gewundener Flüsschen – die Hauptrolle spielt und viele vereinzelte Pavillons enthält. Daneben existiert noch ein etwas strengeres geometrisches Konzept, das in der Aufstellung der Hauptgebäude in dem geradlinigen Wegenetz zum Ausdruck kommt. Zu beiden Seiten des Haupteingangs lagen die Maschinenhalle und das Hauptgebäude, die ein geometrisch gegliederter Platz voneinander trennte. Von dem Platz bog eine der Diagonalen ab, die im rechten Winkel auf die andere Hauptachse der Ausstellung, die Fountain Avenue, stieß. Diese Avenue stand ihrerseits rechtwinklig zu einer der anderen wichtigen Bauten, dem Horticultural Building. Der Kreuzpunkt beider Achsen ist der Mittelpunkt des Geländes.

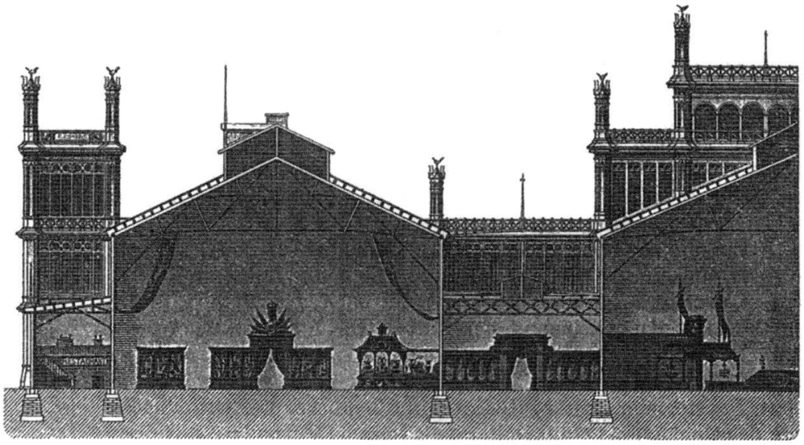

Auf Schienen wurden die Besucher zum Park befördert, und auf dem Gelände selbst verkehrte eine elevated railway, die erste Einschienenhochbahn. Am Rand des Geländes befanden sich Hotelneubauten, die den Zustrom der Gäste auffangen sollten.

Das Hauptgebäude Das Hauptgebäude bestand aus Eisen, Glas, Kacheln und dem neuen Stahlblech. Mit seiner 577 × 171 m großen Grundfläche war es damals das größte Gebäude aller Zeiten. Wenn man bedenkt, dass ursprünglich anstelle der schließlich gebauten sechs größeren Gebäude nur ein einziges vorgesehen war … Der Grundriss entsprach in der Hauptlinienführung dem bekannten rechteckigen, dreischiffigen Typ mit Eck- und Mittelpavillons und wirkte auch vom Styling her recht europäisch. Die Fassade verhüllte die Konstruktion teilweise, aber innen war die mit Stahlblech gedeckte Haube vollständig sichtbar. Die Dekoration der eisernen Interieurteile war leicht historisierend, während sie außen schlichter, amerikanischer gehalten war. Für das Hauptgebäude hatte man anfänglich einen Wettbewerb ausgeschrieben, aber genau wie in London 1851 entließ man die Teilnehmer nach der Entscheidung dankend und einigte sich auf Schwarzmanns Idee, mehrere große Pavillons zu bauen. Die Wettbewerbseinsendungen von Calvert Vaux & George Radford aus New York und Henry A. & James P. Sims wurden als Richtschnur für das Hauptgebäude empfohlen.

Der Ingenieur Henry Pettit erhielt gemeinsam mit seinem Kollegen Joseph Wilson – keiner von beiden hatte sich am Wettbewerb beteiligt – den Auftrag, auf dieser Grundlage einen neuen Entwurf zu erarbeiten. Die Türme, die zunächst als zu kostbar und nutzlos aus dem Entwurf gestrichen wurden, bestellte man später doch noch, um das Gebäude ein wenig zu verschönern. Vier Jahre nach der Ausstellung wurde das Hauptgebäude abgerissen.

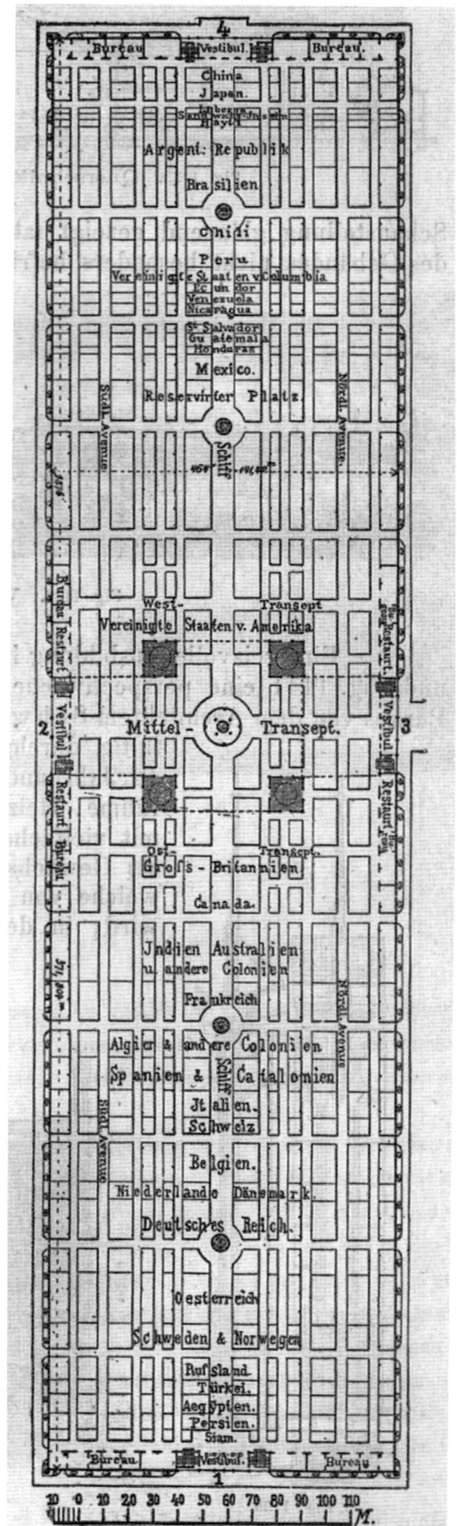

Fig. 1132. Grundriss vom Hauptgebäude.
1) Oestlicher Eingang, 2) südlicher Eingang, 3) zur Kunsthalle, 4) zur Maschinenhalle.

Oben: Das Globe Hotel war eine der Hotelneubauten, die am Rand des Ausstellungsgeländes errichtet wurden.

Rechts: Grundriss des Hauptgebäudes

Rechte Seite, oben: Memorial Building, Art Gallery

Rechte Seite, unten: Der Landwirtschaftspavillon

MEMORIAL BUILDING OR ART GALLERY—INTERNATIONAL EXHIBITION.
365 feet in length and 210 feet in width.

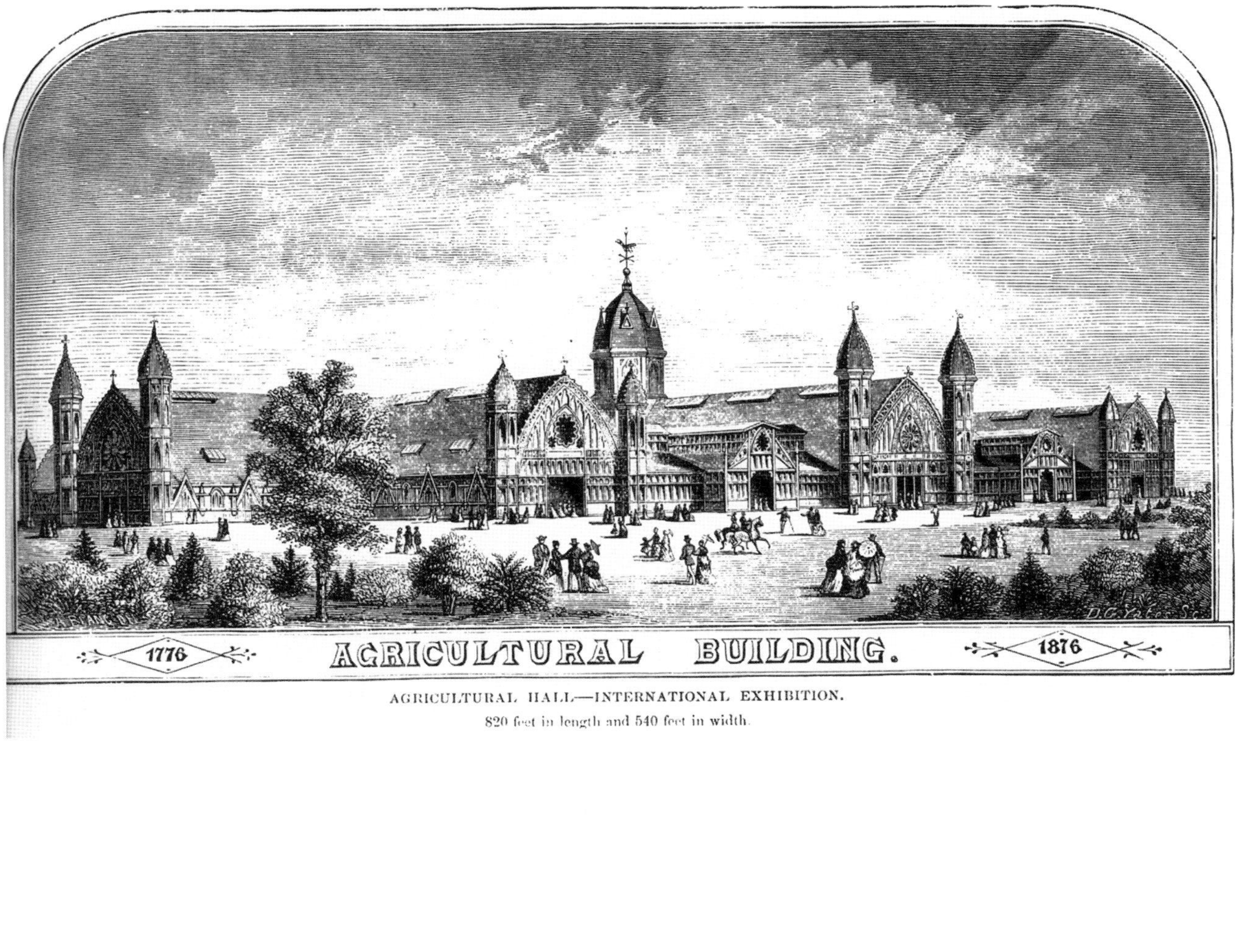

AGRICULTURAL HALL—INTERNATIONAL EXHIBITION.
820 feet in length and 540 feet in width.

Sonstige Bauten Auch die anderen großen Pavillons basierten auf älteren Modellen und boten von der Konstruktion her nichts Neues, aber man setzte bis zu einem gewissen Grad ursprüngliche stilistische Mittel ein. Die von Schwarzmann entworfene Art Gallery, die auch nach der Weltausstellung weiter bestehen sollte, orientierte sich am klassischen Konzept der Académie des Beaux Arts. Schwarzmann entwarf auch das Horticultural Building an der Fountain Avenue sowie einige kleinere Bauten. Eine Neuheit in thematischer Hinsicht war der Frauenpavillon, ein überdachtes griechisches Kreuz in üppig-eklektischem Stil, von Frauen finanziert und mit Frauenkunst gefüllt. Das zweitgrößte Gebäude der Ausstellung war die Machinery Hall, die äußerlich dem Hauptgebäude stark ähnelte. Auch sie ging auf einen Entwurf der Ingenieure Pettit und Wilson zurück, die außerdem für einige Brücken auf dem Gelände verantwortlich waren. Erstmals sollten auch die Gastländer Pavillons zugewiesen bekommen, um dort ihre eigenen Produkte ausstellen zu können.

Der in maurisch-eklektizistischem Stil gehaltene Landwirtschaftspavillon hatte einen Grundriss, der eine Kreuzung zwischen dem Wiener Fischgrätenmodell und dem dreischiffigen Schema war. Auch dieser Pavillon blieb nach Ende der Ausstellung bestehen, brannte aber 1955 ab. Neben der Art Gallery, die unter der Bezeichnung Memorial Hall weiterbestehen sollte, blieb auch das Ohio State Building vom Abriss verschont.

Eine der großen Publikumsattraktionen der Ausstellung war die Hand mit der Fackel, ein Fragment der gerade in Bau befindlichen Freiheitsstatue, jener berühmten Arbeit von Bartholdi. Man konnte sie besteigen. Der technische Ingenieur des riesigen Bauwerks war der renommierte Eugène-Emmanuel Viollet-le-Duc.

HORTICULTURAL HALL—INTERNATIONAL EXHIBITION.
383 feet in length and 193 feet in width.

Linke Seite: Der Gartenbaupavillon

Rechts: Der Haupteingang, der zum Gelände führte, war ausgesprochen schlicht konzipiert.

Unten: Der Pavillon der Fotografie

Rechts: Die Maschinenhalle

Unten links: Das Ausstellungsgelände aus der Vogelperspektive

Unten rechts: Die Hand mit der Fackel, ein Fragment der Freiheitsstatue

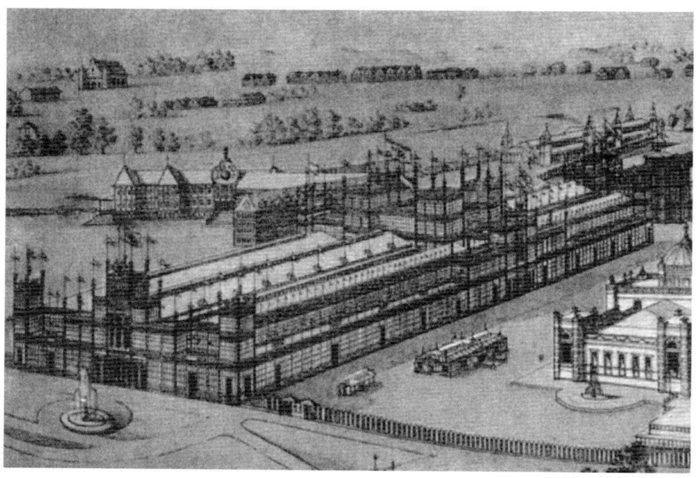

Rechts: Achteckiger Pavillon des US-Bundesstaats Arkansas

Unten: Der spanische Pavillon

RF
RF
RF
RF
RF

Exposition Universelle Paris

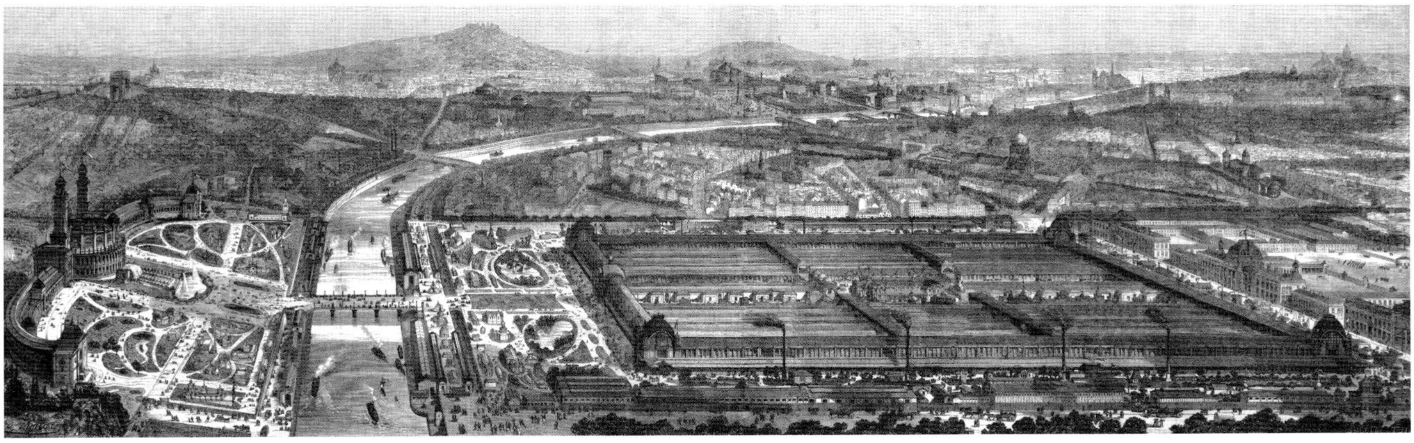

Oben: Das Ausstellungsgelände aus der Vogelperspektive

Linke Seite: Interieur des Hauptgebäudes während einer offiziellen Auszeichnungsfeier

Jahr **1878, 1. Mai bis 31. Oktober** Standort **Paris: Trocadéro, Champ de Mars** Fläche **77 ha** Besucher **16 Millionen (52.835 Aussteller)** Generalkommissar **Jean-Baptiste Krantz** Leitender Architekt **Léopold Hardy** Neuheiten **Eismaschine; elektrisches Licht**

Oben links: **Das maurische Dorf im Park des Trocadéro**

Oben rechts: **Rückseite des Trocadéro; Ingenieur: J.D. Bourdais; Architekt: Gabriel J.A. Davioud**

Rechte Seite: **Das in Bau befindliche Trocadéro**

Obwohl Frankreich wie der Rest Europas in den siebziger Jahren des 19. Jahrhunderts ausgesprochen mittellos war, beschloss Präsident MacMahon am 4. April 1876 dennoch, in Paris wieder einmal eine Weltausstellung stattfinden zu lassen. Möglicherweise wollte er damit beweisen, dass Frankreich ungeachtet des verlorenen Krieges gegen Deutschland, trotz der konfliktreichen Pariser Kommune und seiner katastrophalen finanziellen Lage noch immer eine Großmacht war und nicht hinter den Neureichen von jenseits des großen Teichs zurückstand. Die Ausstellung sollte schon knapp zwei Jahre später eröffnet werden, und so ist es nicht verwunderlich, dass die meisten Bauten zum Zeitpunkt der Eröffnung noch von Baugerüsten umgeben waren – ein Übel, an dem übrigens viele Ausstellungen krankten.

Wiederholungsübung In vielerlei Hinsicht war die Ausstellung von 1878 eine Neuauflage der Veranstaltung des Jahres 1867, und zwar sowohl in materieller als auch in personeller Hinsicht. Ingenieur Jean-Baptiste Krantz, der 1867 noch Bautechnischer Direktor gewesen war, löste le Play als Generalkommissar ab. Auch Gustave Eiffel, mit dessen Name eine stattliche Reihe von Ausstellungen verbunden sind, sowie Charles Duval und Léopold Hardy waren wieder mit von der Partie. Das Hauptgebäude hatte genau wie 1867 einen Grundriss, dessen Segmente von den verschiedenen Hauptkategorien ausgingen, wobei aber das Oval dem Rechteck weichen musste. Im Unterschied zu 1867 wurde eine ständige Konferenzhalle gebaut und es gab statt der Länderpavillons nationale „Fassaden“, die den langen Gang im Hauptgebäude säumten.

Das Ausstellungsgelände Auf Empfehlung des hoch geachteten und schon betagten E.E. Viollet-le-Duc wurde beschlossen, die Ausstellung wieder auf dem Champ de Mars durchzuführen, zu dem jetzt aber das Gelände am gegenüberliegenden Seineufer, das Colline du Trocadéro, hinzugezogen wurde. Die Bebauung beider Ufer wurde Gegenstand eines Wettbewerbs: auf dem Marsfeld sollte eine temporäre Halle mit den üblichen enormen Ausmaßen entstehen, während auf der anderen Seite das weniger große, aber nicht minder repräsentative Konferenzzentrum geplant war. Aus den 94 Einsendungen wählte die Jury den Beitrag von Ingenieur Jules D. Bourdais und Gabriel J.A. Davioud für das Trocadéro und den von Léopold Hardy für das Hauptgebäude, das Palais de l'Industrie. Die Mittelachse des letztgenannten Baus, an der auch die Länderfassaden lagen, führte in einer schnurgeraden Linie über die speziell für die Ausstellung von M. Deroy vergrößerte Brücke Pont d'Iéna hinweg bis zu den Springbrunnen in der Mitte des Trocadéro. Diese Bauten wurden von einer Landschaftsparkanlage mit kleineren Gebäuden umgeben, deren Anzahl aber hinter der von 1867 zurückblieb.

Das Palais de l'Industrie Mit einer Fläche von 346 × 705 m übertraf die riesige Halle mühelos die Konkurrenz von Philadelphia 1876. Bei der Flurfläche war der Unterschied sogar noch größer, weil das Pariser Gebäude unterkellert war. Die Unterkellerung erfolgte aus zwei Gründen: erstens konnte man so auf dem außerordentlich unebenen Gelände des Marsfeldes einen glatten Hallenboden bauen, und zweitens konnte man im Untergeschoss ein Ventilationssystem unterbringen. Diese kluge Erfindung, die erste Klimaanlage auf einer Weltausstellung, sorgte dafür, dass die Innentemperatur auch an den heißesten Sommertagen erträglich blieb. Der Querschnitt des Palais wies genau wie im Jahre 1867 eine Reihe miteinander verbundener Galerien auf. Dass man sich diesmal für einen rechteckigen Grundriss entschied, hing damit zusammen, dass sich die standardisierten Bauteile dann nach dem Abriss leichter wiederverwenden ließen.

Auch 1878 bildete die erhöhte Galerie des Machines den Außenring des Gebäudes, und auch diesmal wählte man zur Überdachung der Galerie eine andere, abenteuerlichere Konstruktion als die Polonceaubinder, die in den schmäleren und niedrigen Schiffen des Gebäudes verwendet wurden. Die Maschinenhalle war 35 m breit und 25 m hoch und bestand aus „Tudor"-Fachwerkbindern ohne Zwischenstützen. Ihr wurde Halt verliehen, indem man die Fachwerkbinder bis in die Ständer durchlaufen ließ. Dadurch wirkten alle Kräfte direkt auf das Fundament ein. Die Fachwerkbinder bestanden aus zwei Teilen, die in der Haube aneinandergekoppelt wurden. Der Spielraum, den die Konstruktion erhielt, war ein Ergebnis der empirischen Anwendung der Theorie von der Ausdehnung des Eisens. Die Idee zu dieser gewagten Konstruktion der Galerie des Machines stammte von dem von Krantz hinzugezogenen Ingenieur Henri de Dion. Leider konnte de Dion die Realisierung seiner Konstruktion nicht mehr miterleben; er starb kurz vor der Übergabe des Baus. Die gläserne Außenwand wurde von elektrischen Lampen im Inneren des Gebäudes erhellt, die unmittelbare Vorgänger der Edison-Glühbirne waren. Gustave Eiffel konstruierte die gewölbten Metallhauben der Pavillons und der Eingangshalle an der Nordseite. Das Grundschema dieser Pavillons entsprach den Prinzipien der Académie des Beaux Arts, aber die Bauten erhielten durch die Verwendung von Glas und Eisen ein anderes, modernes Gesicht. Der Generalplan des Palais de l'Industrie stammte von Léopold Hardy und seinem Assistenten Charles Duval.
Ein internes Transportsystem, das sich unter dem Fußboden verbarg, erleichterte den Auf- und Abbau des Palais.

Oben: Die Gastländer erhielten jeweils eine eigene Fassade in nationalem Stil am Innenhof des Hauptgebäudes, der Rue des Nations.

Links: Der Pavillon der Stadt Paris; Architekt: Joseph Bouvard

Rechte Seite, oben: Das fertiggestellte Trocadéro

Rechte Seite, unten links: Der schwedische Turm im Park des Trocadéro

Rechte Seite, unten rechts: Die russische Fassade an der Rue des Nations

Die Organisation Paris eroberte sich mit dem Palais einen hohen Stellenwert in der Ausstellungsarchitektur. Anstelle des erprobten Basilikamodells schuf man ein Gebäude, das nicht nur eine außergewöhnliche Architektur besaß, sondern auch funktionell war. Die Franzosen waren Pioniere auf dem Gebiet der Einteilung in Produktgruppen, und aus dieser Klassifikation heraus leiteten sie einen darauf abgestimmten Grundriss ab. Das runde Modell mit den „nationalen Tortenstücken“ hatte sich in der Vergangenheit nicht richtig bewährt. Darum entschied man sich nun für einen Typ, der mehr dem römischen Castrum mit der dazugehörigen Mauer voller Türme und Tore entsprach. Man nahm an, der Innenhof mit seiner Rue des Nations werde dann an ein Prätorium erinnern. Aber auch dieses Konzept wirkte wegen den sehr zahlreichen Objekten recht unübersichtlich.

Sonstige Gebäude Das Trocadéro war von der Anlage her ein römisches Theater mit neoromanischer Struktur, über dem sich eine Kuppel im Stil des 19. Jahrhunderts wölbte. Es wurde von zwei maurischen Minaretten und zwei neobarocken Flügeln flankiert. Dennoch hielt man das Gebäude mit all seinem Eklektizismus für modern. Der Gegensatz zwischen dem sehr dekorativen Trocadéro und dem funktionellen Palais de l'Industrie war auch deswegen so groß, weil das Trocadéro für Konferenzen und Konzerte gedacht war und möglichst lange stehenbleiben sollte. Technische Besonderheiten waren die 4000 elektrischen Lampen, der hydraulische Fahrstuhl und eine Luftkühlungsanlage. Von den maurischen Gebetstürmen aus bot sich ein phantastischer Blick über das Ausstellungsgelände. Das Trocadéro wurde anlässlich der Weltausstellung von 1937 abgerissen und durch einen neuen Pavillon ersetzt, der ebenfalls ständigen Charakter haben sollte. In dem Park, der das Trocadéro umgab, befanden sich verschiedene Attraktionen und einige Pavillons, darunter der mit der Eismaschine. In Paris tauchte eine alte Bekannte auf, die bereits an der Ausstellung in Philadelphia teilgenommen hatte: die Freiheitsstatue. Diesmal wurde ihr Kopf ausgestellt. Er stand an der Vorderseite der Eingangshalle zum Hauptgebäude, die jener Ingenieur entworfen hatte, der seinem Vorgänger Viollet-le-Duc buchstäblich den Stift aus der Hand genommen hatte: Gustave Eiffel. Eiffel vollendete die innere Trägerkonstruktion, mit der Viollet-le-Duc begonnen hatte.

Oben: Die Galerie des Machines im Hauptgebäude, von der englischen Abteilung aus gesehen

Oben: Die amerikanische Fassade an der Rue des Nations

Mitte und unten: Die japanische und die chinesische Fassade an der Rue des Nations

Oben: Das in Bau befindliche Hauptgebäude (Palais de l'Industrie)

Unten links: Verbreiterung des Pont d'Iéna

Unten rechts: Das Hauptgebäude vom Quai d'Orsay her

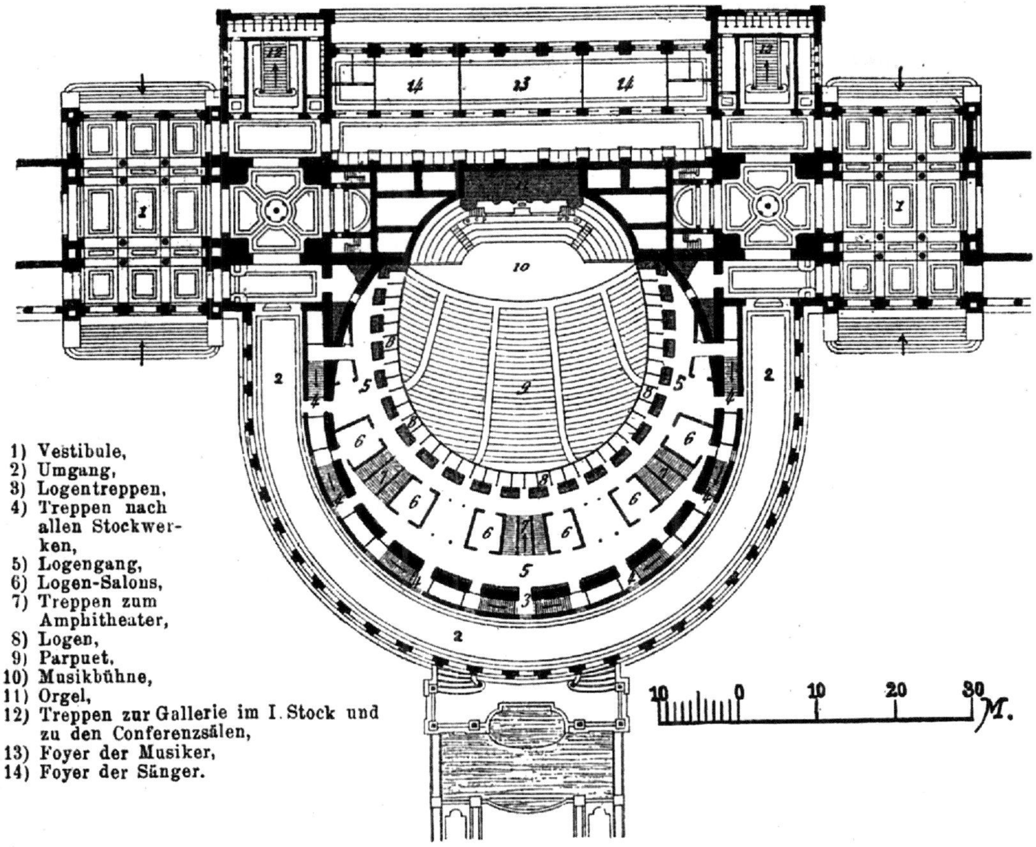

Oben: Grundriss des Trocadéro; Ingenieur: J.D. Bourdais; Architekt; Gabriel J.A. Davioud

Unten: Die spanische Fassade an der Rue des Nations

Sydney International Exhibition Sydney

International Exhibition Melbourne

Oben: Garden Palace, Sydney, vom Wasser her gesehen. Architekt: James Barnet

Linke Seite: Interieur des Garden Palace mit der deutschen Abteilung

Jahr **1879/80, 17. Oktober bis 20. April** Fläche **6,1 ha**
Besucher **1.117.536** Architekt **James Barnet** Neuheit **Aufzug**

Jahr **1880/81, Oktober bis Mai** Fläche **25,5 ha**
Teilnehmerzahl **37 Länder (12.779 Aussteller)**
Besucher **1.330.297** Teilnehmerzahl **37 Länder**
Architekt **Reed & Barnes**

Die Weltausstellung in Sydney war die erste einer langen Reihe von Ausstellungen auf dem australischen Kontinent. Auf Sydney folgten Melbourne, Adelaide (1887), wiederum Melbourne (1888–1889), South Brisbane (1897) und viel später noch einmal South Brisbane (1988), die Stadt, die im Jahre 2002 vielleicht erneut Gastgeberin sein wird. Die Besucherzahlen in Sydney und Melbourne waren in Anbetracht der Entfernung und der kurzen Frist, die sie von der Pariser Ausstellung trennte, recht hoch. Auch die Zahl der Teilnehmer, die nicht aus den USA und den Ländern des Commonwealth kamen, lag erfreulich hoch.

Sydney Australien hatte sich in kurzer Zeit aus einer unwirtlichen Strafkolonie in eine kultivierte, nach westlichem Vorbild eingerichtete Demokratie verwandelt. 1879 war erstmals von einer Ausstellung in Melbourne, Bundesstaat Victoria, die Rede. Beim Parlament wurde ein offizieller Antrag eingereicht. Das ältere Sydney, das in der Kolonie New South Wales lag und die reichen Goldvorkommen besaß, fühlte sich übergangen und beschloss, ebenfalls eine Weltausstellung zu organisieren. Die Vorbereitungen verliefen so zügig, dass man Melbourne bald überholt hatte. Der Wettbewerb zwischen den beiden Städten war der Startschuss zum Aufbruch in ein Jahrzehnt, in dem viele größere und kleinere Weltausstellungen – häufig mehr als eine im Jahr – stattfinden sollten, die kaum wegen ihrer gewagten architektonischen Konstruktionen auffielen, sondern ausschließlich der Sicherung der Handelsinteressen dienten. Auch die australischen Ausstellungen hatten ein rein kommerzielles Anliegen und wollten die Blicke der Welt, aber vor allem die Aufmerksamkeit der internationalen Handelspartner auf Australien ziehen. Erstaunlicherweise gelang das auch, wie die neuen Verbindungen und Beziehungen beweisen, die in den darauffolgenden Jahren zustande kamen.

Linke Seite: Der große Brand vom 22. September 1882, der den Garden Palace völlig zerstörte. Aquarell von John C. Hoyte, Mitchell Library, State Library of New South Wales

Rechts: Garden Palace, Sydney, von der Parkseite her gesehen

Unten: Melbourne, Hauptgebäude

Das Gelände, für das man sich entschieden hatte, war ein Stück Land am Hafen von Sydney, wo sich heute die Royal Botanic Gardens befinden. Nach einigen öffentlichen Protesten gegen die moderne Horizontverschmutzung zur offenen Hafenseite hin begann man mit dem Bau des Hauptpavillons, des Garden Palace.

Dieses Gebäude knüpfte an die Tradition der einfallsreichen Eisen- und Glasstrukturen an, die meist in einer ziemlich pompösen, klassizistischen Verpackung steckten. Der Architekt des Bauwerks war James Barnet, der sich bereits mit dem Customs House und dem Lands Department Building in Sydney einen Namen gemacht hatte. Der Grundriss des Hauptgebäudes hatte die Form eines griechischen Kreuzes mit verlängerten Armen. Die größte Längenausdehnung betrug 244 m. Auf der Vierung erhob sich eine 64 m lange Kuppel mit einem Durchmesser von über 30 m. Am Ende eines jeden Arms stand ein viereckiger Turm mit einer offenen Bekrönung. Das Gebäude war groß, bildete aber mit seiner durchlaufenden Pilasterordnung und seinen auffallenden Höhenakzenten eine klare bauliche Einheit. Die Kuppel, die Türme und das Fundament bestanden hauptsächlich aus Stein, während man für den Rest des Baus Wellblech, Glas und vor allem Holz verwendete. Das Holz dürfte auch die Ursache dafür gewesen sein, dass der Garden Palace, der als Mining and Technological Museum die Ausstellung überdauern sollte, am 22. September 1882 vollständig niederbrannte. Dabei gingen auch mehrere bedeutende Archive verloren. In architektonischer Hinsicht war das Gebäude kein Fortschritt, aber da Sydney in seinem Drang, den Konkurrenten Melbourne zu übertrumpfen, ein hohes Bautempo an den Tag legte, konnte es dennoch eine Novität vorweisen: auf seinem Gelände wurde erstmals nachts, beim Licht der Gaslaternen gebaut.

Rechte Seite: **Das Innere der Kuppel des Garden Palace**

Unten: **Zeitgenössisches Foto des Hauptgebäudes der Weltausstellung in Melbourne. Architekten: Reed & Barnes**

Melbourne Im Bundesstaat Victoria gab es ebenso reiche Goldvorkommen wie in New South Wales, was wesentlich zum Wohlstand dieses Landesteils beigetragen hatte. Melbourne war die Hauptstadt von Victoria und hatte in der kurzen Zeit seines Bestehens schon viel Erfahrung mit der Organisation nationaler und kolonialer Ausstellungen erworben. Dass Sydney den Wettlauf um die erste internationale Ausstellung auf australischem Boden gewann, war ein schwerer Schlag für Melbourne, konnte aber die Stadt nicht davon abhalten, in dem Jahr, als Sydney seine Tore schloss, eine zweite Weltausstellung anzubieten. So mussten die Aussteller die weite Reise ans andere Ende der Welt nur einmal antreten.

Das Hauptgebäude der Ausstellung erhob sich auf einer hässlichen kahlen Ebene (die man schnell in eine Grünfläche, die heutigen Carlton Gardens, verwandelt hatte) und besaß zwei Seitenflügel aus Holz, die einen überdachten Innenhof flankierten und nur temporär sein sollten. Die Architekten waren Barnes und Joseph Reed. Letzterer war im 19. Jahrhundert einer der bedeutendsten Architekten des Landes und hatte das Stadtbild von Melbourne entscheidend geprägt. Der Bau wurde 1888/89 etwas vergrößert, damit er eine weitere Weltausstellung beherbergen konnte – die Centennial International Exhibition, die zur Feier der Entdeckung des Kontinents stattfinden sollte.

Obwohl das Konzept des Hauptgebäudes – das Basilika-Modell im Stil der Neorenaissance – nicht besonders innovativ war, gab es mit seiner Pracht der jungen Kolonie das Gefühl, dass sie nun mit dem Rest der Welt mithalten konnte.

Auf den australischen Ausstellungen wurden keine weltbewegenden Novitäten vorgeführt. Während Sydney eher eine Landwirtschaftsausstellung war, standen in Melbourne, wie es sich für eine Weltausstellung gehört, die Industrieerzeugnisse im Mittelpunkt. In Sydney konnte man jedoch den ersten Personenfahrstuhl auf australischem Boden bewundern, und Fahrstühle vergrößern bekanntlich die Anziehungskraft der Hochbauarchitektur erheblich. Australien war in die vorderste Reihe der Nationen aufgerückt.

Internationale Koloniale en Uitvoerhandels-tentoonstelling Amsterdam

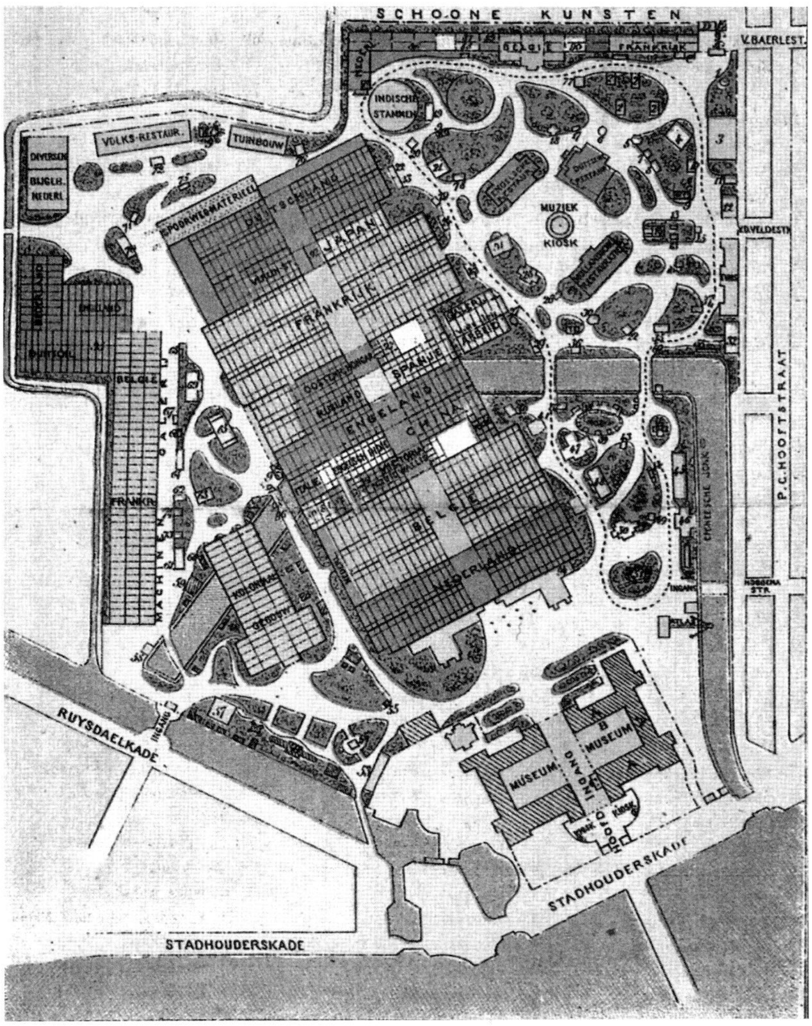

Oben: Plan der Ausstellung; rechts unten das noch unvollendete Rijksmuseum

Linke Seite: Die Unterführung des fast fertiggestellten Rijksmuseum diente während der Weltausstellung als Haupteingang. Zeichnung des Architekten P.J.H. Cuypers von 1880

Jahr **1883, 1. Mai bis 31. Oktober** Standort **Amsterdam Museumplein (und Museumsgelände)** Fläche **22 ha** Besucher **ca. 1,4 Millionen** Teilnehmerzahl **28 Länder** Technischer Kommissar **Edouard Agostini** Projektentwicklung **Tasson und Washer** Neuheit **Kolonialdorf mit einheimischer Bevölkerung**

Das Ausstellungsgelände aus der Vogelperspektive; rechts unten der aus Stein gebaute königliche Pavillon und direkt darüber die ausländischen Restaurants, die offenbar gut besucht werden. Zeichnung von Johan C. Greive Jr.

In der zweiten Hälfte des 19. Jahrhunderts gerieten auch die Niederlande und damit Amsterdam in den Strudel der internationalen Entwicklung. Hoch angesehene Geschäftsleute wie Dr. Samuel Sarphati überzeugten die Stadt von der Notwendigkeit, eine Metropole wie London oder Paris zu werden. Und zu einer Weltstadt gehört natürlich auch eine Weltausstellung. Den allzeit nüchternen Amsterdamern fiel es nicht schwer, Argumente zu finden, die die Bedeutung der ersten Weltausstellung auf niederländischem Boden relativierten: das kleine Land könne nicht mit hohen Besucherzahlen rechnen, Amsterdam besitze weder monumentale Gebäude noch genügend Bauland und so weiter. So schrumpfte das Ereignis in der Vorstellung der Kritiker schon zu einer Dorfkirmes zusammen. Man hatte auch Einwände gegen die vielen Ausländer, die in die Organisation, die Finanzierung und den Aufbau der Ausstellung einbezogen wurden. Angesichts des internationalen Charakters der Ausstellung war das recht merkwürdig.

Eine richtige internationale Ausstellung Die Initiative zur Organisation der Amsterdamer Weltausstellung ergriff 1880 der unbekannte ausländische Geschäftsmann Edouard Agostini, dem sich die Amsterdamer Honoratioren, darunter der bekannte Bankier A.C. Wertheim, nach anfänglichem Zögern anschlossen. Die niederländische Regierung weigerte sich, im voraus finanzielle Versprechungen zu machen. Agostini, der zum Geschäftsführer der Ausstellungskommission ernannt worden war, sah sich daher gezwungen, externe Geldgeber zu suchen. Seine französischen und belgischen Verbindungen brachten ihn schließlich mit der belgischen Firma Tasson und Washer zusammen, die sich – ebenso unbekannt wie Agostini selbst – bereitfand, das Hauptgebäude zu bauen, wenn sie dafür die Eintrittsgelder und die Mieteinkünfte erhielte. Diese Fremdfinanzierung und der Umstand, dass hauptsächlich französische und belgische Architekten und Arbeiter beschäftigt wurden, riefen bei der einheimischen Bevölkerung Argwohn und Unmut hervor. Später sollte sich das Mißtrauen als berechtigt erweisen, denn Tasson und Washer machten ungeachtet ihrer hohen Einnahmen Bankrott, und die Geldgeber konnten nur ein Fünftel ihrer Investitionen aus der Konkursmasse retten.

Trotz dieser Affären und des bescheidenen Konzepts hat Amsterdam mit der ersten Kolonialausstellung einen wichtigen Beitrag zur Geschichte der Weltausstellung geleistet. Man baute nicht nur komplette Wohnungen im Kolonialstil, sondern präsentierte sie sogar in bewohntem Zustand, indem man, zumindest tagsüber, echte Eingeborene in ihnen unterbrachte. Das Eingeborenendorf, zu dem man heute eine etwas andere Einstellung hat, wurde ab 1883 zum festen Bestandteil der Weltausstellungen. Neu war ebenfalls, dass nicht die Herstellung von Industrieprodukten im Mittelpunkt stand, sondern deren Verkauf – ein typisch niederländischer Ausgangspunkt.

Unten links: **Der Haupteingang des großen Ausstellungsgebäudes während der offiziellen Eröffnungszeremonie. Diese Zeichnung erfasst die Proportionen nicht korrekt.**

Unten rechts: **Der Haupteingang des großen Ausstellungsgebäudes**

Das Ausstellungsgelände/die Einrichtung Zunächst schien das bestehende Ausstellungsgebäude, das dem Crystal Palace nachempfundene, von Sarphati entworfene Paleis voor Volksvlijt, am ehesten für eine Weltausstellung geeignet. Da es aber längst nicht den Umfang seines Londoner Vorgängers hatte, suchte man sich ein brachliegendes Gelände an der Südseite der Stadt, das genügend Platz für ein Hauptgebäude und mehrere Pavillons bot. Das Hauptgebäude, ein 300 x 120 großer, rechteckiger Block, wurde über einen vorhandenen Wasserarm hinweg gebaut. Außerdem war es auf die Unterführung ausgerichtet, die zugleich als Haupteingang zum Grundstück des fast fertiggestellten Rijksmuseum fungierte. Auch der benachbarte Kolonialpavillon, der wegen seiner deplatziert wirkenden maurischen Minarette auf Ablehnung stieß, erhob sich teilweise über dem Wasser. Die beiden Gebäude umrahmten zusammen mit der Maschinengalerie eine dreieckige Grünanlage, in der die kleineren Pavillons standen, darunter der der Stadt Paris. Den meisten Platz beanspruchten Belgien und Frankreich; unmittelbar danach folgten die Niederlande und Deutschland. An der Vorderseite des Kolonialpavillons wurde eine kleine Niederlassung – mit Bewohnern – aus den niederländischen Gebieten in Übersee nachgebaut. Das restliche Gelände diente eher zu Unterhaltungszwecken. Dort befanden sich die Länderpavillons, der Musikkiosk und die umliegenden ausländischen Spezialitätenrestaurants.

Architektonische Reinheit

Die Architektur der Ausstellung wurde – in einer Periode, da in den Niederlanden eine vehemente Stildebatte stattfand – mit gemischten Gefühlen begrüßt. Die Debatte drehte sich um die Schlagworte Wahrheit und Charakter und gipfelte in den Thesen, die Funktion eines Gebäudes müsse an seinem Äußeren erkennbar sein, und der Stil, den man verwende, habe zumindest rein zu sein. Als großes Vorbild „ehrlicher" Architektur galt, zumindest für einen Teil der niederländischen Architekten, das beinahe fertiggestellte Rijksmuseum. Durch die Einbeziehung seiner Unterführung (als Eingang) und seines Innenhofs (als Ausstellungsraum) in die Weltausstellung konnte man deren provinzielles Image erheblich aufpolieren.

Der Architekt des Rijksmuseum war P.J.H. Cuypers, der unter dem Einfluss von Viollet-le-Duc die reine Konstruktionslehre der Gotik pries und sich gegen die unangebrachte Verzierung von Bauwerken mit allerlei Motiven aus verschiedenen Stilrichtungen wandte. Milde Kritiker waren allerdings der Ansicht, dass man an temporäre architektonische Werke nicht so strenge Maßstäbe anlegen dürfe. Dennoch fanden nur wenige Ausstellungsbauten ihren Beifall. Die Fassade des Hauptpavillons, die auf einem Entwurf des Franzosen Paul Fouquiau basierte, wurde positiv beurteilt. Die 50 m breite Wand bestand aus Holz, Leinwand und Gips und besaß zwei etwa 35 m hohe Türme. Zwischen den Türmen hing eine riesige Leinwand, die einen orientalischen Kaschmirschal symbolisieren sollte. Auch die anderen Motive stellten einen Bezug zu den Kolonien her, und insofern entsprach das Exterieur durchaus dem, was im Inneren zu sehen war. Im gesamten Ausstellungsbereich, der sich über eine Gesamtfläche von 60.000 m^2 erstreckte, wurden Holz und Eisen für das Gebälk verwendet. Der Entwurf stammte von dem Belgier Gédéon Bordiau, der später auch das Hauptgebäude der Antwerpener Ausstellung von 1885 gestalten sollte. Die gesamte Anlage stand auf Pfählen und war mit Leinwand bekleidet. Dass die Fassadenkonstruktion nicht „ehrlich" war, wollte man hinnehmen, soweit sie zumindest stilistisch stimmte. An dem Kolonialpavillon mit seinen bereits erwähnten maurischen Minaretten hatte man dagegen mehr auszusetzen. Man bemängelte den Stil, der arabisch statt orientalisch und dabei noch nicht einmal rein maurisch war.

Von den nationalen Pavillons wurde erwartet, dass sie typisch niederländisch aussahen. Dieser Anforderung kam der Rückgriff auf die niederländische Renaissance um 1600 beim Pavillon der Spirituosenfirma Lucas Bols sehr entgegen. Schließlich hatten sich die niederländischen Provinzen in jener historischen Periode zu einer starken, bürgerlichen Nation vereint und das Joch der spanischen Fremdherrschaft abgeworfen.

Die ausländischen Pavillons ernteten ebenfalls Lob für ihren Stil, wenn er den jeweiligen Nationalcharakter zum Ausdruck brachte. In diesen Kontext ist auch die Kritik am königlichen Pavillon der Niederlande – wegen seiner „italienischen" Säulen – einzuordnen.

Die Meinung eines Besuchers

Nicht so nuanciert war die Kritik, die ein gewisser Osado in der Architekturzeitschrift *De Opmerker* veröffentlichte, deren Mitarbeiter er vermutlich war. In mehreren Briefen hielt er seine eigenen Eindrücke und die Kommentare fiktiver Bekannter fest, die ihm angeblich beim Rundgang durch die Ausstellung begegneten.

Linke Seite, links: Überblick über das Ausstellungsgelände aus westlicher Richtung; im Vordergrund die ausländischen Restaurants. Hier wird deutlich, dass keine richtige Parkanlage existierte, obwohl der Plan das suggeriert. Zeichnung von Johan C. Greive jr.

Linke Seite, rechts: Das Ausstellungsgelände in Seitenansicht zum Hauptgebäude hin gesehen; rechts der enorme Haupteingang und links der vielgeschmähte Kolonialpavillon

Rechts: Interieur des Ausstellungsgebäudes in Längsrichtung

Oben: Das internationale Weinhaus war ein Holzbau wie die meisten Gebäude und wirkte sehr stimmig, da sich auch der Baustil am Holzbau orientierte.

Mitte: Der Palast von Tunis zeigte schon an der Außenseite, was den Besucher innen erwartete. Obwohl man kein dauerhaftes Baumaterial verwendete, erfüllte der Pavillon die Forderung nach „Wahrheit".

Unten: Das Atjeh-Denkmal im Kolonialpark mit der Viktoria an der Spitze, einem etwas voreiligen Symbol, da der Machtkampf in der Kolonie Niederländisch-Indien (Indonesien) noch nicht entschieden war.

Unten links: **Der Musikkiosk inmitten der ausländischen Restaurants**

Unten rechts: **In der Abteilung der niederländischen Kolonien hatte man eine kleine Tabakplantage nachgebildet.**

Ganz unten: **Der Pavillon der Stadt Amsterdam ist mit Malereien von Johan A. Rust (Mittelteil), E.S. Witkamp jr. und N. van der Waaij (Seitenteile) bedeckt**

An der Fassade des Hauptgebäudes hatte auch er nicht viel auszusetzen, um so mehr störte ihn jedoch die nüchterne Rückwand, die man – genau wie bei den anderen Pavillons – nur mit parallelen Querstreifen bemalt hatte. Osado spielt ironisch auf die heftige Architekturdebatte an und nennt die Wand „weiter nichts als die nackte Wahrheit“. Eine zweite Anspielung macht er, indem er die Konstruktion des Hauptgebäudes als „Schabernack“ bezeichnet, der aus gegebenem Anlass ausnahmsweise erlaubt sei. Schärfer reagiert er, wenn er seinen Freund Nurks (Mürrisch) zitiert, der das niederländische Restaurant für ein Produkt der „allerscheußlichsten Holzbearbeitung“ hält. Ein abscheulicheres, geschmackloseres Machwerk aus Holz und Leinwand sei kaum denkbar. Osado behauptet des weiteren, der Pavillon der schönen Künste gleiche einem Lagerhaus, der Gaststättenbereich sehe so plump und ärmlich aus, als habe man ihn irgendwo in Deutschland aufgetrieben, und das Gelände sei so ratzekahl wie die Sahara. Das englische Restaurant mit den „barmaids“ tauge auch nichts. Begeistern kann sich Osado lediglich für den Pavillon der Stadt Amsterdam, entworfen von Adriaan W. Weissman, der kurzzeitig Stadtarchitekt war, für den königlichen Pavillon, den arabischen Pavillon eines Torfhändlers, dessen Entwurf von W. Wilkens und G. van Arkel stammt, und für eine Kellnerin im deutschen Restaurant.

Nach der Ausstellung blieb weder von der positiv noch von der negativ beurteilten Architektur viel übrig. Das deutsche Restaurant begann ein neues Leben als Pavillon Veenlust in dem nordholländischen Ort Veendam, und das Hauptgebäude wurde, in seine Einzelteile zerlegt, an die Antwerpener Weltausstellung von 1885 verkauft. Teile der Amsterdamer Ausstellung taten noch Dienst auf einer Ausstellung in Liverpool, aber das war dann auch das endgültige Aus für eine der hübschesten kleinen Weltausstellungen, die es je gegeben hat.

A TOUS LA VILLE D'ANVERS
WELKOM WELKOM

Exposition Universelle d'Anvers Anvers

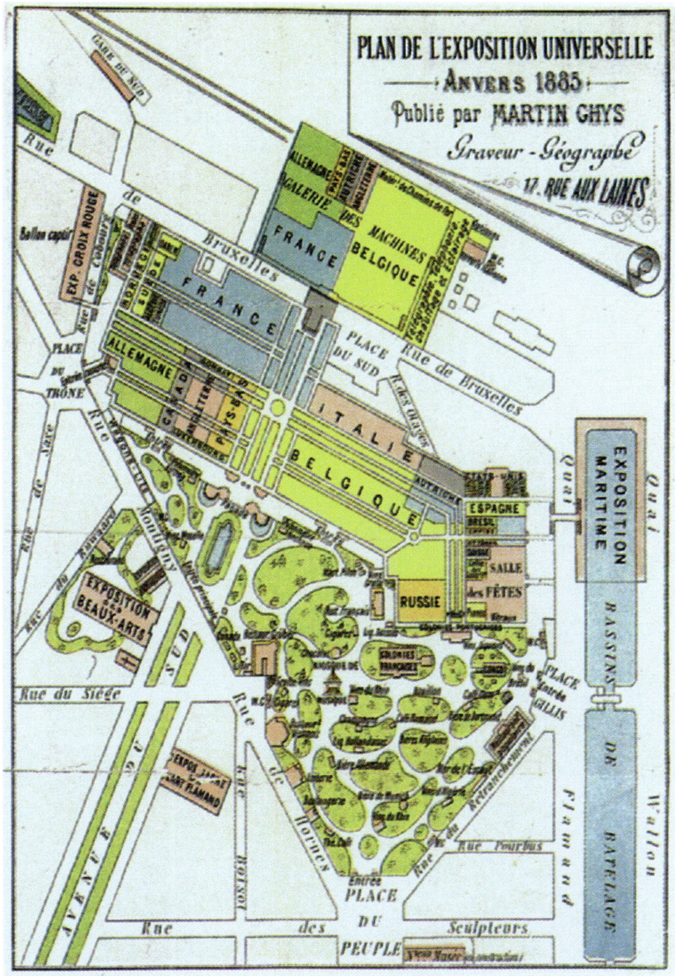

Oben: Plan der Ausstellung mit den verschiedenen ausländischen Abteilungen

Linke Seite: Fassade des Hauptgebäudes

Jahr **1885, 2. Mai bis 2. November** Standort **Antwerpen: Het Zuid** Fläche **22 ha** Besucher **3,5 Millionen** Teilnehmerzahl **14.472 Aussteller** Staatsoberhaupt **Léopold II.** Leitender Architekt **Gédéon Bordiau** Neuheiten **Gasmotoren, mit denen auch die Generatoren für die elektrische Beleuchtung betrieben wurden**

Mit Sydney und Melbourne war das goldene Jahrzehnt der Weltausstellungen angebrochen. Seinen Höhepunkt bildete das Jahr 1888, in dem gleich vier Ausstellungen gleichzeitig stattfanden. Da diese Veranstaltungen häufig übereilt organisiert wurden, weil man plötzlich fürchtete, den Anschluss zu verpassen, geriet das architektonische Experiment etwas ins Hintertreffen. Die Ausstellungen wurden deswegen aber nicht uninteressanter. So war Amsterdam 1883 beispielsweise die erste große internationale Ausstellung, und Antwerpen 1885 bewies ebenfalls, dass kleine Länder nicht zwangsweise kleine Ausstellungen organisierten.

Bedingt durch das visuelle Spektakel späterer Ausstellungen, die wieder mit außergewöhnlichen und phantastischen Konstruktionen aufwarteten, gerieten die Ausstellungen der achtziger Jahre ein wenig in Vergessenheit. Dieses Los war auch der Weltausstellung von Antwerpen beschieden. Sie steht ganz im Schatten der Pariser Ausstellung, die vier Jahre später stattfinden und epochemachender als jede andere sein sollte. Die Antwerpener Ausstellung von 1885 stand am Anfang einer imponierenden Reihe belgischer Weltausstellungen, die sogar länger ist als die Frankreichs, des klassischsten aller Ausstellungsländer. Auf Antwerpen folgten Ausstellungen in Gent, Lüttich, weitere zwei in Antwerpen und gleich fünf in Brüssel.

Rechte Seite, links: **Pavillon von Thomas Cook & Son als Minireisebüro**

Rechte Seite, rechts: **Die brasilianische Abteilung im Hauptgebäude**

Unten: **Das in Bau befindliche Hauptgebäude. Im Vordergrund erkennt man die kleineren Pavillons**

Pavillon von Th. Cook & Son.

Das Ausstellungsgelände Die Ausstellung wurde in Het Zuid aufgebaut, einem Gebiet, das im Bebauungsplan der Stadt für Neubau reserviert war. Es befand sich etwa dort, wo früher die Zitadelle gestanden hatte und wo man gerade die neuen Hafenanlagen, die so genannten Scheldekaaien, baute. Das Gelände, das längst nicht vollständig erschlossen war, bot viel Platz, und die Übergabe des neuen Hafens war ein willkommener Anlass für die Organisation der Ausstellung. Die alte Zitatelle und die historische Bebauung des St. Walburgsplein hatte man abgerissen, um das Freigelände Het Zuid zu schaffen, aber ironischerweise stellte man auf der Weltausstellung von 1894 an derselben Stelle eine Replik des alten Antwerpen aus Holz und Gips auf!

Het Zuid war 1885 ein gut erreichbares Gelände mit trapezförmigem Grundriss, dessen Hauptachse die Zuidlaan bildete, die zur Halle des Handwerks führte. Diese Halle, das Hauptgebäude der Ausstellung, wurde von einem Zwischenbau mit der Galerie des Machines verbunden. Den Plan der Anlage mit den dazugehörigen Gebäuden hatte der Hofarchitekt Gédéon Bordiau 1884 entworfen. Er war dazu von Leopold II, dem Schirmherrn der Ausstellung, beauftragt worden, sehr zur Enttäuschung des Architekten Jan Laurent Hasse, der zu den Initiatoren der Weltausstellung gehörte. Den Landschaftspark gestaltete der aus Deutschland stammende Belgier Louis Fuchs. In den eleganten Grünanlagen standen kleine Pavillons von Privatfirmen oder den Kolonien, die größtenteils im Cottagestil oder in einem bunten eklektischen Stilgemisch erbaut worden waren. Sie bildeten einen Kontrast zu den Hallen des Hauptgebäudes, die, abgesehen von ihren kitschigen Verzierungen, aus Glas und Eisen bestanden. Der Cottagestil, für den das Fachwerk typisch war, passte gut zu der malerischen Parkanlage, in der die kleineren Pavillons als architektonischer Scherz fungierten. Sowohl Bordiau als auch Fuchs hatten für den Brüsseler Zoo gearbeitet, und von dieser Erfahrung konnten sie beim Entwurf des Ausstellungsparks profitieren. Einige kritische Bemerkungen zur Nutzung des Geländes sind jedoch angebracht. Der strenge Komplex einschließlich der Zuidlaan, der das Hauptgebäude umgab, passte nicht zu den Parkanlagen im Landschaftsstil, und die Galerie des Machines lag recht unglücklich hinter der Halle des Handwerks verborgen. Ein weiterer Minuspunkt besteht darin, dass das monumentale Eingangstor nur ins Hauptgebäude führte, während man das Gelände der Ausstellung durch relativ schäbige Holzgatter betrat. Besonders gelungen waren dagegen die vielen Springbrunnen und Wasserpartien.

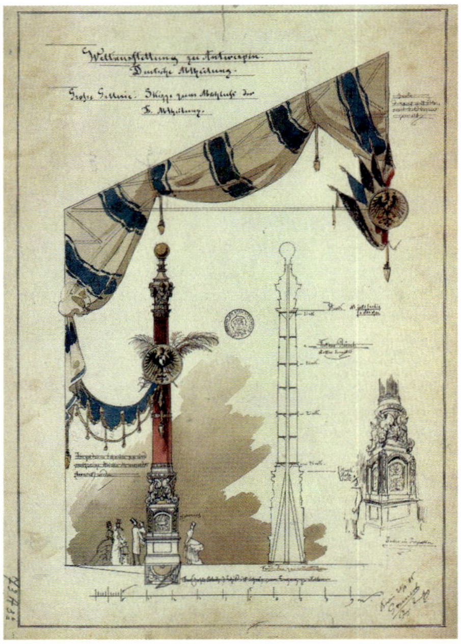

Oben links: Entwurf der deutschen Abteilung im Hauptgebäude; Architekt: Grunert

Oben rechts: Auf dem Reklameplakat für die Antwerpener Ausstellung ist das Hauptgebäude (links) gut erkennbar.

Unten: Pavillon der Firma Kemmerich aus St. Helena, Argentinien

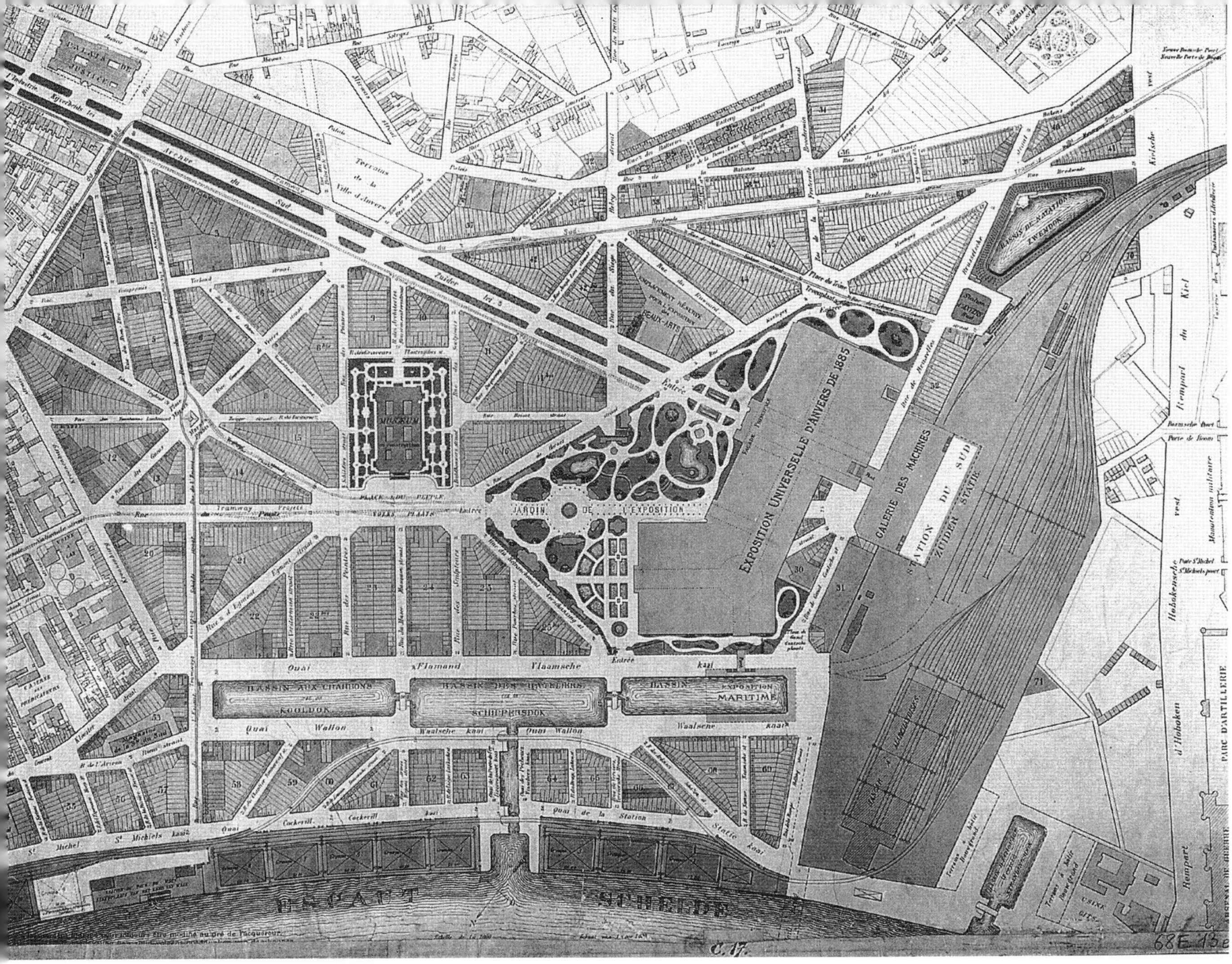

Oben: Plan des Ausstellungsgeländes inmitten des bereits parzellierten, aber noch unbebauten neuen Siedlungsgebiets der Stadt

Unten links: Interieur des Hauptgebäudes, englische Abteilung

Unten rechts: Das Restaurant *De Zoeten Inval* im Stil des alten Antwerpen

Die Gebäude Hasse bewarb sich, wenn auch vergebens, um den ehrenvollen Auftrag, das Hauptgebäude entwerfen zu dürfen. Er musste sich mit einem einfachen Seiteneingang begnügen. Es dürfte ihn mit einiger Schadenfreude erfüllt haben, dass Bordiaus Haupteingang bei der offiziellen Eröffnung noch von Baugerüsten verdeckt war. Erst Mitte Juli wurde er fertiggestellt. Die Konstruktion dieses Eingangsportals, das als Blickfang dienen sollte, bestand aus einem Stahlskelett, das mit einer Marmorimitation ausgekleidet wurde. Äußerlich war der Haupteingang eine Kreuzung zwischen einem römischen Triumphbogen und dem Mausoleum von Halikarnassos, das von zwei Leuchttürmen flankiert wurde. Auf dem oberen Rand des Portals, in 68 m Höhe, befand sich ein Globus, der von 12 Atlanten getragen wurde. In die linke Gebäudeseite hatte man einen hydraulischen Fahrstuhl eingebaut, den man in Belgien noch nicht kannte. Die gewaltigen Proportionen des Eingangstores bewirkten, dass die Kuppel, die sich über der Vierung des Hauptgebäudes wölbte, überhaupt nicht auffiel.

Bordiau, der die Hallen für die Brüsseler Nationalausstellung von 1880 und die Amsterdamer Weltausstellung von 1883 entworfen hatte, war auch diesmal für das Hauptgebäude verantwortlich, dessen Konstruktion aus verbundenen Reihen von Polonceaubindern über einem ungleichmäßigen Rechteck zusammengesetzt war. Die Halle konnte demontiert werden, sodass die verschiedenen Bauelemente wiederverwendbar waren. Was in der Halle nicht aus Eisen oder Glas war, bestand aus einer Mischung aus gepresstem Stein mit Mörtel und Zement, die sich besonders für temporäre Bauten und für Baustoffimitationen eignete.

Teile der Ausstellung von 1885, darunter der Pavillon *De Zoeten Inval* konnten stehenbleiben, bis Antwerpen neun Jahre später, als Het Zuid immer noch nicht vollständig bebaut war, erneut Gastgeber einer Weltausstellung wurde.

Antwerpen 1885 war möglicherweise in architektonischer Hinsicht kein besonderes Ereignis, doch hatte es in einem kleinen Winkel des Hauptgebäudes etwas ganz Besonderes zu bieten: am französischen Stand waren die Pläne für einen 300 m hohen Turm ausgestellt. Übrigens bekam Jan Laurent Hasse nach 1885 noch viel zu tun. Er sollte der große Mann der Antwerpener Ausstellung von 1894 werden.

Rechts: Italienische Abteilung im Hauptgebäude

Rechte Seite, oben: Die Antwerpener Ausstellung aus der Vogelperspektive; im Hintergrund fließt die Schelde.

Rechte Seite, unten: Pavillon der französischen Kolonien

XPOSITION
UNIVERSELL

Exposition Universelle Paris

Oben: Pavillon der Gasindustrie auf dem Champ de Mars

Linke Seite: Nächtliche Impressionen: der Eiffelturm inmitten eines Lichtspektakels

Jahr **1889, 6. Mai bis 31. Oktober** Standort **Paris: Champ de Mars, Trocadéro, Südufer der Seine und Esplanade des Invalides** Fläche **96 ha** Besucher **28.121.975** Teilnehmerzahl **61.722 Aussteller** Bauaufsicht **Charles Adolph Alphande** Leitender Ingenieur **Bartet** Metallkonstruktionen **Contamin, Charton, Pierron** Architektur **Bouvard, Formigé, Dutert** Gärten **Laforcade, Lion** Neuheiten **Phonograph (Edison); verbessertes Fahrad; Wasserschlitten von Girard**

Die Pariser Ausstellung von 1889 bildete in mehrfacher Hinsicht den würdigen Abschluss einer langen Reihe von Ausstellungen in den achtziger Jahren des 19. Jahrhunderts. Während andere Veranstaltungen dieses turbulenten Jahrzehnts einschließlich die aus Antwerpen vor allem einen dekadenten Eklektizismus zur Schau stellten, gab es in Paris gleich zwei Konstruktionen, die heute als würdige Nachfolger des Crystal Palace gelten: den 300 m hohen Turm und die Galerie des Machines. Dass man letztere 1910 abgerissen hat, ist ein unersetzlicher Verlust für die Stadt Paris und die ganze Welt.

Unmittelbarer Anlass für die Veranstaltung der Pariser Weltausstellung war der hundertste Jahrestag der Erstürmung der Bastille. Dieses „subversive" Jubiläum hielt leider viele gekrönte Häupter Europas davon ab, der ersten von der französischen Republik organisierten Weltausstellung beizuwohnen oder zumindest eine offizielle Delegation zu entsenden. Das nahm dem alten Ideal von der brüderlichen Gemeinschaft der Völker viel von seinem Glanz. Dennoch beteiligten sich 7000 Aussteller aus dem Ausland an dieser eher nationalen Veranstaltung. Paris 1889 wurde trotz allem ein Riesenerfolg und ging ohne nennenswerte Zwischenfälle über die Bühne. Die Ausstellung spielte bei einem Umsatz von 43 Millionen Francs sogar einen Gewinn von 8 Millionen Francs ein.

Rechts: Plan der Esplanade des Invalides

Rechts außen: Plan der Kolonialausstellung an der Rue de Constantine im Bereich der Esplanade des Invalides

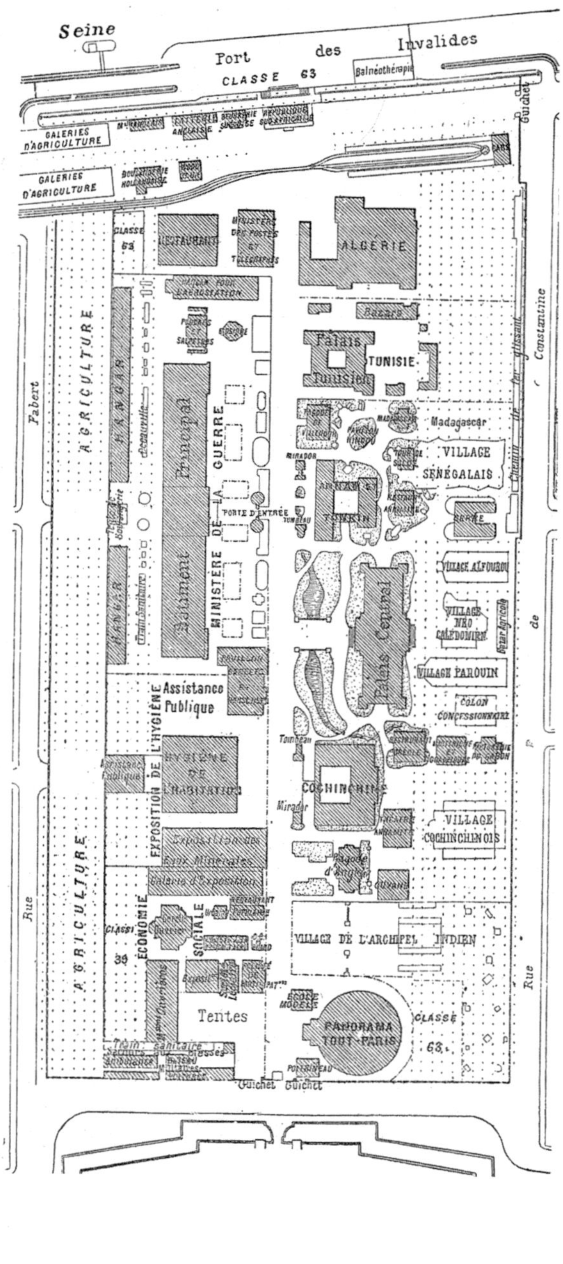

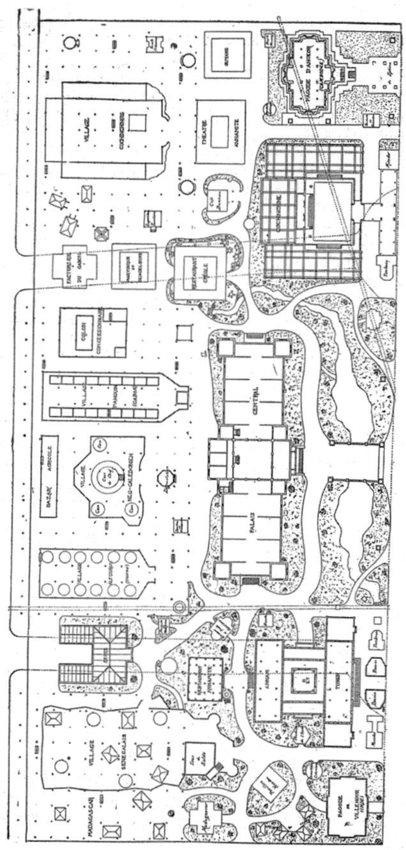

Rechts: Das Fundament des Eiffelturms

Unten: Plan des Ausstellungsgeländes

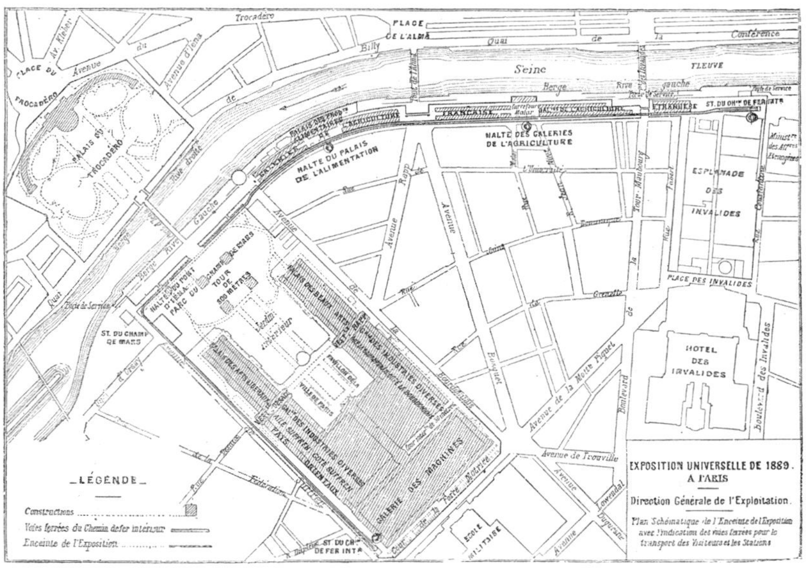

Ausstellungsgelände und Hauptgebäude

Genau wie 1878 fand die Ausstellung auf dem Champ de Mars und in der Umgebung des am anderen Ufer der Seine gelegenen Trocadéro statt. Außerdem richtete man an der Esplanade des Invalides, die dem Gelände der Weltausstellung von 1867 gegenüberlag, eine Kolonialausstellung ein. Das Verbindungsglied zwischen dem Champ de Mars und den Esplanades war das Südufer der Seine, an dem sich unter anderem die Landwirtschaftshalle und das Palais des Alimentation erhoben. Die gekrümmten Arme des Trocadéro umschlossen zusammen mit den Flügeln des Palais des Industries Diverses auf dem Champ de Mars einen Landschaftspark, der auch die Länderpavillons beherbergte. Der 300 m hohe Turm ragte im Park wie ein architektonisches Riesenspielzeug empor. Die Mittelachse dieses Ausstellungsbereichs führte unter dem Eiffelturm und durch den Park hindurch und endete am Eingang des Hauptgebäudes.

Das Hauptgebäude bestand wie in Antwerpen 1885 und bei vielen anderen Ausstellungen aus einer Aneinanderreihung kleinerer Galerien mit einfachen Polonceaubindern. Die Flügel des Hauptgebäudes reichten bis zum Paleis van Schone Kunsten beziehungsweise zum Paleis van de Vrije Kunsten. Diese Hallen waren enorme eiserne Konstruktionen mit einer Kuppel in der Mitte. Auffallend war die Verwendung keramischen Baumaterials. Der Architekt des Hauptgebäudes war Jean-Camille Formigé, und den Eingang, eine pompöse Kuppelkonstruktion, entwarf Joseph Bouvard. An der Rückseite des Hauptgebäudes befand sich die Galerie des Machines, deren Eingang also zum Rand des Ausstellungsgeländes zeigte.

Die Galerie des Machines

Die Galerie des Machines wurde von dem Ingenieur Victor Contamin und dem Architekten Ferdinand Dutert entworfen. Mit einer Spannweite von über 110 m bildete sie einen vorläufigen Höhepunkt in der Geschichte der modernen Konstruktion und eine logische Weiterentwicklung der Pariser Ausstellungshallen aus den Jahren 1855, 1867 und 1878. Die entscheidende Frage lautete dabei immer, wie ein möglichst großer Raum ohne Zwischenträger überdacht werden konnte. Im Fall der Galerie wurden die Druckkräfte nicht von schweren Trägern, Seitengalerien oder Zugstangen aufgefangen, sondern direkt in den Boden abgeleitet. Die Binder besaßen sowohl in der Kehle als auch im First Scharniere und waren so befestigt, dass sie Temperaturschwankungen auffangen konnten. Da nur die Scharnierstellen am Boden die Druckkräfte aufzufangen brauchten, konnten die riesigen Binder sich nach oben verjüngen, sodass das Tragwerk auf unwahrscheinlich dünnen Beinen stand. Das erleichterte auch den Bau: die Binderhälften wurden über ihren eigenen Gelenkpunkt gehoben und an der Spitze mit einem Bolzen an der anderen Hälfte befestigt. Die Haut der Galerie bestand größtenteils aus Glas, sodass die Konstruktion, die in kaum sechs Monaten hochgezogen wurde, noch besser zur Geltung kam.

In der Halle konnte man die ausgestellten Maschinen von den elektrisch betriebenen Rollbrücken aus betrachten. Als Baustoff wurde vor allem Schmiedeeisen verwendet, weil der damals bereits bekannte Stahl noch sehr teuer war. Hätte man mit Stein gebaut, wäre die Galerie fünfmal so teuer geworden. Nun beliefen sich die Baukosten auf 8 Millionen Francs und waren damit ebenso hoch wie die des Eiffelturms.

Rechte Seite, oben: **Das Champ de Mars aus der Vogelperspektive**

Rechte Seite, unten links: **Eingang der Galerie des Machines**

Rechte Seite, unten rechts: **Plan des Champ de Mars**

Unten: **Der Palais des Produits Alimentaires an der Seine; links der portugiesische Pavillon**

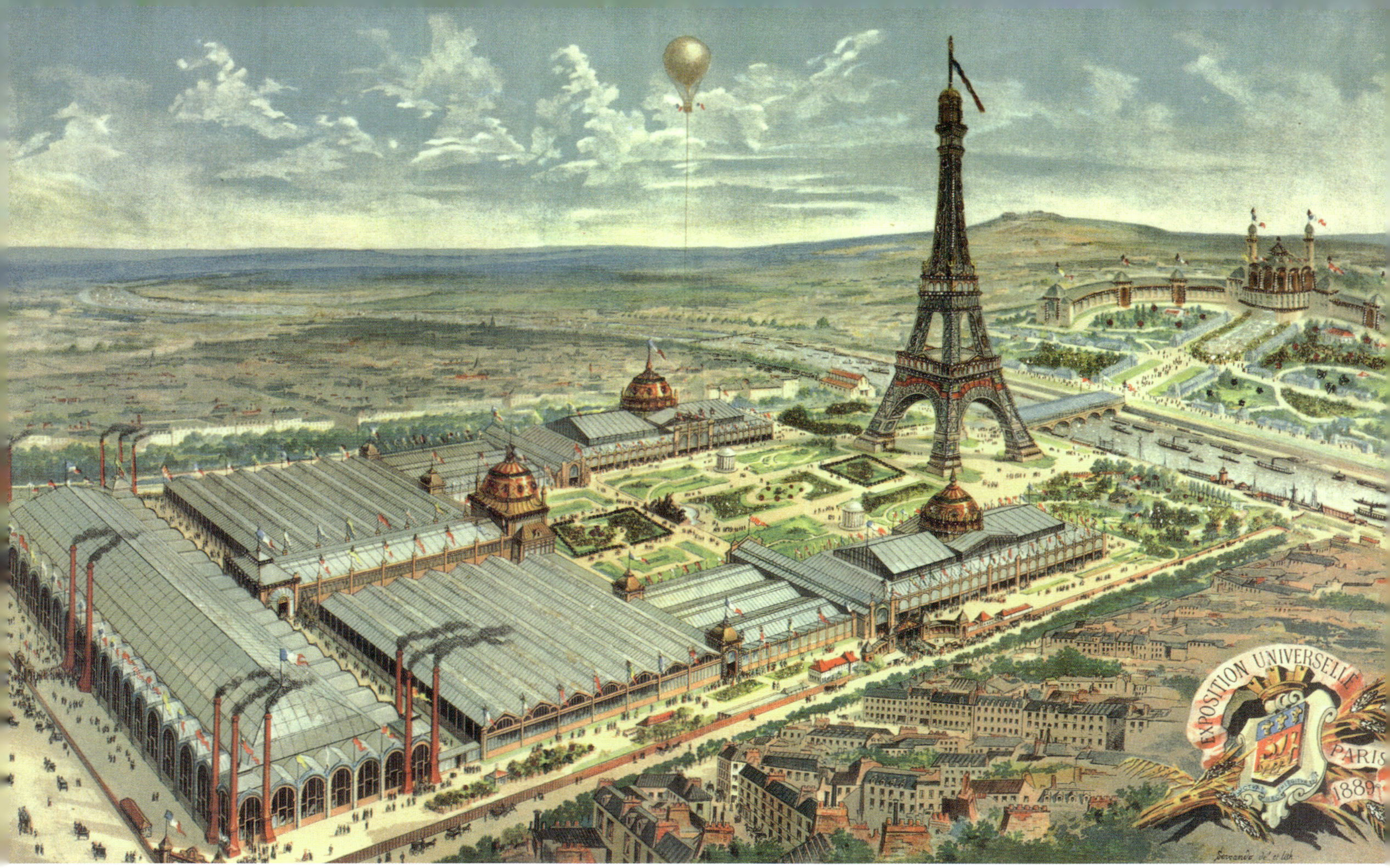

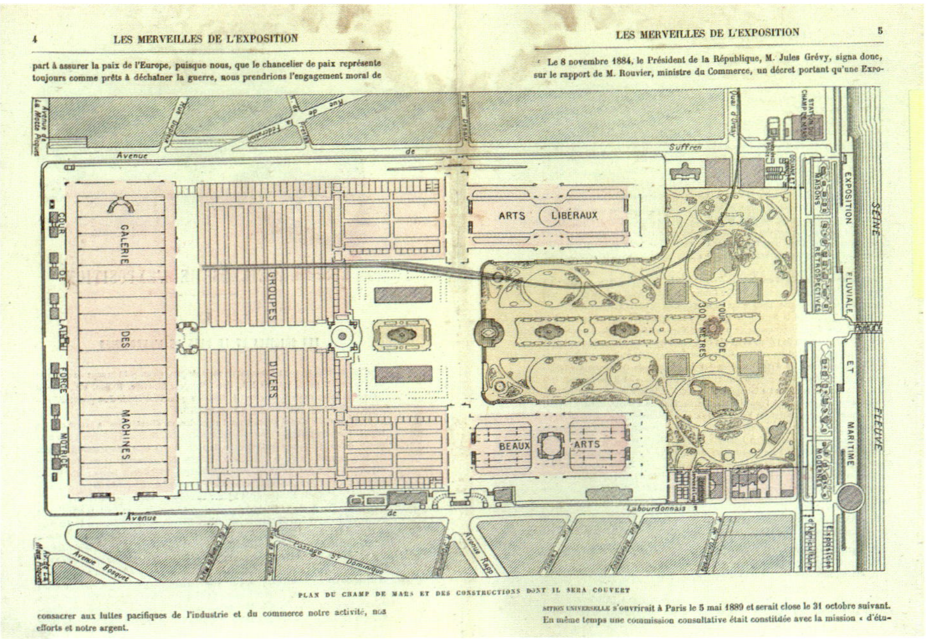
4 LES MERVEILLES DE L'EXPOSITION

part à assurer la paix de l'Europe, puisque nous, que le chancelier de paix représente toujours comme prêts à déchaîner la guerre, nous prendrions l'engagement moral de

PLAN DU CHAMP DE MARS ET DES CONSTRUCTIONS DONT IL SERA COUVERT

consacrer aux luttes pacifiques de l'industrie et du commerce notre activité, nos efforts et notre argent.

LES MERVEILLES DE L'EXPOSITION 5

Le 8 novembre 1884, le Président de la République, M. Jules Grévy, signa donc, sur le rapport de M. Rouvier, ministre du Commerce, un décret portant qu'une Exposition universelle s'ouvrirait à Paris le 5 mai 1889 et serait close le 31 octobre suivant. En même temps une commission consultative était constituée avec la mission « d'étu-

Oben links: Der Pavillon der Stadtwerke

Oben rechts: Der in Bau befindliche Eiffelturm; im Hintergrund das Trocadéro

Unten: Der Pavillon der Seefahrt auf der getrennt stattfindenden Marineausstellung

Rechte Seite: Das Ausstellungsgelände konnte auch über einen Fußgangerbrücke an dem Pont de l'Alma erreicht werden.

Der Eiffelturm Maler, Architekten, Bildhauer und andere Künstler fanden den Eiffelturm anfangs monströs. Diese Reaktion ist typisch für das kulturelle Klima im Paris des ausgehenden 19. Jahrhunderts. Ein offener Turm ohne Wände, Dach oder Kuppel wurde als Ding der Unmöglichkeit empfunden. Vor diesem Hintergrund erscheint die Leistung von Gustave Eiffel und seinen Mitarbeitern noch außergewöhnlicher, wobei nicht nur die technische Leistung bewundernswert war. Der 300 m hohe Turm – die 300 m entsprechen dem ursprünglich englischen Maß von 1000 Fuß – war wie viele andere Ausstellungsgebäude das Ergebnis eines Preisausschreibens. Eiffel besaß jedoch einen Vorsprung, weil er schon vorher, im Jahre 1884, einen Entwurf eingereicht hatte, den seine Ingenieure Maurice Koechlin und Emile Nouguier erarbeitet hatten. Für die Stabilität des Turmes sollten die Fachwerkbinder sorgen, und windbeständig sollte er werden, indem man man ihn spitz zulaufen ließ und die vier Pfeiler, zwischen denen waagerechte Fachwerkbinder verliefen, an riesigen Betonfundamenten in der Erde verankerte. Die Bögen zwischen den Pfeilern waren kein Bestandteil der Konstruktion, sondern dienten nur als Zierelemente.

Die architektonische Detailgestaltung, die auch die Restaurants umfasste, die man allerdings 1937 entfernte, besorgte der Architekt Stephen Sauvestre. In der Turmspitze besaß Gustave Eiffel ein eigenes Apartment. Der Bau des Turmes, der während der Ausstellung ständig erleuchtet wurde, dauerte von Januar 1887 bis März 1889.

Man hat im Eiffelturm 1.050.864 Nieten verarbeitet und 7 Millionen Löcher gebohrt, die, aneinandergereiht, eine 70 km lange Röhre ergeben würden.

Habitation Humaine

Zum Standardkonzept der Weltausstellungen gehörte die Nachahmung bestehender Bauwerke, die aus erzieherischen Gründen, aber auch zum Zweck der Unterhaltung erfolgte. Auf Empfehlung von Charles Garnier, dem nach wie vor einflussreichen Architekten des Pariser Opernhauses, widmete man eine der beiden thematischen Ausstellungen dem Thema Wohnung. Etwa fünfzig Häuser im Maßstab 1:1 bildeten die Geschichte der menschlichen Behausung von der Steinzeit bis zur Gegenwart nach. Diese für das 19. Jahrhundert typische Schau befand sich am Fuß des von Garnier so verabscheuten Eiffelturms.

Eine andere Variante des pittoresken Dorfes, das seit Paris auf keiner Ausstellung fehlen durfte, war die komplette Rekonstruktion des Bastilleviertels aus Holz und Mörtel. Natürlich gab es auch diesmal Länderpavillons. Sie standen verstreut im Gelände und repräsentierten den jeweiligen nationalen Stil. Einer von ihnen, der schwedische Pavillon, blieb erhalten. Er wurde nach der Ausstellung abgebaut und in seine Heimat gebracht.

Frankreichs Wohlstand trat in der Exposition Coloniale hervor, einer Anhäufung rekonstruierter Häuser und kompletter Dörfer – samt ihrer Bewohner – aus den französischen Überseegebieten.

Rechts: Konstruktion der Galerie des Machines; Ingenieur: Victor Contamin, Architekt: Ferdinand Dutert

Rechte Seite, oben links: Gustave Eiffels Apartment im oberen Teil des Eiffelturms

Rechte Seite, oben rechts: Auf der Ausstellung L'Habitation Humaine konnten römische, mittelalterliche und Renaissancewohnungen besichtigt werden.

Rechte Seite, unten links: Interieur des Hauptgebäudes mit Blick auf die Grande Galerie Centrale

Rechte Seite, unten rechts: Montage der Binder in der Galerie des Machines. Ein Scharnier verbindet die beiden Hälften miteinander.

Rechts: Da das Gelände um vieles größer als bei vorhergehenden Ausstellungen war, verkehrte ein ungewöhnliches Beförderungsmittel zwischen der Galerie des Machines und der Esplanade des Invalides: der Chemin de Fer Glissant. Diese mit Wasserdruck betriebene Gleitbahn wurde von Barré erfunden und von Girard vervollkommnet.

Rechts außen: Der Pavillon der Elektrizität wurde von Hector Guimards im Auftrag des Elektrotherapeuten Ferdinand de Boyéres erbaut.

Übrige Bauten In dem anlässlich der Weltausstellung von 1878 erbauten Trocadéro war die Sparte Gartenkunst untergebracht. Neu gebaut wurden die mittlerweile üblichen Pavillons für die Landwirtschaft, die Marine, die Hygiene, das Gas, die Elektrizität und die Gaststadt sowie andere öffentliche Einrichtungen. Daneben gab es auch Pavillons privater Gruppierungen wie der Aquarellisten und der Pastellzeichner. Im Allgemeinen wurden sie im Stil der damals herrschenden Mode erbaut, einem überdeutlichen Eklektizismus, in dem die neuen Baustoffe nur spärlich angewandt wurden. Die Weltausstellung von 1889 ist wegen ihrer modernen Bauten – der Galerie und des Eiffelturms – berühmt geworden, aber man darf nicht vergessen, dass die Architektur der anderen, nicht mehr existenten Pavillons auf völlig verschiedenen architektonischen Prinzipien beruhte. Auch die Kunst, die auf der Ausstellung vertreten war, tendierte eher zum Konservativen. Man bevorzugte die offizielle Salonkunst und schloss die Impressionisten konsequent aus. Dennoch kündigte sich auch hier bereits jene neue Kunstrichtung an, die auf der Brüsseler Ausstellung von 1897 vertreten war und sich 1900 in Paris in vollem Glanz entfalten sollte: der Art-Nouveau-Stil. Im Kunsthandwerk meldete sich die neue Generation mit den Glasarbeiten von Emile Gallé zu Wort, und in der Architektur machte sie sich im zweiten Projekt des jungen Hector Guimard bemerkbar.

1889 setzte ein Wandel im Charakter der Weltausstellungen ein. Die Handelsmesse, deren Anliegen es war, neue Absatzmärkte für neue Produkte zu erschließen, wurde gewöhnlicher, alltäglicher. Nach wie vor wurden Produkte ausgestellt, aber die Ausstellungen, die allmählich zu Stätten der Erholung und Unterhaltung geworden waren, boten kaum noch Premieren. Sie wurden jedoch noch immer von der Idee getragen, dass internationale Veranstaltungen dieser Art den Weltfrieden fördern. Im 20. Jahrhundert, als die Weltausstellung in den dreißiger Jahren noch einmal zum faszinierenden Phänomen werden sollte, trat auch dieses ideelle Anliegen in den Hintergrund.

Rechts: Der brasilianische Pavillon auf dem Champ de Mars

Rechts außen: Zentralpavillon des Hauptgebäudes; Architekt: Joseph Bouvard

Unten: Innenansicht des Hauptgebäudes

Columbian World Fair Chicago

Oben: Das Ausstellungsgelände aus der Vogelperspektive

Linke Seite: Die Maschinenhalle; Architekten: Peabody & Stern

Jahr **1893** Standort **Chicago Jackson Park** Fläche **278 ha** Besucher **27,3 Millionen** Teilnehmerzahl **50 Länder (50.000 Aussteller)** Gebäudeaufsicht **Daniel H. Burnham** Geländeaufsicht **Frederick Law Olmsted** Neuheit **Radio**

Den direkten Anstoß zur Columbian World Fair gab der Jahrestag von Kolumbus' Entdeckung der Neuen Welt im Jahre 1492. Dass die Gedenkfeierlichkeiten nicht 400, sondern 401 Jahre nach diesem Datum stattfanden, hing damit zusammen, dass sich die Vorbereitungen dazu verzögerten. Verschiedene amerikanische Städte kämpften um die Ehre, dieses Prestigeprojekt organisieren zu dürfen, aber Chicago setzte sich schließlich durch.

Vorbereitung und Organisation Im Jahre 1890, acht Jahre nach den ersten Plänen, wies der amerikanische Kongress die Ausstellung Chicago zu. Im selben Jahr schrieb der berühmte Landschaftsarchitekt Frederick Law Olmsted, der schon seit 1871 mit der Verwandlung eines sumpfigen Streifens zwischen der Stadt und dem Michigansee in einen Park und einen Strand beschäftigt war, einen Bericht, in dem er dieses Gelände als Standort für die Weltausstellung empfahl. Seiner Ansicht nach ließen sich dort leicht große Bassins anlegen. Außerdem brauche man ein Gelände, das auf die Gebäude abgestimmt werden könne. Die Stadt nahm den Vorschlag an und betraute Olmsted mit der Oberaufsicht. Die Gestaltung des Geländes oblag Olmsteds Assistenten Henry S. Codman, während die Gebäude vom Büro Burnham & Root entworfen wurden. Man teilte das Gelände in vier ganz unterschiedliche Zonen ein – ein neues städtebauliches Verfahren, das bei einer so riesigen Fläche erforderlich war. Die Hauptausstellung sollte nach strengem Muster um ein symmetrisches Bassin angelegt werden, während in der Lagune, einem wasserreichen Stück Landschaft, die Länderpavillons in freier Anordnung liegen sollten und der Midway, der im rechten Winkel auf das Ausstellungsgelände stieß, für den Vergnügungspark reserviert wurde. Die ausdrückliche Einbeziehung eines Vergnügungsparks kann als typisch amerikanischer Beitrag zur Geschichte der Weltausstellungen betrachtet werden. Die Gebäude sollten weit auseinander liegen, damit Platz für den Verkehr und einen günstigen optischen Eindruck blieb: das Publikum sollte die Bauwerke in großen Gruppen aus gebührender Entfernung bewundern können. Die Attraktivität des Geländes wurde außerdem durch Wassserpartien gesteigert, wie es sie in diesem Umfang noch nie in öffentlichen Anlagen gegeben hatte.

Rechte Seite: **Der Haupteingang des Landwirtschaftspavillons**

Unten: **Der Frauenpavillon; Architektin: Sophie G. Hayden**

Die Gebäude Mit der Beaufsichtigung der Bauwerke betraute man das ortsansässige Büro Burnham & Root. 1891 starb Root, und Charles Bowler Atwood trat seine Nachfolge an. Im selben Jahr versammelte Burnham mehrere, meist renommierte Architekten um sich, die nicht nur aus Chicago, sondern auch aus New York, Boston und Kansas City stammten. Damit wollte er die nationale Dimension der Ausstellung unterstreichen.

Auf der ersten Zusammenkunft verteilte man die Gebäude gerecht über die Teilnehmer. Richard Morris Hunt erhielt das Gebäude für Administration, George B. Post das für Manufacturing und Liberal Arts, van Brunt & Howe das für Electricity, S.S. Beeman durfte das Mines and Mining Building und Peabody & Sterns die Machinery Hall übernehmen. Den New Yorker Architekten McKim, Mead & White erteilte man den Auftrag zum Agricultural Building, den sie nur unter der Bedingung annahmen, dass sie über die Realisierung ihres Entwurfs mitentscheiden durften. All diese Gebäude waren für den offiziellen Teil der Ausstellung am Court of Honor und am Zentralbassin bestimmt. Die Gebäude an der Lagune bekamen William Le Baron Jenney (Horticulture), Louis Sullivan (Transportation) und andere Architekten aus Chicago zugewiesen. Den Prestigebau des Palace of Fine Arts an der Nordseite der Lagune sollte Burnhams neuer Kompagnon Atwood entwerfen, der insgesamt für etwa sechzig Bauwerke auf der Ausstellung verantwortlich war. Ganz im Sinn von Olmsteds Vorstellungen vereinbarte man, von einem einheitlichen Baustil auszugehen. Man entschied sich für den Neoklassizismus, aus dem einfachen Grund, dass jeder der Architekten mit diesem Stil vertraut war. Überdies eignete er sich vorzüglich für die Wandbemalungen und Bildhauerarbeiten, die der Traumstadt noch mehr Glanz verleihen sollten. Die Farben, das Modul und die Höhe der Gebäude wollte man aufeinander abstimmen. Auch das Kunsthandwerk sollte sich auf einen Stil festlegen.

Übrigens hat man später aus Zeitmangel die urspünglich geplante polychrome Bemalung der White City wieder verworfen. Auf der zweiten Zusammenkunft arbeitete man das Konzept weiter aus. Mehrere Teilnehmer lieferten einen Beitrag zum städtebaulichen Konzept. Saint-Gaudens, der Berater für die Bildhauerarbeiten, schlug vor, das Hauptgelände mit einem Säulenschirm abzuschließen. Diese Idee wurde einstimmig angenommen. Man beschloss, Atwood auch diesen ehrenvollen Auftrag zu erteilen. McKim und Peabody wollten einen Kanal zwischen ihren Gebäuden. Auch dieser Wunsch fand Zustimmung, sodass schließlich ein T-förmiges Wasserbassin entstand.

Oben: Der Architekt Louis Sullivan entwarf das Transportation Building.

Rechts: Der Ehrenhof mit der ***Statue der Republik*** von Daniel Chester French im Vordergrund, links das Agricultural Building von McKim, Mead & White, im Hintergrund das Administration Building von Richard Morris Hunt und rechts das Manufactures and Liberal Arts Building von George B. Post. Diese überaus bekannte Ansicht stammt von C.D. Arnold, dem offiziellen Fotografen der Weltausstellung.

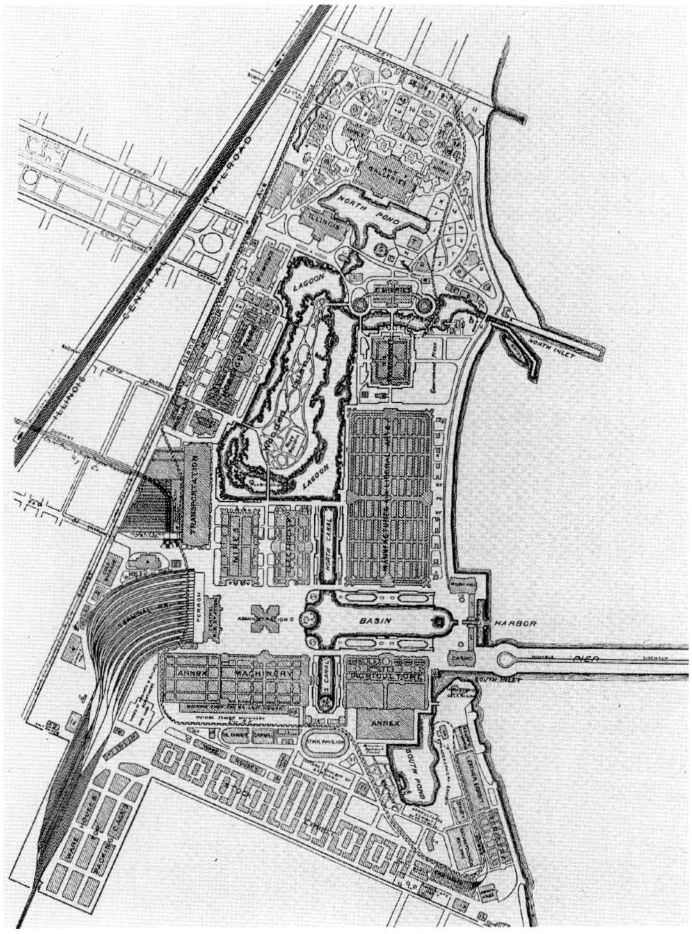

Oben: Plan des Ausstellungsgeländes

Links: Das Manufactures and Liberal Arts Building; Architekt: George B. Post

Rechts: Das Verwaltungsgebäude; Architekt: Richard Morris Hunt; links die Maschinenhalle von Peabody & Sterns

Unten: Manufactures and Liberal Arts Building

Rechte Seite, oben: Das Elektrizitätsgebäude, in nördlicher Richtung gesehen; Architekten: van Brunt & Howe

Rechte Seite, unten links: Der Landwirtschaftspavillon; Architekten: McKim, Mead & White

Rechte Seite, unten rechts: Der schwedische Pavillon von Ferdinand Boberg

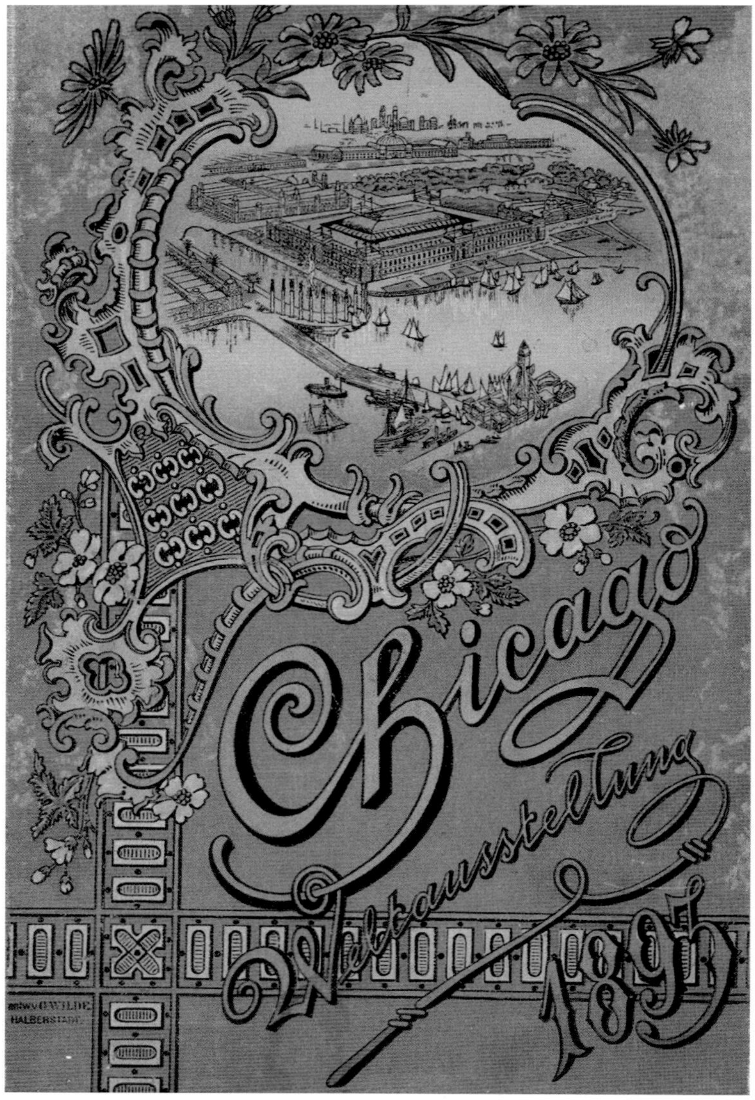

Rechts: Umschlag eines Fotoalbums, das anlässlich der Columbian Fair erschien.

Unten: Der Fischereipavillon; Architekt: Henry Ives Cobb

Oben: Die Lagune; links ist noch die Kuppel des Gartenbaupavillons zu erkennen.

Unten: Der Eingang des Transportation Building von Sullivan

Rechte Seite: Das Zentralbassin, zum Südkanal hin gesehen

Unten: Der Christoph-Kolumbus-Springbrunnen beherrscht die Lagune.

Ein amerikanischer Stil McKim, der Vertreter eines New Yorker Büros, ergriff zusammen mit Post die Initiative bei der Entwicklung eines Einheitsstils. Die Zusammenarbeit der Architekten bei der Vorbereitung der Ausstellung und die Entwicklung eines Einheitsstils fanden solchen Anklang, dass man schließlich in Rom die American Academy gründete, die es sich zur Aufgabe machte, die antike Baukunst und die Kontinuität des Neoklassizismus zu erforschen. Die offizielle Anerkennung dieser amerikanischen Klassik, die beim breiten Publikum sehr gut ankam, ist vermutlich gerade die Ursache dafür, dass die Ausstellung von Chicago von den fachkundigeren Besuchern und der Architekturgeschichte ein negatives, konservatives Urteil erhielt. Die Stuckfassaden, hinter denen sich keine Konstruktion verbarg, wurden damals und heute als Nepp betrachtet. Während in den Städten die Wolkenkratzer wie Pilze aus dem Boden schossen, entschied sich die amerikanische Architektengilde für einen Stil aus der Vergangenheit. Mit dieser Entscheidung hat Chicago 1893 den amerikanischen Städtebau insofern nachhaltig beeinflusst, als sie zur Herausbildung der *City Beautiful* genannten Strömung führte.

Die Ausstellung Die Columbian World Fair, an der fünfzig Länder teilnahmen, war trotz aller Kritik in jeder Hinsicht großartig. Die White City imponierte ungemein dem amerikanischen Publikum einschließlich der Prominenz. Die steril weiß gesprühte Stadt aus Marmorimitat und die Säulengänge am großen Bassin, auf dem venezianische Gondeln dahinglitten, hatten etwas Märchenhaftes.

Auch in logistischer und technischer Hinsicht war die Megaveranstaltung gut organisiert. Am zentralen Platz stand ein großer Kopfbahnhof, und eine Elektrobahn beförderte die Passagiere von dort aus in einem weiten Bogen um das gesamte Gelände herum. Die Durchführung der Weltausstellung war ein wichtiger Impuls für den Bau einer U-Bahn, der vierten der Welt. Die Besucher brauchten nicht zum Bahnsteig zu laufen, sondern wurden auf einem elektrischen Laufband dorthin befördert. Die Elektrizität war natürlich keine neue Erfindung, aber ihre Anwendung in so großem Rahmen war durchaus etwas Neues. Abends waren alle Gebäude prächtig erleuchtet. Die Elektrizität besaß sogar ihren eigenen Pavillon, und bei Kurzschluss kam die ausstellungseigene Feuerwehr. Es gab jede Art von Service: Telefon, Telegraf, Polizei und eine Putzkolonne.

Einige Kritiker betrachteten die Ausstellung von Chicago als architektonischen Rückschritt, der mindestens fünfzig Jahre hinter seiner Zeit her hinkte. Heute urteilt man etwas nuancierter und schätzt die Columbian World Fair als Meilenstein der amerikanischen Architekturgeschichte ein.

Oben: Interieur des Manufactures and Liberal Arts Building, deutsche Abteilung

Rechts: Die Säulengalerie der Maschinenhalle

Oben: Der Gartenbaupavillon; Architekt: William Le Baron Jenney

Links: Der Palast der schönen Künste; Architekt: Charles B. Atwood

L'EXPOSITION
DE
PARIS 1900

Exposition Universelle Paris

Oben: Eines der beiden monumentalen Treibhäuser am Seineufer

Linke Seite: Titelblatt des offiziellen Katalogs; im Vordergrund der Haupteingang (Porte Binet) an der Place de la Concorde

Jahr **1900, 14. April bis 12. November** Standort **Paris: Champ de Mars, Trocadéro, Esplanades des Invalides, Avenue Alexandre III, Seineufer, Bois de Vincennes** Fläche **112 ha und 104 ha (Bois de Vincennes)** Besucher **48.130.300** Teilnehmerzahl **76.112 Aussteller** Direktor **Alfred Picard** Architekt **Joseph-Antoine Bouvard** Neuheiten **Autosalon; Rolltreppe; Film; Heliogravüre**

Die Veranstaltung einer Weltausstellung im Jahr der Jahrhundertwende war ein solches Prestigeprojekt, dass sich auch Frankreichs mächtiger Nachbar Deutschland beworben hatte, das sich dann schließlich doch nicht zutraute, den geforderten Termin einzuhalten. So wurde Paris zum fünften Mal innerhalb von fünfundvierzig Jahren der Gastgeber, der übrigens nicht nur zur Exposition Universelle, sondern auch zu den Olympischen Spielen einlud, die im Bois de Vincennes stattfanden, als seien sie eine zusätzliche Attraktion der Weltausstellung. Frankreich stand inzwischen bei den gekrönten Häuptern wieder in Gnaden, sodass die Zahl der Auslandsbesucher Rekordhöhe verzeichnete.

Gelände Zählt man das Gelände des Bois de Vincennes hinzu, in dem sich neben den olympischen Anlagen auch verschiedene Ausstellungspavillons befanden, so war die Pariser Ausstellung von 1900 die größte, die je in Europa stattgefunden hatte. Das Dreieck zwischen den Champs Elysées und der Seine, das auch Standort der ersten Pariser Ausstellung gewesen war, bildete den Kern des Geländes. Das alte Palais de l'Industrie von 1855 musste den Ansprüchen der modernen Zeit weichen. An seine Stelle traten das Musée Centénal, das Palais des Beaux Arts (Grand Palais), das Palais des Arts Rétrospectives (Petit Palais) und die wichtigsten Eingänge, die Porte d'Honneur und die 35 m hohe Porte Binet. Letztere war der Achse entlang der Seine zugewandt, während die erstgenannte auf die Avenue Triomphale blickte, die Hauptachse, die in den speziell für die Ausstellung gebauten Pont Alexandre überging. Die Achse führt weiter zur Esplanade des Invalides, an der sich der große Komplex befand, der für die angewandten Künste bestimmt war – das Palais de l'Esplanade des Invalides.

Rechts: Die Porte Binet, der monumentale Zugang zu dem Gelände am Place de la Concorde; Architekt: René Binet

LA PORTE MONUMENTALE SUR LA PLACE DE LA CONCORDE

Oben links: **Das Chateau d'Eau, eine der Publikumsattraktionen der Ausstellung, lag am Innenhof des Champ de Mars, vor dem Palais de l'Electricité und der Salle des Illusions.**

Oben rechts: **Richard Riemerschmids Zimmer eines Kunstfreundes, Vereinigte Werkstätten München; Interieurentwurf für die deutsche Abteilung**

Der Bereich der Champs Elysées und der Esplanaden stand mit dem anderen Geländekern in Verbindung, denn man hatte diesmal beide Seineufer in die Ausstellung einbezogen. Er enthielt die großen Gewächshäuser, einige Länderpavillons und das pittoreske Städtchen Vieux Paris. Bei dem anderen Geländekern handelte es sich natürlich um das Champ de Mars mit dem Eiffelturm und das Trocadéro. Auch seine Hauptachse führte im rechten Winkel – zwischen dem Trocadéro und dem Chateau d'Eau hindurch – zur Seine.

Das Chateau d'Eau lag zwischen den Flügeln einer riesigen Ausstellungshalle, deren Rückwand die grundlegend umgestaltete Galerie des Machines von 1889 bildete. Am Fuß des Eiffelturms befanden sich verschiedene Themenpavillons, während im Garten des Trocadéro vor allem die französischen Kolonialpavillons untergebracht waren.

Die Gesamtfläche der Ausstellungsräume war so groß – die riesige Halle auf dem Marsfeld hatte sogar noch ein Obergeschoss –, dass man sie nicht mehr nach einem strengen Muster anordnen konnte. Wer alle Erzeugnisse eines Landes sehen wollte, musste viele Kilometer zurücklegen. Er konnte das auf dem Laufband tun, einem mobilen Gehsteigsystem, das aus zwei rollenden Bändern bestand, die einen großen Bogen zwischen den Geländekernen beschrieben und 4 bzw. 8 km in der Stunde zurücklegten. Durch die Ausstellung wurden auch die bestehenden Pläne zum Bau der Pariser Metro schneller realisiert. Die erste Linie, die 23 Stationen und zwei kleine Verzweigungen – darunter die zum Trocadéro – umfasste, verkehrte zwischen Porte Maillot und Porte des Vincennes.

Die Architektur

Die Ausstellungen des 19. Jahrhunderts waren häufig ein Prüffeld neuer Stile und Techniken. Zur Jahrhundertwende entschied man sich jedoch für einen etwas konservativeren Kurs. Während Paris 1889 noch ein Triumph des Ingenieurbaus gewesen war, schlug 1900 der künstlerisch ausgebildete Architekt zurück. Die neue europäische Architektur von Olbrich, Berlage, Horta und van de Velde durfte diesmal nur eine Nebenrolle spielen. Von einigen Ausnahmen abgesehen, besaßen alle Gebäude eine dicke Stuck- oder Putzschicht, und ihre Konstruktion blieb unsichtbar. Die neue Pont Alexandre III., von den Ingenieuren Louis Résal und Alby erbaut, hatte die beachtliche Spannweite von 107,50 m, war architektonisch recht protzig von Marie J. Cassien-Bernard und Gaston C. Cousin gestaltet und mit ebenso üppigen Bildhauerarbeiten von Georges Recipon ausgestattet worden. Die Galerie des Machines, das stolze Gebäude von 1889, hatte Gustave Raulin, der auch auf den Ausstellungen von 1878 und 1889 mit Pavillons vertreten war, in eine überladene, prunkvoll ausgeschmückte Festhalle verzaubert, die Platz für 25.000 Besucher bot. Ihre Kuppel wies einen Durchmesser von 90 m auf. Die großen Räume zu beiden Seiten der Haupthalle hatten Zwischenböden bekommen. Aus dem Vorhaben, den Eiffelturm neu einzukleiden, wurde zum Glück nichts. Die aus Glas und Metall gefertigte Haube des Grand Palais ist ein gelungenes Ergebnis der Ingenieurkunst, aber die Fassaden waren im Stil von Louis XIV. gehalten und wirkten recht flach.

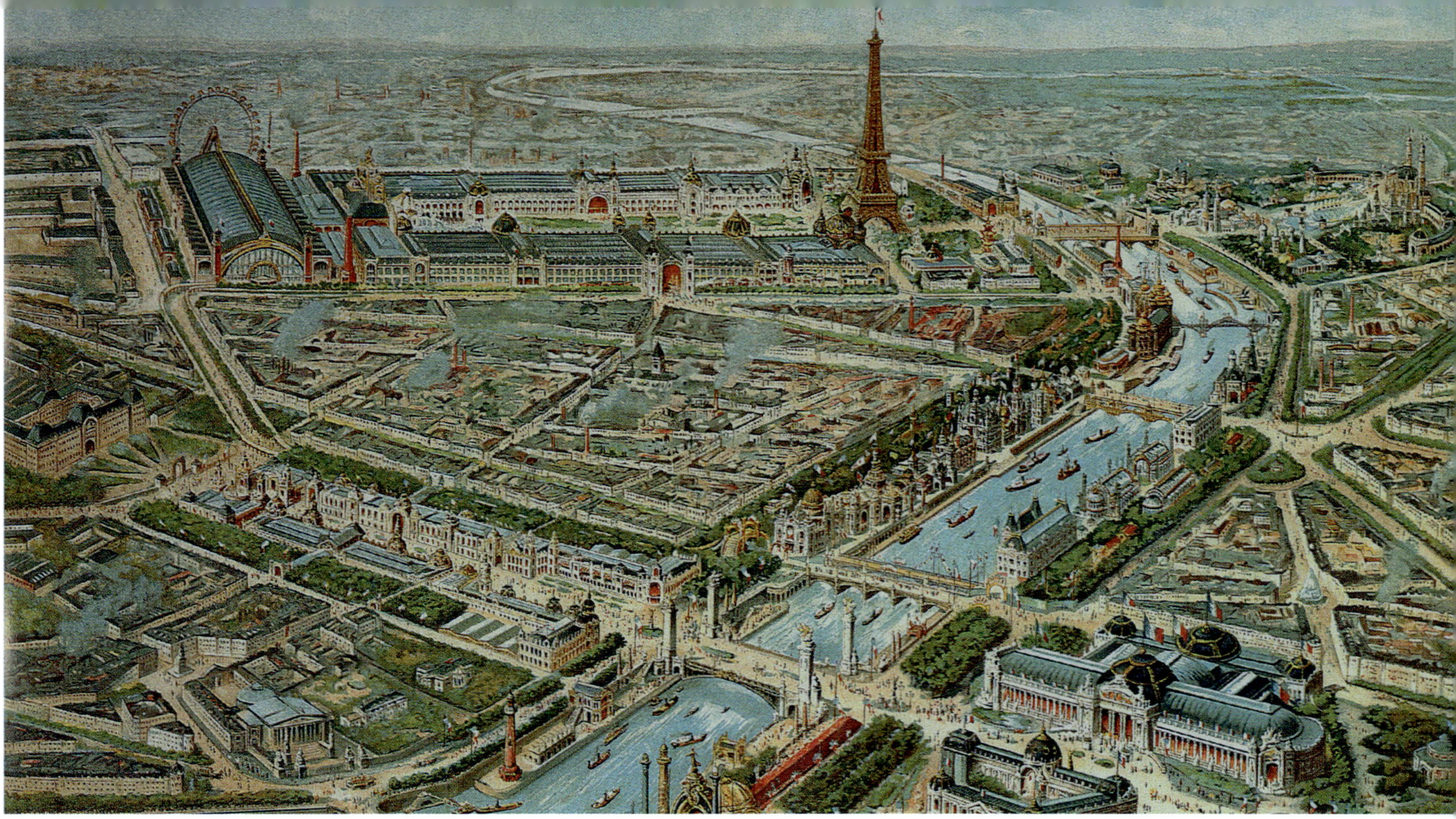

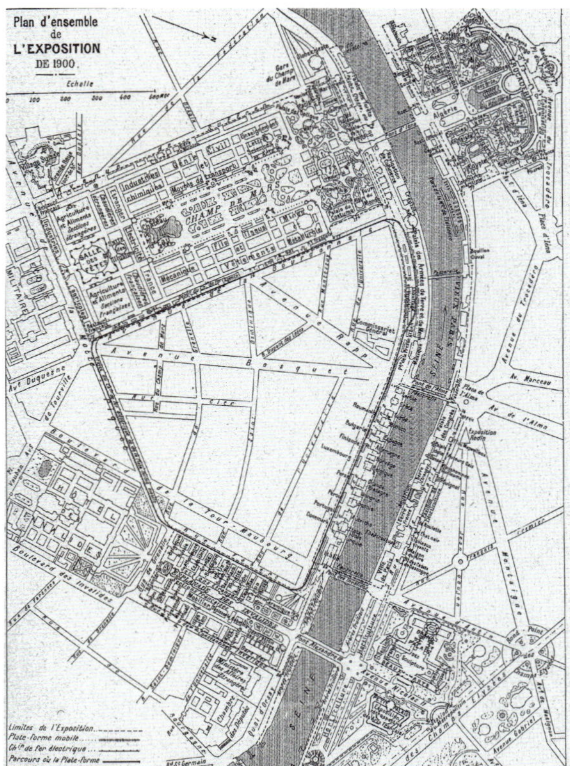

Oben: Das Ausstellungsgelände aus der Vogelperspektive. Die Esplanade des Invalides steht mit dem Grand Palais und dem Petit Palais in Verbindung. In der oberen Seinekurve erkennt man die Fußgängerbrücke.

Rechts: Plan des Ausstellungsgeländes. Zwischen den beiden Bereichen verkehrten eine elektrische Eisenbahn und ein mobiler Gehsteig („trottoir roulante").

Oben links: Das Loïe Fuller Theater; Architekt: Henri Sauvage, Mitarbeiter: Francis Jourdain und Pierre Roche

Oben rechts: Der Eingang des Palais des Invalides an der Esplanade

Unten links: Plakat des Loïe-Fuller-Theaters von Manuel Orazi

Unten rechts: Dieses Aquarell von Georges Garen zeigt die Festhalle, die ehemalige Galerie des Machines, nach der Umgestaltung durch Gustave Raulin.

Man würde es sich jedoch zu leicht machen, wollte man die gesamte Weltausstellung von 1900 als vorläufigen Höhepunkt des Historismus im Allgemeinen und als Neuauflage der Louis-Stile im Besonderen abtun. Die europäische Architektur war um 1900 in Bewegung geraten. Man suchte mit den unterschiedlichsten Mitteln und auf den verschiedensten Wegen nach einer anderen Formensprache. Schon auf der Brüsseler Weltausstellung von 1897 hatten die belgischen Hauptakteure der neuen Richtung, Paul Hankar, Victor Horta und Henry van de Velde, Art-Nouveau-Pavillons gestaltet. Diesen „modernen Stil" wollte man für die Ausstellungsarchitektur offenbar nicht wählen, aber die Pariser Pavillons von 1900 wichen mit ihrem Übermaß dennoch vom üblichen Neo-Stil ab. Es schien, als hätten sich die Architekten in ihrem Übereifer, etwas Besonderes zu schaffen, gleich so viele historische Vorbilder gesucht, dass ein neuartiger, eher bizarrer Eklektizismus entstand, in dem die verschiedenen Stilarten so verschmolzen waren, dass das Urmodell gar nicht mehr erkennbar war. Das beste Beispiel für diese These ist wohl das Chateau d'Eau, das nach einem geradezu grotesken Entwurf von Raulin und Hénard aus Stahlbeton konstruiert wurde. Aber auch die Porte Binet von René Binet, auf der eine Pariserin thront, die Porte des Invalides und mehrere Pavilloneingänge, beispielsweise der des Palais des Lettres, Sciences et Arts, repräsentieren diesen überschwänglichen Stil. Die meisten ausländischen Einsendungen gingen nicht über die mehr oder weniger sorgfältige Kopie eines Bauwerks aus der reichen Nationalgeschichte hinaus. Belgien stellte einen Abklatsch des Rathauses von Oudenaarde vor, die Amerikaner blieben dem Klassizismus treu, der sich in Chicago 1893 durchgesetzt hatte, und den Engländern fiel nichts Besseres ein, als den talentierten Edward Lutyens die Halle von Stratford-upon-Avon nachbauen zu lassen.

Links: Monumentaler Eingang zum Palais des Lettres, Sciences et Arts; Architekt: Sortais

Oben rechts: Die ausländischen Nationalpavillons am Seineufer, vom Pont de l'Alma her gesehen

Unten rechts: Grand Palais (Architekten: Albert Thomas, Henri Deglane und Albert Louvet) und Petit Palais (Architekt: Charles Girault) sowie im Vordergrund der speziell für die Ausstellung gebaute Pont Alexandre III.

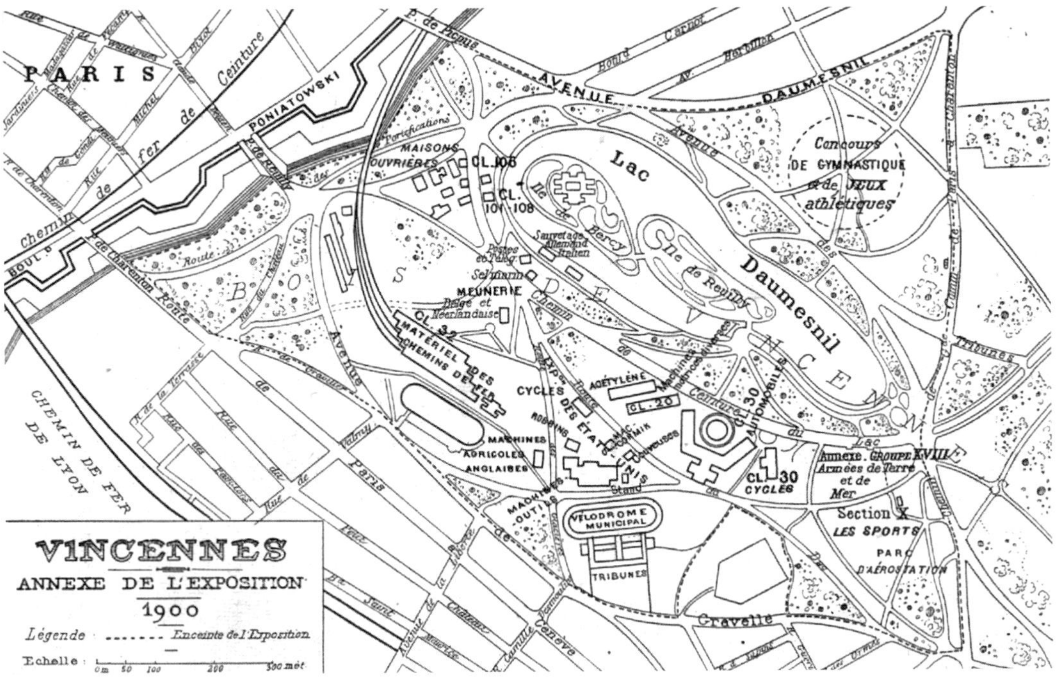

Oben links: Haupteingang des Palais de Génie Civil; Architekt: Jacques Hermant

Oben rechts: Der finnische Pavillon von Eliel Saarinen

Links: Das Freigelände der Ausstellung in Vincennes, das u. a. für die Olympischen Spiele vorgesehen war, erreichte man am besten mit der neuen U-Bahn-Linie.

fast die gesamte Esp-nade des Invalides einnahm. Architekten: Toudoire & Pradelle

Unten links: Der mobile Gehsteig diente zusammen mit dem Zug als Verkehrsmittel zwischen den beiden Teilen des Ausstellungsgeländes.

Unten rechts: Entwurf eines Parfümpavillons von Francis Jourdain

Links: Die Salle des Illusions von Eugéne A. Henard befand sich zwischen der Festhalle und dem Palais de l'Electricité.

Mitte links: Pont d'Alma mit einer eigenen Fußgängerbrücke aus Stahlbeton; im Hintergrund der Kongresspalast

Mitte rechts: Rechte Rückseite des Palais des Invalides, Rue de Grénelle. Architekt: Tropey-Bailly

Links: Metroplakat mit der schematischen Darstellung der neuen U-Bahn-Linie und einem von Hector Guimard entworfenen Eingang

Andere Strömungen

Es gab aber auch Ausnahmen. Der schwedische Pavillon an der Seine von Ferdinand Boberg stach mit seiner lustigen, rotgelben Farbgebung und der Schachtelbauweise hervor. Auch der finnische Pavillon von Eliel Saarinen war außergewöhnlich, obwohl das nur wenigen auffiel. Im Katalog der Ausstellung stand nur, dass es sich dabei um eine schlichte finnische Dorfkirche handle. Unter dem Eindruck der vielen historisierenden Pavillons hatte der Autor den abweichenden Stil überhaupt nicht bemerkt. Die Architekten französischer Pavillons, die eigene Wege gingen, stammten aus dem Kreis um Frantz Jourdain. Henri Sauvage, der heute als einer der führenden modernen Architekten von Paris gilt, entwarf den Pavillon Mojarelle und den Pavillon Fuller, wobei er mit dem Bildhauer Pierre Roche und mit Francis Jourdain, dem Sohn des oben genannten Architekten, zusammenarbeitete. Die Tänzerin Loïe Fuller, nach der der Pavillon benannt wurde, verkörperte mit ihrem Schlangentanz den neuen Stil auf der Bühne. Der Pavillon Bleu, ein Restaurant, dessen Struktur sich zum Teil an der Außenseite befand, basierte auf einem Entwurf des beinahe in Vergessenheit geratenen René Dulong, der mit Unterstützung des belgischen Bildhauers Gustave Serrurier-Bovy umgesetzt wurde. Den Pavillon Bing hatten Georges de Feure und Eugène Grasset entworfen.

Andere ungewöhnliche Konstruktionen waren die Gewächshäuser an der Seine von Gautier und die Fußgängerbrücke (Passerelle) aus Stahlbeton, die neben dem Pont d'Iéna angelegt wurde. Aufmerksamkeit erregten auch die U-Bahneingänge von Guimard. Anfangs hatte man mit dieser Aufgabe klassizistischer eingestellte Architekten betrauen wollen, bis auf höherer Ebene entschieden wurde, dass Guimard die Metro gestalten solle. Guimard hatte für die 1889er Ausstellung noch einen unauffälligen, eklektischen Pavillon entworfen, gehörte aber elf Jahre später zu den führenden Architekten Europas.

Die Interieurs

So konservativ die Architektur, so ursprünglich und innovativ waren die Interieurs in den Länderpavillons. Hier hatten sich die Architekten offenbar vom Zwang des Historisierens befreit. Ohne sich an den physikalischen Baugesetzen zu stören, entwarfen sie die schönsten Formen. Möbel, Dekors und ganze Interieurs (manchmal nur als Fotografie) wurden unter anderen von Richard Riemerschmid, Bruno Paul, Josef Fanta, Joseph Olbrich, Alphonse Mucha, H.P. Berlage und Josef Hoffmann ausgestellt. Durch Abwesenheit glänzten Mackintosh, van de Velde und Horta. Ein bemerkenswerter Pavillon war der des Kunsthändlers Samuel Bing, der einer der wenigen war, die Art Nouveau zeigten, ganz so wie 1896, als er dem Pariser Publikum erstmals Gelegenheit gab, den *Style Moderne* kennenzulernen.

Die neue Kunst war übrigens den Schnörkeln kaum weniger abgeneigt als die eklektizistische Baukunst. Bizarre Formen und kostbares Material machten ihre Produkte häufig recht teuer.

Die Bedeutung der Ausstellung

Obwohl sie keine sensationellen Konstruktionen aufwies, war die Weltausstellung in architekturgeschichtlicher Hinsicht bedeutsam. Die Suche nach einem neuen Stil, die jede Generation an den Tag legt, drückte sich um die Jahrhundertwende sowohl in der üppigen Formensprache des Eklektizismus als auch im Art Nouveau aus, der schließlich den längeren Atem haben sollte. Die Verlagerung des Interesses auf das Dekorative hing auch damit zusammen, dass die Weltausstellung mittlerweile stärker zur Unterhaltungsveranstaltung geworden und für die Industrie

Rechts: **Das von René Dulong und Gustave Serrurier-Bovy entworfene Restaurant Le Pavillon Bleu war einer der wenigen größeren Art-Nouveau-Pavillons.**

Rechts außen: **Interieur des Pavillon Bleu**

Oben: Innenansicht des Grand Palais

Rechts: Pavillon des Kunsthändlers Samuel Bing; Architekt: Georges de Feure

nicht mehr unverzichtbar war. Das dekorative Element in der Architektur wurde von den Experten nicht sehr geschätzt. Zehn Jahre nach der heftigen Schelte für den „kahlen" Eiffelturm empfanden die Fachleute die reich verzierten Pavillons nun als geschmacklose Sahnetörtchen. Aufgrund der schlechten Kritik und der mäßigen Einnahmen der Aussteller wurde die Ausstellung von 1900 trotz der 50 Millionen Besucher in den Annalen etwas stiefmütterlich behandelt. Von der ursprünglichen Idee der Weltausstellungen, die Völker enger zusammenzuführen, war in der Tat nicht mehr viel übrig geblieben. Stattdessen dominierte nationalistisches Sentiment. Aber aus kunsthistorischer Perspektive ist die Ausstellung von 1900 einzig in ihrer Art.

Esposizione d'Arte Decorativa Moderna

Torino

Oben: Hauptpavillon La Rotonda d'Onore; Architekt: Raimondo d'Aronco

Linke Seite: Der Musikpavillon, Architekt: Raimondo d'Aronco

Jahr **1902, 26. April (offiziell 10. Mai) bis 10. November** Standort **Turin: Parco del Valentino** Teilnehmerzahl **13 Länder** Ehrenpräsident **Walter Crane** Architekt **Raimondo d'Aronco** Technischer Direktor **Ernesto Bonelli** Künstlerischer Direktor **Annibale Rigotti** Dekorationsplanung **Giovanni Vacchetta**

Italien ist gewiss kein Land großer Ausstellungen, hat aber nichtsdestoweniger einen nicht zu unterschätzenden Beitrag zur Geschichte der Weltausstellungen geleistet, indem es immer wieder in der Fremde mit spektakulären Pavillons Aufsehen erregte. In erster Linie hat es sich aber mit der bedeutenden Ausstellung für moderne dekorative Künste in Turin hervorgetan. Sie war die erste große Ausstellung in dem jungen italienischen Staat, auf die bald kleinere Ausstellungen in Mailand (1906) und Rom (1911) folgen sollten. Die Reihe sollte mit der Esposizione Universale di Roma ihren unangenehmen Abschluss finden.

Raimondo d'Aronco Die architektonische Gestaltung der Ausstellung wurde insbesondere von Raimondo d'Aronco geprägt, dem phantasievollsten italienischen Architekten der Jahrhundertwende. Er unterhielt damals ein Büro in Konstantinopel, wo er sich dem Wiederaufbau der von einem Erdbeben zerstörten Stadt widmete. Als er 1900 von einem Wettbewerb um die Hauptpavillons der Weltausstellung erfuhr, reichte er eilends einen Entwurf ein, der sofort den ersten Preis bekam. D'Aronco tauschte diesen ersten Entwurf, der noch ein wenig historisierend war, schon bald gegen einen neuen ein, der noch mehr Begeisterung als sein Vorgänger erntete. Da das Organisationskomitee die Darmstädter Künstlerkolonie zu ihrem Ideal erklärt hatte, lautete sein Credo, dass nur neue Kunst und Architektur gezeigt werden dürfe. Historische Stilrichtungen wollte man absolut nicht zulassen. Also war das Komitee mit d'Aroncos Plan überaus zufrieden und erteilte dem noch immer im Ausland lebenden Architekten einen Auftrag nach dem anderen. Mit unbändiger Energie zeichnete dieser die verschiedenen Pavillons und teilte dem technischen Direktor vor Ort, dem Art-Nouveau-Architekten Bonelli, brieflich mit, was er für Vorstellungen hatte. Sie waren recht detailliert: der Gang sollte grün und weiß werden, und für die Bepflanzung wollte er Klatschmohn und Geranien haben. Außer Bonelli waren auch der Architekt Annibale Rigotti und der Maler Vacchetta an der Umsetzung der Pläne beteiligt. D'Aronco war sehr enttäuscht, als er kurz vor Beginn der Ausstellung feststellte, dass nicht alles so geworden war, wie er es sich gedacht hatte. Leider ist keine einzige von seinen Ausstellungsbauten erhalten geblieben, sodass nur Fotos und Zeichnungen einen Eindruck von seinem eigensinnigen Stil vermitteln. Die Rotunde, ein Vestibül mit fünf Hauptgalerien, ähnelte im Bauvolumen dem Eckpavillon, den d'Aronco sieben Jahre zuvor für die kaiserliche osmanische Ausstellung entworfen hatte. In der Rotunde konkretisierte der Architekt diesen Entwurf, der als neues Element eine Kuppel erhielt, eine Art aufgeblähtes Segel, das von den Baubeschlägen am Wegfliegen gehindert wird. Zu dieser Kuppel inspirierte ihn die Hagia Sophia in Konstantinopel. Die anderen Pavillons und der Eingang, die auf die Rotunde folgen sollten, wichen auch in der Form vom üblichen Pavillontyp ab. Zuweilen bestimmte auch der Inhalt die Formgebung. So glich der Eingang zum Fotografiepavillon beispielsweise einem riesigen Diaphragma. Dass jemand in so kurzer Zeit – der Automobilpavillon wurde in einer Woche entworfen – so viele und so originelle Arbeiten liefern konnte, ist fast unglaublich. Auf der Ausstellung blieb d'Aroncos Genie den meisten verborgen. Nur der türkische Einfluss, den seine Bauten verraten, etwa in Gestalt von Minarettelementen, fand Anklang. Möglicherweise erklärt sich diese Unterschätzung daraus, dass manche Kritiker den Architekten Olbrich so abgöttisch verehrten, dass sie andere als Epigonen betrachteten oder, wie im Fall des ebenfalls in Turin vertretenen Behrens, eine Kategorie tiefer einstuften.

Unten links: **Der Automobilpavillon**

Unten rechts: **Entwurf des Haupteingangs; Architekt: Raimondo d'Aronco. Das Banner zeigt andeutungsweise einen Stier, das Symbol der Stadt Turin.**

Oben: Speisezimmer von Joseph Olbrich. Olbrich wurde (häufiger als Behrens) als führender Vertreter der angewandten Kunst der deutschsprachigen Länder betrachtet.

Mitte: Entwurf des Automobilpavillons; Architekt: Raimondo d'Aronco

Unten: Interieur des Hamburger Vestibüls; Architekt: Peter Behrens

Louisiana Purchase Exposition St. Louis

Oben: Foto der Ausstellung bei Sonnenuntergang von Jessie Tarbox Beals

Linke Seite: Cass Gilberts Festival Halle mit den Kaskaden von E.L. Masqueray im Vordergrund

Jahr **1904 (30. April bis 1. Dezember)** Standort **St. Louis, Forest Park** Fläche **515 ha** Besucher **19.694.855** Präsident **Theodore Roosevelt** Ausstellungspräsident **David R. Francis** Leiter der Arbeiten **Isaac S. Taylor** Chefdesigner **E.L. Masqueray** Neuheiten **Die Eistüte, Eistee**

Oben: **Das Regierungsgebäude der Vereinigten Staaten, Architekt James Knox Taylor. Links der Palast der Geisteswissenschaften von Barnett, Haynes & Barnett**

Rechte Seite: **Der Missouri Getreidepalast bot einen Kontrast zum Ernst der Ausstellungsarchitektur.**

Um die Jahrhundertwende war St. Louis die viertgrößte Stadt der Vereinigten Staaten und expandierte in hohem Tempo. Vor nicht allzu langer Zeit war sie noch ein Vorposten im Grenzgebiet; jetzt war die Stadt das sogenannte Tor zum amerikanischen Westen geworden. Im Jahre 1893 war Chicago, die große Rivalin von St. Louis im Norden, Gastgeberin der riesigen Columbian World Fair und hatte sich dabei als Stadt von internationaler Bedeutung etablieren können. Mit der Durchführung einer eigenen Ausstellung könnte St. Louis mit Chicago Schritt halten und so die eigene Präsenz auf der Weltbühne betonen. Der Vorwand für das Ereignis war die Hundertjahrfeier der Unterzeichnung des Louisiana-Kaufvertrages zwischen Frankreich und den Vereinigten Staaten (die Ausstellung öffnete ein Jahr zu spät); die treibende Kraft dahinter war David R. Francis, ein einflußreicher Bürger von St. Louis, ehemaliger Bürgermeister der Stadt und Gouverneur von Missouri.

Man entschied sich für das Areal von Forest Park als Ausstellungsgelände, ein dichtbewaldeter Park, der in die Stadtentwicklung miteinbezogen werden sollte. Es war eine kontroverse Entscheidung; viele Bürger von St. Louis protestierten gegen die Räumung des Parks, der als die „Wildnis" bekannt war. Trotzdem wurde die Umwandlung fortgesetzt, obwohl sich die Arbeit als schwierig herausstellte. Der Des Peres, ein Fluß voller Abwässer und außerdem mit einer Neigung, über die Ufer zu treten, schlängelte sich durch den Park und musste neu kanalisiert und unterirdisch verlegt werden. St. Louis war auch gezwungen, stark in das Wasserwerk zu investieren, um die Versorgung mit Trinkwasser sowohl für die Ausstellung als auch für ihre Bürger zu sichern. Sage und schreibe fünfzehntausend Mann waren täglich bei der Arbeit, um das enorme Parkgebiet in einen geeigneten Ausstellungsplatz zu verwandeln.

Die Hauptgebäude waren in einem strahlenförmigen Plan angeordnet, den sich der New Yorker Architekt Cass Gilbert (der als Architekt des Woolworth-Gebäudes Weltruhm erlangen sollte) und Frank M. Howe aus Kansas City ausgedacht hatten. In der Praxis war er dem Chicagoer Plan von 1893 ziemlich ähnlich: Im Mittelpunkt stand Cass Gilberts prunkvolle kuppelförmige Festival Hall, die hoch auf dem Arts Hill stand. Davor befanden sich die Kaskaden, mit Licht ausgeschmückte Wasserarbeiten – von dem Chefdesigner der Ausstellung, E.L. Masqueray, entworfen –, die den Sieg der Stadt über die natürlichen Elemente, die eine solche Herausforderung dargestellt hatten, symbolisieren sollten. Die Kaskaden verliefen zum rechteckigen Großen Bassin, um das zu beiden Seiten die Hauptausstellungsbauten angeordnet waren. Diese trennten die Länderpavillons (auf dem Plateau der Länder gruppiert) von den ausländischen Pavillons und den Plätzen für die spärlich besuchten Olympischen Spiele, die gleichzeitig als Teil der Ausstellung veranstaltet wurden.

Hinter den Hauptgebäuden befanden sich die Vergnügungsparks der Ausstellung, unter anderem auch eine 5,3 ha große Reproduktion der Stadt Jerusalem (einschließlich Grabeskirche, Felsendom und Westlicher Mauer) sowie das gigantische philippinische Reservat. Letzteres umfaßte 19 ha, war von sieben „primitiven" philippinischen Stämmen bevölkert und enthielt Exponate, die die Früchte aus Amerikas wertvollstem Kolonialbesitz zur Schau stellten. Weitere Attraktionen am Pike entlang (St. Louis' Antwort auf den Chicago Midway) waren die Tiroler Alpen (mit einem Restaurant, das von dem New

MISSOURI
MISSOURI

Yorker August Lüchow betrieben wurde), Hagenbecks Zoologisches Paradies (mit seiner Elefanten-Rutschbahn) und das ebenfalls aus Chicago importierte Riesenrad. Ausstellungsbesucher wurden mit der „Intramural Railway“ über das Gelände befördert, die vom Transportgebäude aus abfuhr.

Architektur Wie schon bei der Columbian World Fair von 1893 wurden die zeitlich begrenzten Bauten der Ausstellung zum Louisiana-Kaufvertrag in einem uniformen Beaux-Arts-Stil entworfen. Die meisten waren weiß gestrichen und besaßen ein mit Gips ausgefülltes Fachwerkgerüst. Da die Chicagoer Ausstellung als „Weiße Stadt“ bekannt war, wurde die Ausstellung in St. Louis „Elfenbeinstadt“ genannt. Auffallende Ausstellungsbauten waren Masquerays Palast des Transports mit seinen drei gewölbten Eingängen und üppigen Ornamenten; Walker & Kimballs Palast der Elektrizität, für den Thomas Edison als beratender Ingenieur tätig gewesen war, und Carrère und Hastings riesiger Palast der Manufakturen, der ungefähr 5,6 ha in Anspruch nahm und durch einen kreisförmigen Platz halbiert war (mit Eisenwaren auf der einen und Textilien auf der anderen Seite). Viele der ausländischen Pavillons waren Reproduktionen bekannter Gebäude: die deutsche Installation war eine Reproduktion des Charlottenburger Schlosses, der französische Pavillon ein Faksimile des Grand Trianon von Versailles. Der österreichische Beitrag, der als einziger mit einem Preis des Kunstkomitees der Ausstellung ausgezeichnet wurde, war der progressivste aller Bauten und stammte von Vertretern der Wiener Sezession.

Nur ein einziges Gebäude der Ausstellung steht noch heute: Cass Gilberts Palast der Schönen Künste, in dem sich jetzt das Kunstmuseum von St. Louis befindet. Der Ausstellung wurde jedoch mit dem Film-Musical *Meet Me in St. Louis*, mit Judy Garland in der Hauptrolle, ein Denkmal gesetzt.

Oben: Französisches Ausstellungsplakat von Alphonse Mucha

Rechts: Innenraum des preisgekrönten österreichischen Pavillons

Linke Seite: Der Eingang zur „Creation"-Installation auf dem Pike. Im Inneren wurde der Schöpfungsmythos dargestellt, und ein Diorama beschrieb den Fortschritt der Menschheit zur Zivilisation.

PAYS·BAS

Exposition Universelle et Internationale

Bruxelles

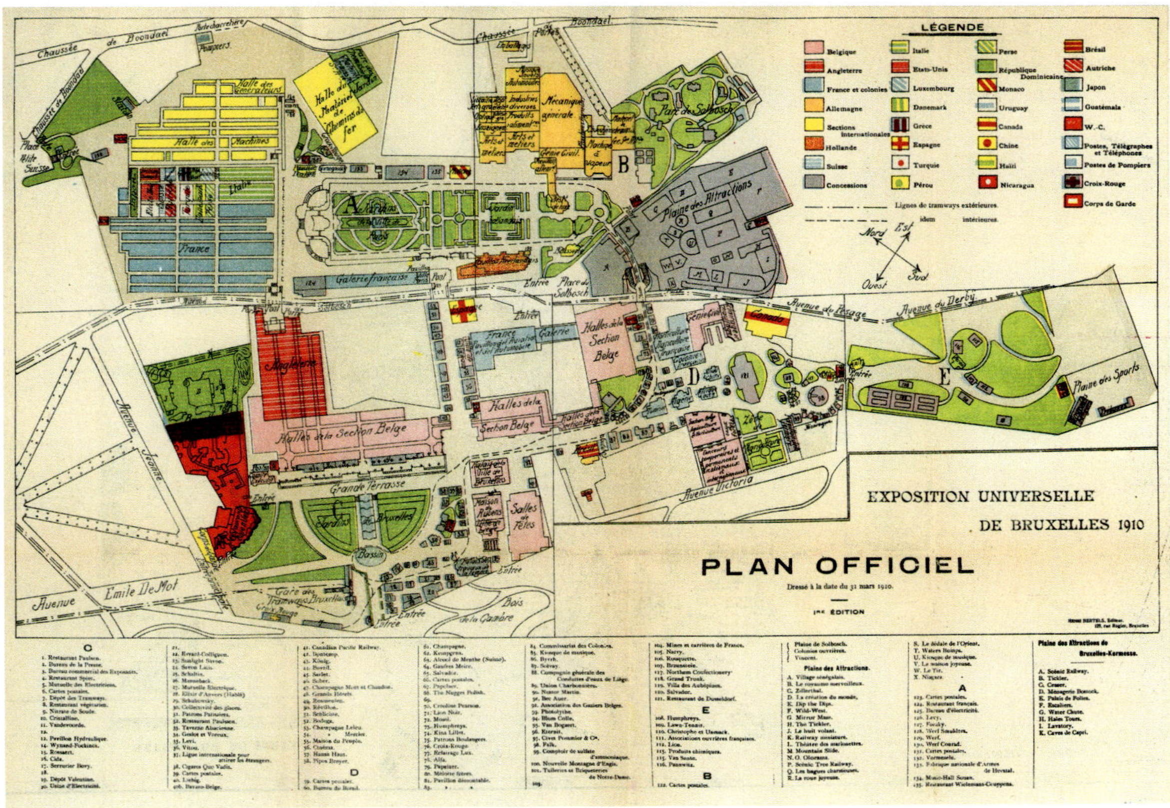

Oben: Grundriss des Ausstellungsgeländes

Linke Seite: Ursprünglicher Entwurf von W. Kromhout für den niederländischen Pavillon (1908)

Jahr **1910** Standort **Brüssel** Fläche **88 ha** Besucher **13 Millionen** Teilnehmerzahl **26 Länder** Staatsoberhaupt **Albert I.**

Wie die vorhergehenden Weltausstellungen von 1888 und 1897 so war auch die nunmehr dritte Veranstaltung in Brüssel in architektonischer Hinsicht wenig Aufsehen erregend. In Turin 1902 schien es, als habe sich der Jugendstil definitiv durchgesetzt, aber acht Jahre später dominierte wieder eine Mischung aus üppigen Louis-Stilen – und das im Land von van de Velde, Horta und dem 1901 viel zu früh verstorbenen Paul Hankar. Beklagt wurde auch das Fehlen imposanter Ingenieurbauwerke, ein Umtand, der viele Architekturhistoriker zur deprimierenden Feststellung veranlasste, wonach die Weltausstellung nach 1889 ihren Höhepunkt überschritten habe. Dennoch war Brüssel 1910 in vielerlei Hinsicht eine interessante Ausstellung, und dies war hauptsächlich einem Land zu verdanken: Deutschland.

Die deutsche Einsendung Deutschland zeigte bis zu Brüssel 1910 eine etwas halbherzige Haltung gegenüber dem Phänomen Weltausstellung. Als einzige große Nation hatte es noch nie eine solche bedeutende Veranstaltung organisiert, und bei den offiziellen Einsendungen war immer wieder eine Krupp-Kanone die Hauptattraktion. Die deutschen Pavillons waren meistens in einem historisierenden Stil gehalten und mit protzigen Möbeln vollgestopft. Einmal blieb die deutsche Einsendung sogar ganz aus (1878). Die deutsche Einsendung für Brüssel war jedoch eine Entschädigung für die Sünden der Vergangenheit: Sie bestand aus einer Abteilung, die beinahe so groß war wie die des Gastlandes und genauso groß wie alle anderen ausländischen Pavillons zusammen. Vor allem die deutschen Pavillons stellten eine Anregung für die Formgebung und in gewissem Maß auch für die Architektur in Europa dar. 1908 war in Deutschland Paul Mebes' Buch *Um 1800: Architektur und Kunsthandwerk im letzten Jahrhundert ihrer traditionellen Entwicklung* erschienen. Darin plädiert der Autor für eine Rückkehr zur klassizistischen Formensprache der Zeit um 1800, wobei eine zeitgenössische Auslegung durchaus erwünscht war. Der „Um 1800"-Stil, den Mebes nicht erfunden, wohl aber popularisiert hatte, passte gut zum Werk von Peter Behrens und Bruno Paul. Während Paul gelegentlich noch zum Dekorativen neigte, wies vor allem Behrens den Deutschen einen neuen Weg zu einer Verbindung von Kunst und Industrie. Im Grund war die deutsche Einsendung ein Vorgeschmack auf die viel berühmtere Deutsche Werkbundausstellung von 1914 in Köln.

Die deutsche Abteilung bestand aus einer Reihe von Gebäuden, die der Architekt Emanuel von Seidl nach städtebaulichen Gesichtspunkten gruppierte. Er war gleichzeitig auch für die Formgebung der wichtigsten Pavillons verantwortlich. Bezeichnend für seinen – von Mebes und natürlich auch von Hermann Muthesius beeinflussten Stil – sind die wellenförmigen Dächer, die strengen klassizistischen Formen und die weiß verputzten Wände. Für eine andere Architektur steht die Deutsche Eisenbahnhalle von Peter Behrens, dem ohne Zweifel führenden deutschen Architekten jener Zeit, der einige Jahre zuvor in Berlin die AEG-

Rechts: Das Ausstellungsplakat, hier abgebildet auf einer Broschüre für einen auf der Weltausstellung veranstalteten Friseurkongress

Rechts außen: Empfangsraum von Paul Thiersch

Links: Damenzimmer von Heinrich Vogeler

Unten: Direktorenzimmer einer Handwerksschule von Wilhelm Thiele

Turbinenfabrik vollendet hatte. Auch mit dieser Ausstellungshalle aus Holz gelang es Behrens, den utilitaristischen Charakter des Gebäudes in eine geeignete architektonische Formensprache umzusetzen. Die Vorderseite des Gebäudes war auf der Erdgeschossebene offen. Ein schwerer I-Profilbalken wurde von rechteckigen Pfeilern in jeder Ecke und von drei Paar Doppelsäulen in einer rudimentären dorischen Ordnung gestützt. Der Balken selbst war mit Köpfen und Nieten verziert. Die gebogene Fläche über dem Balken war aus Glas und wurde von einem gekrümmten Holzbalken abgedeckt. Das Ganze war eine deutliche zeitgenössische Anspielung auf den klassischen Tempelbau mit Säulen zwischen den Anten, einem Fries mit Metopen und Triglyphen sowie einem Frontispiz mit Gesims. Man könnte es mit dem Eingang des Grand Palais auf der Pariser Ausstellung von 1900 vergleichen. Zugleich deutete Behrens mit diesem Entwurf an, in welche Richtung sich das moderne Bahnhofsgebäude entwickeln könnte. Die in Zusammenarbeit mit dem Ingenieur Hermann Kügler entwickelte Konstruktion bestand aus laminierten Holzbalken. Das Hetzerinl-Formen-System ist erst kürzlich patentiert worden.

Deutsche Interieurs Auch die deutschen Interieurs zeichneten sich durch einen neuen schlichten Klassizismus aus, der starke Verwandtschaft mit Schinkels Werk aus dem 19. Jahrhunderts aufwies. Peter Behrens, der schon 1902 alle Interieurs in Turin und 1904 in Saint Louis entworfen hatte, gestaltete die Einrichtung der Delmenhorster Linoleumfabrik. In diesem Zusammenhang müssen auch die besonderen geometrischen Entwürfe für Linoleumböden von Behrens, Paul und Albert Gessner genannt werden – ein zu jener Zeit keineswegs alltägliches Material.

Oben: Das Deutsche Haus; Architekt: Emanuel von Seidl

Unten: Durchgangsraum mit Blick nach Sammelraum für Metalle; Architekt: Bruno Paul; Brunnen: Paul Peterich

Oben links: Standeinrichtung der Delmenhorster Linoleum-Fabrik von Peter Behrens

Oben rechts: Vestibül des Deutschen Pavillons für Innenarchitektur und angewandte Kunst; Architekt: Bruno Paul

Unten: Von der Delmenhorster Linoleum-Fabrik ausgeführte Entwürfe für Bodenbelag von den Architekten Albert Gessner (oben links), Peter Behrens (unten links) und Bruno Paul (oben und unten rechts)

Oben: Ursprünglicher Entwurf von W. Kromhout für den niederländischen Pavillon (1908)

Mitte: Zweiter Entwurf von W. Kromhout für den niederländischen Pavillon (1909)

Unten: Dritter und zugleich ausgeführter Entwurf von W. Kromhout für den niederländischen Pavillon (1910)

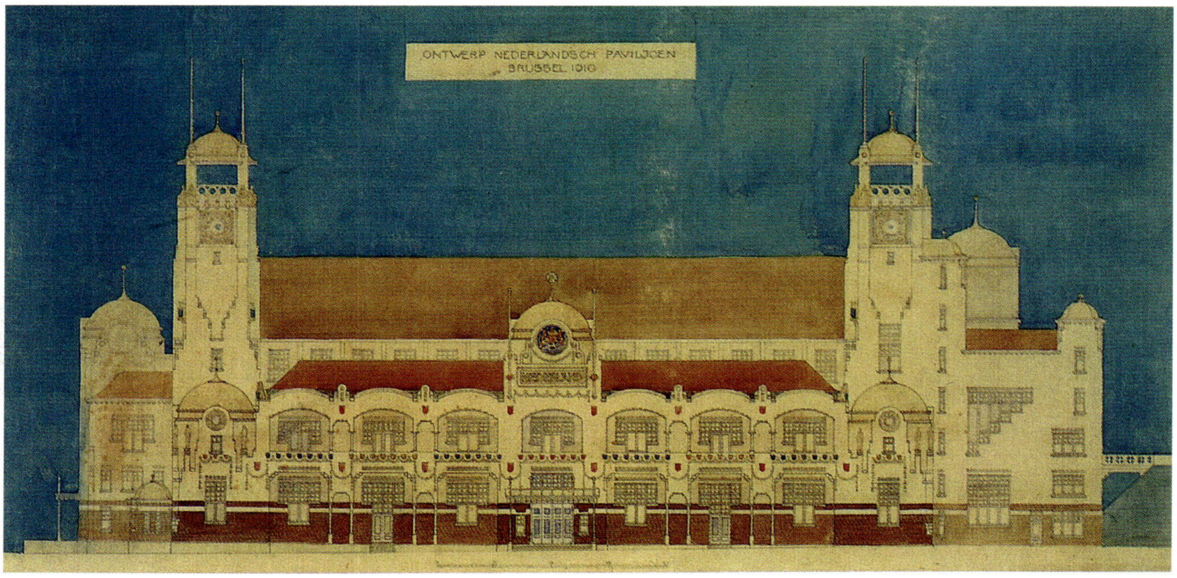

Oben: Die Ausstellungshalle der Deutschen Eisenbahn; Architekt: Peter Behrens

Links: Blick auf das Palais des Traveaux Feminins (links), aufgenommen von einem der Eingänge zum Gelände

Die Interieurs der Kultushalle und des Pavillons für Baukunst und Kunstgewerbe wurden von Bruno Paul aus Berlin entworfen. Seine klaren, übersichtlichen Räume sind vollständig in geometrische Formen aufgeteilt, und auch hier ist der Bezug zum griechischen Tempelbau offensichtlich. In den Pavillons waren Inneneinrichtungen, Mobiliar, Holzvertäfelungen usw. von berühmten Namen wie Richard Riemerschmid, Paul Thiersch und natürlich auch Behrens vertreten, aber auch von weniger bekannten Gestaltern wie Max Heidrich, Wilhelm Thiele und M. Läuger.

Andere Bauwerke Für den Verrat an dem neuen nationalen Stil par excellence, dem Jugendstil, wurde das Gastland schwer bestraft. Am 14. August verwüstete ein schwerer Brand das Hauptgebäude der Ausstellung. Alles, was übrig blieb, war ein Haufen aus schwarzem versengtem, verbogenem Stahl. Die neue Fassade hatte man schon einige Wochen später im selben eklektischen Stil wie das Original wieder hochgezogen. Auch der niederländische Pavillon war ein stark historisierender Entwurf im Stil der Neorenaissance. H.P. Berlage vertrat die Ansicht, der Bau sei eine Beleidigung der modernen Baukunst, zumal der anerkannte Architekt Willem Kromhout ursprünglich zwei spektakuläre Entwürfe eingereicht hatte. Hätte man einen von ihnen ausgeführt, dann wäre Brüssel 1910 gewiss nicht derartig in Vergessenheit geraten. Berlage, dessen eigenes Werk auf Zeichnungen und Fotos zu bewundern war, äußerte sich wie sein deutscher Kollege Muthesius sehr positiv über die deutsche Abteilung. Dass die Mehrheit ein anderes Kunstverständnis besaß, zeigt sich jedoch im offiziellen Katalog, in dem der belgische Pavillon in der Avenue des Nations als eine sehr geschmackvolle Kombination aus neogriechischen und „allerlei anderen Details" beschrieben wird. Etwas weiter steht über die Avenue des Nations: „Alle Baustile drängeln sich dort, ohne sich gegenseitig Böses anzutun; ... – Ardenner Hütte, arabisches Fort, Schweizer Sommerhaus, toskanische Villa, bayerisches Gehöft, indische Pagode. Das ... macht ... den größten Reiz einer Ausstellung aus."

Panama-Pacific International Exposition

San Francisco

Oben: Grundriss des Ausstellungsgeländes

Linke Seite: Der Palace of Fine Arts spiegelt sich im Wasser wider; Architekt: Bernard Maybeck

Jahr **1915, 20. März bis 4. Dezember, Eröffnungszeremonie am 2. März** Standort **San Francisco: Südufer der San Francisco Bay zwischen Fort Mason und dem Presidio** Fläche **254 ha** Besucher **18.876.438** Teilnehmerzahl **24 Länder** Aufsicht **George Kelham** Farbschema **Jules Guerin**

In den Vereinigten Staaten folgten auf die große Ausstellung von Chicago 1893 die Ausstellungen in Buffalo (1900) und in St. Louis (1904), die weder besonders phantasievoll noch in architektonischer und städtebaulicher Hinsicht innovativ waren. 1915 führte man sogar zwei Ausstellungen gleichzeitig durch: in San Diego und in San Francisco, wobei erstere nur die Kolonien zum Thema hatte. In San Francisco waren 24 ausländische Teilnehmer vertreten, ein Umstand, der umso bemerkenswerter ist, als in jener Zeit in der alten Welt der Erste Weltkrieg wütete. Auf den ersten Blick schien die Panama-Pacific International Exposition die soundsovielte Variante des Themas „White City" zu sein, das in Chicago ein Vierteljahrhundert zuvor entwickelt worden war und als dessen Hauptmerkmale die weiß verputzten klassizistischen Bauwerke und der barocke städtebauliche Plan waren. Im Gegensatz zu der von Sullivan so verschmähten Ausstellung gelang es San Francisco jedoch, ein Farbschema zu entwickeln, das auch tatsächlich ausgeführt wurde. Die Wirkung war so überwältigend, dass die Ausstellung schon bald „The Jewel City" genannt wurde.

Ein schwieriger Anfang Auch aus einem anderen, eher prosaischen Grund verdient San Francisco einen Platz in der Geschichte der Weltausstellungen. Der Verlauf dieser Geschichte war sowieso kompliziert, aber selten hat das Organisationskomitee so viele unerwartete Rückschläge überwinden müssen wie bei dieser Ausstellung. Als private Geschäftsleute 1904 die erste Initiative zu einer Weltausstellung ergriffen, konnte niemand vorausahnen, dass knapp zwei Jahre später ein Erdbeben, gefolgt von einem Brand, die Stadt in Schutt und Asche legen würde. San Francisco gelang es jedoch, die Stadt innerhalb von neun Jahren nicht nur wieder aufzubauen, sondern auch eines der größten Ausstellungsgelände jener Zeit einzurichten. Hinzu kam das Problem, dass die benötigten Gelder wegen einer zwei Jahre anhaltenden Rezession auf sich warten ließen. Der Erste Weltkrieg, der die Vereinigten Staaten anfangs kaum in Mitleidenschaft zog, in Europa allerdings eine Schneise der Zerstörung hinterlassen hatte, bildete außerdem eine ernste Bedrohung für die Zahl der Teilnehmer.

Die Ironie wollte es, dass die Ausstellung anlässlich der Eröffnung des Panama-Kanals stattfand – ein Ereignis, das symbolisch als Hochzeit zwischen den Großmächten aus Ost und West interpretiert und durch den Pazifik bzw. den Atlantischen Ozean verkörpert wurde. Dass die Architektur dabei in Gestalt von enormen Hochzeitstorten daherkam, ist, in diesem Licht betrachtet, völlig angemessen. Die protzig gestrichenen Pavillons – vereinzelt mit farbigem Glas und glänzender Terrakotta aufgeputzt – bildeten dabei die ideale Aussteuer. Eine Aussteuer, die die organisierenden Kaufleute, denen der freie Handel seit jeher mehr nützte als ein Geld verschlingender Krieg, der Welt schenkten. Hier verschmolzen die Ziele der ersten Stunde also wieder einmal: Welthandel und Weltfriede.

Oben: Blick über den Court of the Ages, mit dem Tower of Jewels und dem Arch of the Rising Sun im Hintergrund. Im Vordergrund erhebt sich die Fountain of the Earth.

Linke Seite: San Francisco nach dem Erdbeben von 1906

Das Ausstellungsgelände und die Hauptgebäude Das Ausstellungsgelände lag wie so oft bei Weltausstellungen am Wasser, in diesem Fall an der San Francisco Bay genannten Bucht. Es war nur von der Stadtseite zu erreichen, denn die Golden Gate Brücke existierte noch nicht. Eine speziell für die Ausstellung einberufene städtebauliche Kommission, in der außer Kelham auch H. Bennet einen Sitz hatte, beschloss, ein Konglomerat aus acht Hauptpavillons mit einem ovalen Platz, dem Court of the Universe, im Zentrum zu errichten. Man hatte sich für diesen Plan entschieden, weil die Erfahrung von St. Louis im Jahre 1904 gelehrt hatte, dass bei zu weit auseinanderliegenden Gebäuden Kälte und Regen die Laune der Besucher beeinträchtigen können. Die Pavillons waren acht Hauptgruppen gewidmet: Erziehung, Landbau, Bergbau, Lebensmittelprodukte, Freie Künste, Transport, Manufakturen und Verschiedenes. Zwischen den Pavillons hatte man verbindende Rundbogengalerien errichtet. An den Schmalseiten des Konglomerats befanden sich die Machinery Hall und der noch bestehende Palace of Fine Arts. Südlich des Court of the Universe lagen die Gartenbauhalle (1955 abgerissen) und die Festival Hall. Die Gebäude umgaben eine Konstruktion aus lokalem California-Timber und waren mit einer Putzschicht aus Gips, Hanffaser und Pigment versehen, mit der verschiedene dauerhafte Steinsorten wie Marmor und Travertin imitiert werden konnten. Die Gebäude waren in fünf von Guerin ausgesuchten und aufeinander abgestimmten Farben gestrichen: Hellrosa, Ultramarin, Rehbraun, gebranntes Orange und Kupfergrün. Auch die Bepflanzung hatte man in das Farbschema miteinbezogen, was die Landschaftsarchitekten, die den Park gestalten sollten, vor keine leichte Aufgabe stellte. In ihrem Entwurf legten sie bemerkenswertes Gefühl für den Horror vacui an den Tag, indem sie auch die inneren Gelände bepflanzten und das Grün bis an die Wände der Pavillons hochzogen. Blickfang der Ausstellung war der 132 m hohe Tower of Jewels auf dem zentralen Platz. Der Turm war mit einer spiegelnden Schicht verkleidet, auf die man 50.000 aus Österreich stammende Glasstückchen geklebt hatte. Die Glasstückchen leuchteten gelb, violett, rubinrot, aquamarin und weiß in den Farben von Edelsteinen. Der nach einem Entwurf von Carrère und Hastings erbaute Turm wurde von pulsierenden roten Lichtern beleuchtet, die das Klopfen der Schlagader des amerikanischen Kontinents symbolisieren sollten. Auch die anderen Bauten wurden sorgfältig ausgeleuchtet, sodass die gewählten Farben noch besser zur Geltung kamen. Der Lichtentwurf stammte von Walter D'Arcey Ryan. London 1851 besaß das von Owen Jones aufgestellte Farbschema für das Interieur des Crystal Palace, und auch im Gesamtentwurf von d'Aronco für Turin 1902 spielte die Farbe eine wichtige Rolle, aber auf keiner einzigen Weltausstellung war die Farbe so dominant wie 1915 in San Francisco.

Oben links: Niederländischer Pavillon; Architekt: W. Kromhout

Oben rechts: Kuppel des Palace of Fine Arts; Architekt: Bernard Maybeck. Der Palast wurde in den Jahren 1959 bis 1967 mit haltbaren Materialien wieder neu aufgebaut.

Rechts: Nächtliche Beleuchtung des Tower of Jewels; Architekten: Carrère und Hastings

Oben: Der 1955 abgerissene Gartenbaupalast

Rechts: Ansicht des Ausstellungsgeländes mit dem Tower of Jewels im Hintergrund

Die Länderpavillons Einer der schönsten Länderpavillons war der der Niederlande. Er stammte von dem Architekten Willem Kromhout, der sich 1910 in Brüssel gezwungen sah, einen langweiligen Neorenaissance-Pavillon zu entwerfen. Der große Unterschied lag darin, dass die niederländische Regierungskommission, die sich für einen offenen Wettbewerb entschieden hatte, fünf Jahre später ausdrücklich verlangte, dass nichts an frühere Stilmittel erinnern durfte. Den Entwurf zeichnete eine fast sakrale Ausstrahlung aus, die durch die frühchristlichen und byzantinischen Einflüsse zusätzlich verstärkt wurde. Die Farben wichen von den offiziellen Ausstellungsfarben Weiß, Rot und Gelb ab. Der französische Pavillon war eine Kopie des Hotel de Salm und sollte als Palais de la Légion d'Honneur den französischen Leistungen in den Schützengräben Tribut zollen. Auch nach der Ausstellung sollte der Pavillon als Museum und Denkmal für die Gefallenen dienen. Das Baumaterial für den französischen Pavillon konnte nur mit Mühe und Not verschifft werden. Es wurde zugleich mit den Pavillons von Norwegen, Griechenland, Italien und einigen internationalen Einzelteilen mit der *Jason* nach San Francisco befördert, die am 11. April trotz ihrer verspäteten Ankunft mit großer Freude begrüßt wurde. Neun Wochen später, fast vier Monate nach der offiziellen Eröffnung, wurde der französische Pavillon für das in Massen herbeiströmende Publikum eröffnet.

Gleichzeitig mit San Francisco organisierte auch San Diego eine Ausstellung, die sich trotz der viel beschränkteren Planung und den bescheideneren Ambitionen einen wichtigen Platz in der Entwicklung der amerikanischen Architektur sichern sollte. Diese Ausstellung war ein wichtiger Impuls für die Spanish Colonial Revival, einen Stil, der bei Louis Sullivan noch weniger Anklang fand als der Prunk von San Francisco (siehe Chicago 1893).

Unten links: **Court of the Universe; Architekten: McKim, Mead & White. Im Hintergrund der Arch of the Setting Sun. Im Vordergrund die Fountain of Day and Night**

Unten rechts: **Säulengalerie des Palace of Fine Arts**

Links: Court of the Four Seasons, entworfen vom Architekten Henry Bacon. Der Brunnen von Ceres ist ein Werk von Evelyn Beatrice Longman.

Unten: Das traurige Schicksal der meisten Ausstellungsbauten begann mit dem Einsatz der Abrissbirne.

TOURISME
RENSEIGNEMENTS DE TOURISME AVIATION BILLETS DE CH-DE FER NAVIGATION

Exposition Internationale des Arts Décoratifs Paris

Oben: Der Pont Alexandre III. mit der Rue de Boutiques, gestaltet von Maurice Dufrêne

Linke Seite: Der Pavillon du Tourisme des Architekten Robert Mallet-Stevens besteht aus einem Stahlgerüst.

Jahr **1925 (April bis Oktober)** Standort **Paris: Esplanade des Invalides, Avenue Alexandre III.** Fläche **23,1 ha** Besucher **5.852.783** Teilnehmerzahl **18 Länder** Leitender Architekt **Charles Plumet** Ehrenmitglied der Jury **Ferdinand Boberg** Neuheiten **Sperrholzmöbel; die Wohnmaschine (Le Corbusier)**

Die nicht universelle, sondern thematische „Exposition Internationale des Arts Décoratifs" gehört zu den wichtigsten Ausstellungen des 20. Jahrhunderts. Sie brachte die fast weltweite Anerkennung der neuen Strömung mit sich, die vor allem in der angewandten Kunst zu großer Blüte gelangen sollte: der Art Deco. Auf der Weltausstellung war jedoch auch die Architektur überwiegend in einer Art Mischform aus Art Deco und Pariser Kubismus gestaltet. Die eckigen, skulpturalen Formen der Pavillons, insbesondere des französischen, ernteten großes Lob. Der Erfolg war so groß, dass sich der Art Deco in den Jahren bis zum Zweiten Weltkrieg zum beliebtesten Ausstellungsstil entwickelte. Paris 1925 stand sicher nicht am Anfang dieses Stils, wie manchmal angenommen wird, doch legte die Ausstellung ihn fast jedem Teilnehmer nahe. Art Deco wurde sogar vom Minister der schönen Künste offiziell propagiert. Selbst die Brücke Alexandre III., die man nun wirklich nicht als schlicht bezeichnen konnte, war für diesen Anlass in eine verschwenderische Art-Deco-Verpackung gehüllt worden. Alles in allem war dies bemerkenswert, denn das Heimatland der Académie des Beaux Arts hatte sich bei seinen staatlichen Gebäuden durchaus nicht immer so progressiv gezeigt.

Vorgeschichte Europa war – im wörtlichen wie im übertragenen Sinn – dermaßen geschädigt aus dem Krieg hervorgegangen, dass noch sieben Jahre vergehen mussten, bis 1925 die erste große Ausstellung organisiert werden konnte. Sie war nicht so umfassend wie ihre Vorgänger, da man dieses Mal lediglich die Esplanade des Invalides und die Avenue Alexandre III. benutzte. Auch hatte man Deutschland infolge des Krieges nicht eingeladen, womit man der nach Frieden strebenden Weimarer Republik natürlich nicht gerecht wurde.

Die Idee zu einer großen Ausstellung geht jedoch auf das Jahr 1906 zurück, als eine Gruppe junger Leute, die auf der Ausstellung von 1900 noch eine untergeordnete, wenn auch nicht zu unterschätzende Rolle gespielt hatten, eine Ausstellung moderner französischer Kunst organisierten. Hinter der neuen Weltausstellung steckte die Idee, dass Frankreich seine führende Rolle in den Künsten wieder zurückerobern sollte – eine Rolle, die das Land an Turin hatte abtreten müssen, seit die italienische Stadt 1902 vorübergehend zur Art-Deco-Hauptstadt der Welt geworden war.

Unten links: **Der kubistische Garten von Robert Mallet-Stevens mit den Betonbäumen der Brüder Martel. Die Damen tragen Kleidung von Sonia Delaunay.**

Unten rechts: **Grundriss des Ausstellungsgeländes**

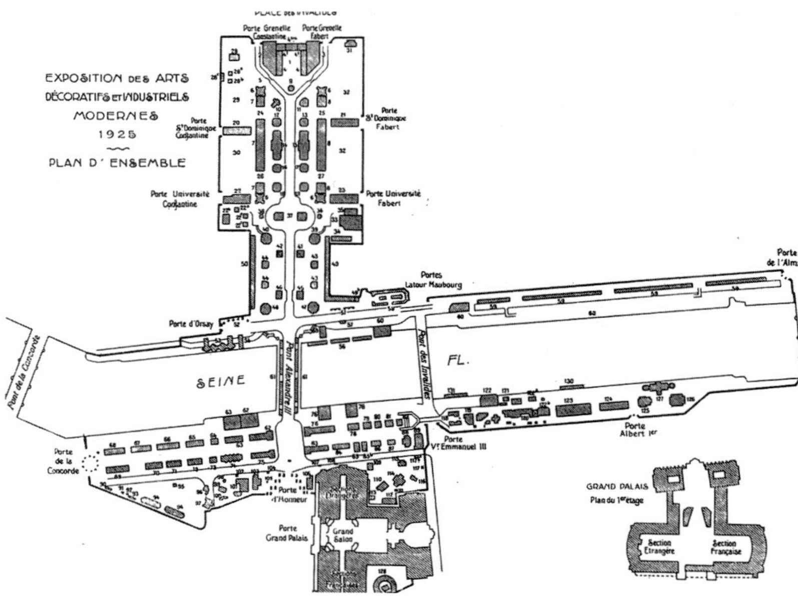

Oben: **Übersicht des Ausstellungsgeländes**

Links: **Der Pavillon für das Kaufhaus Printemps; Architekt: Henri Sauvage**

Frankreich schien nach 1900 in eine sich rückwärts drehende Spirale von Neo-Stilen geraten zu sein, auf die die neue Generation von Architekten und Künstlern nicht sofort eine Antwort bereit hatte, wenn man vielleicht von Auguste Perret und Tony Garnier absieht.

Neue Töne Die neue Generation knüpfte an den Geist der Turiner Ausstellung an: „Ein moderner Geist und echte Originalität". Die Jungen wehrten sich nachdrücklich gegen die Stilmittel der älteren Generationen, aber die Ironie des Schicksals wollte es, dass Art Deco die etablierte Ordnung war, als die Ausstellung schließlich eröffnet wurde. Nun trat eine neue Generation mit ihrer Galionsfigur Le Corbusier ins Rampenlicht der Öffentlichkeit und widersetzte sich heftig dem rein dekorativen Charakter des Art Deco. Diese Generation wurde in Paris nicht gerade mit offenen Armen empfangen. Modernismus und Kubismus, obwohl dem Art Deco verwandt, flößten so manchem Franzosen einen regelrechten Widerwillen ein, weil diese Stile keinen spezifisch nationalen Charakter hatten. Vor diesem Hintergrund ist es verständlich, dass in der französischen Botschaft, die vom Ministère des Beaux Arts finanziert wurde, die Gemälde von Fernand Léger und Robert Delaunay entfernt wurden und dass die Ausstellungsdirektion einen 6 m hohen Zaun um Le Corbusiers Pavillon errichten ließ. Nur ein direktes Eingreifen des Ministers konnte diesen Unsinn ungeschehen machen. Auch war es auffallend, dass weder De Stijl noch das Bauhaus auf der Ausstellung vertreten waren. Die breite Masse fand eher Gefallen an Künstlern wie Louis Suë, André Mare und Jacques-Emile Ruhlmann, die mit ihren luxuriösen Ausführungen und kostbaren Materialien an die goldene Periode der französischen Ensem-

Rechts: Eingang und Halle des Pavillon du Tourisme

Unten: Pavillon de l'Esprit Nouveau; Architekt: Le Corbusier. Die Skulptur im Vordergrund stammt von Jacques Lipschitz.

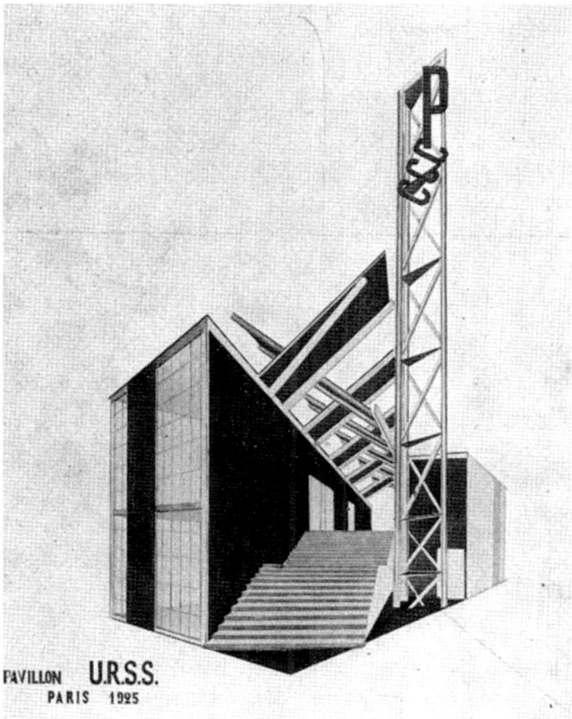

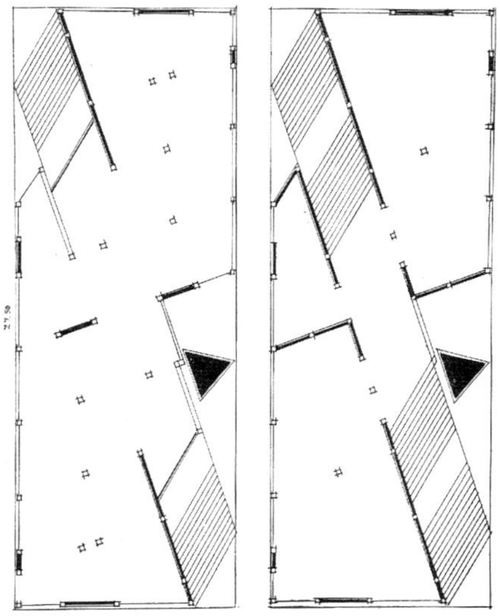

Oben links: Entwurf für den russischen Pavillon von Konstantin Melnikow

Oben rechts: Grundriss des russischen Pavillons

Unten links: Der tschechoslowakische Pavillon stammt von Josef Gocár, die Skulptur ist ein Werk des Künstlers Stursa.

Unten rechts: Monumentaler Eingang von Pierre Patout

bliers und an den Stil von Louis Philippe erinnerten. Dennoch erhielt auch ein Modernist wie Robert Mallet-Stevens einen Auftrag: Er baute den Pavillon du Tourisme – übrigens im Gegensatz zu den meisten anderen Pavillons in Stahlbeton.

Die Pavillons Der Pavillon de l'Esprit Nouveau von Le Corbusier, der von dem Industriellen Gabriel Voisin finanziert wurde, war eigentlich eine Wohnzelle aus dem Wohnblock der Zukunft. Le Corbusiers „Fünf Punkte zu einer neuen Architektur" waren im Ansatz vorhanden, darunter natürlich der Dachgarten. Das Interieur, das genauso wichtig wie das Äußere war, wurde mit „unfranzösischen" kubistischen Gemälden, Systemschränken, Stahlrohrmöbeln, Thonetstühlen und mehr von diesen modernen Spielereien eingerichtet. Ausgangspunkte für dieses wichtige Frühwerk von Le Corbusier waren die Standardisierung (wie 1851!) sowie das industrielle und einfache Entwerfen. Dafür war der Stahlbeton überaus geeignet.

Die anderen auffallenden Pavillons, die nicht im Art-Deco-Stil gebaut worden waren, stammten hauptsächlich von den Länderdelegationen. Die Sowjetunion zum Beispiel hatte Konstantin Melnikow den Auftrag gegeben, einen Pavillon mit einem revolutionären Äußeren zu entwerfen. Die Grenzen zwischen innen und außen waren fließend, und in seinem vollständig rot angestrichenen Pavillon gab es keine deutlichen Fassaden oder Fassadenflächen mehr. Es ist auffallend, dass totalitäre Regime der Avantgarde anfangs eine Chance geben und sich dann später äußerst reaktionär zugunsten des einen oder anderen pompösen Neoklassizismus entscheiden (siehe auch die Weltausstellung von 1935). Österreich wurde durch Josef Hoffmann vertreten, der einen fast postmodern anmutenden Entwurf vorlegte. Die Inneneinrichtung stammte von Josef Frank, der angebaute Wintergarten basierte auf einem Entwurf von Peter Behrens, der nach Turin (1902) und Brüssel (1910) nun zum dritten Mal auf einer Weltausstellung vertreten war. Den niederländischen Pavillon hatten die Architekten Staal und Wijdeveld im expressiven Stil der Amsterdamer Schule gestaltet. Auch hier waren, wie bei Le Corbusier, jedoch aus einer anderen Perspektive heraus, innen und außen gleich wichtig.

Von den französischen Pavillons müssen außer dem Pavillon du Tourisme auch das Théâtre de l'Exposition von Auguste Perret (zusammen mit A. Grenet) und der Pavillon Rhône-Loire von Tony Garnier genannt werden. Das brillante Theater von Perret, das man für ein Musterbeispiel des Art Deco hielt, wurde einige Monate nach der Fertigstellung wieder abgerissen. Henri Sauvage entwarf einen Pavillon für das Kaufhaus Printemps; Mallet-Stevens entwarf den kubistischen Garten. Wenn auch alle Protagonisten der französischen Architektur vertreten waren, so war ihre Anzahl doch zu gering, um der französischen Baukunst der Vorkriegszeit ihren Stempel aufzudrücken. Eher konnte man in einigen Bauten – vor allem im Werk von Garnier und Perret –, wenn auch unbeabsichtigt, Anzeichen der monumentalen Baukunst erkennen, die die Pariser Ausstellung von 1937 dominieren sollten.

Unten links: **An den österreichischen Pavillon wurde der Wintergarten von Peter Behrens angebaut**

Unten rechts: **Der österreichische Pavillon; Architekt: Josef Hoffmann**

Links: Der niederländsche Pavillon; Architekt: J.F. Staal; Inneneinrichtung: H. Wijdeveld

Unten: Der belgische Pavillon; Architekt: Victor Horta

Exposición General d'España

Exposición Internacional de Barcelona Barcelona

Exposición Ibero-Americana Sevilla

Oben: Vogelperspektive des Ausstellungsgeländes

Linke Seite: Impression der viel gerühmten Lichtschau, von der Avenida Reina Maria Cristina aus gesehen, mit dem Palau Nacional im Hintergrund

Jahr **1929–30 (Mai bis Januar)** Standort **Barcelona: Parque de Montjuïc – Plaza de España**
Fläche **118 ha**

Jahr **1929** Standort **Sevilla** Fläche **69 ha** Staatsoberhaupt **Alfonso XIII.** Diktator **Miguel Primo de Rivera**

Barcelona 1929 wurde weltberühmt durch den deutschen Pavillon von Ludwig Mies van der Rohe. Die anderen Ausstellungsbauten sind in Vergessenheit geraten, obwohl man die wichtigsten noch täglich besichtigen kann – und das ist für eine Weltausstellung in der Tat etwas sehr Ungewöhnliches. 1929 war das anders: Die Besucher waren beeindruckt von dem großstädtischen Flair, das das Ausstellungsgelände und die monumentalen Bauten ausstrahlten. Es sollte fast ein Vierteljahrhundert dauern, bevor man den deutschen Pavillon als einen der Höhepunkte der westlichen Architekturgeschichte anerkannte.

Eine Frage des Stils

Dass der Barcelona-Pavillon von Mies van der Rohe auch von den Architekturkritikern nicht beachtet wurde, muss eine große Enttäuschung für die Deutschen gewesen sein, die – zum ersten Mal seit dem Ersten Weltkrieg wieder auf einer Weltausstellung präsent – keine Mühe gescheut und sich bewusst für einen progressiven Architekten entschieden hatten, der in der Lage war, die demokratischen und friedfertigen Absichten der Weimarer Republik zum Ausdruck zu bringen. Es ist nicht einfach, eine Erklärung für diese architekturkritische Fehleinschätzung des Jahrhunderts zu finden. Der deutsche Pavillon lag an der Route zu dem äußerst populären spanischen Dorf und war – nebst dem selten erwähnten jugoslawischen Pavillon – eines der wenigen modern gestalteten Bauwerke. Also war er für die Besucher wohl kaum zu übersehen.

Vielleicht liegt es ja am architektonischen Kontext der Ausstellung, die, in dem Maß, wie der deutsche Pavillon immer mehr Anerkennung fand, zunehmend als ein Sammelsurium von Neo-Stilen betrachtet wurde. Dennoch ging es in der spanischen Architekturwelt jener Zeit noch um etwas anderes. Auf der Ausstellung konnte man auch nach dem Pariser Vorbild Art-Deco-Architektur bewundern, aber der wirkliche Kampf fand statt zwischen dem katalanischen Modernisme, wie er unter anderen von Gaudí propagiert wurde, und dem Noucentisme, einer Strömung zu Beginn des 20. Jahrhunderts, die eher klassisch orientiert und eine direkte Reaktion auf den Modernisme war. Der Modernisme spielte eine Hauptrolle auf der Weltausstellung in Barcelona von 1888, wobei insbesondere der Name von Lluís Domènech i Montaner genannt werden muss. 1929 spielte der Modernisme praktisch keine große Rolle mehr und stattdessen war der Noucentisme der vorherrschende Stil. Die symmetrische, klassizistische, keineswegs aber verschwenderische Formensprache der Gebäude, kombiniert mit einem barocken Grundriss, war der perfekte Ausdruck eines neuen katalanischen Selbstbewusstseins.

Die prunkvolle Architektur und die spektakuläre Beleuchtung haben vielleicht die Aufmerksamkeit vom deutschen Pavillon abgelenkt. Es war nicht das erste Mal, dass außergewöhnliche Architektur auf einer Weltausstellung nicht sofort erkannt wird; so erging es auch dem finnischen Pavillon von Eliel Saarinen von 1900 und dem doch schwerer zu übersehenden Eiffelturm von 1889.

Rechts: Pavillon für den Fonds für die Altersversorgung

Links: Der jugoslawische Pavillon

Rechts: Der italienische Pavillon

Unten: Der deutsche Pavillon von Ludwig Mies van der Rohe

Oben: Nächtliches Foto der Lichtschau, von der Avenida Reina Maria Cristina aus gesehen, mit dem Palau Nacional im Hintergrund

Links: Der Palau Nacional beherbergt heute das Museum für Katalanische Kunst und ist ein Werk von E. Catà i Catà, P. Cendoya i Oscoz, P. Domènech i Roura.

Eine Verteilung Die Umstände, die dazu führten, dass 1917 nicht, wie ursprünglich beabsichtigt, eine Ausstellung über Elektrizität, sondern 1929 eine Weltausstellung durchgeführt wurde, waren politischer und ökonomischer Natur. Außer dem Ersten Weltkrieg war es hauptsächlich die labile innenpolitische Situation, die einer gründlichen Organisation im Weg stand. Erst als der katalanische Diktator Primo de Rivera an der Macht war, nahm die Idee einer Weltausstellung konkrete Formen an. In Barcelona sollten die Industrie, die spanische Küste und der Sport das Hauptthema der Ausstellung bilden, während im südlich gelegenen Sevilla, das seit jeher einen der wichtigsten Häfen besaß, Spaniens Kolonialreich im Mittelpunkt stehen sollte.

Oben: Die Besucher zeigten mehr Interesse für das Pueblo Español genannte spanische Dorf mit nationaler Architektur aus verschiedenen Perioden und Provinzen als für die ausländischen Pavillons.

Links: Haupteingang der Zwillingsausstellung in Sevilla

Links: Rückseite des Palau Nacional, heute das Museum für Katalanische Kunst. Restaurierung 1985–1992 von Gae Aulenti und Enric Steegmann

Mitte: Im Palast der Grafischen Künste von Pelagi Martinez Paricio und Ramon Dural Reynals befindet sich heute das Städtische Archäologiemuseum.

Unten: Der Palast der Textilkunst mit einem ungewöhnlichen kubistischen Gebilde im Vordergrund

Ausstellungsgelände und Gebäude

Das am Fuß des Montjuïc gelegene Gelände betrat man durch einen beeindruckenden Eingang, der aus zwei – Kolumbus gewidmeten – venezianischen Türmen bestand, die sich an die Hauptachse der Ausstellung anfügten. Diese Achse führte zu dem Kaskadenbrunnen des Palau Nacional, der wie die Gebäude in verschiedenen Farben märchenhaft erleuchtet war. Der Beleuchtung hatte man aufgrund früherer Pläne, die von einer Ausstellung über die Elektroindustrie ausgingen, große Aufmerksamkeit geschenkt. Das Ausstellungsgelände wurde von dem Landschaftsarchitekten Jean Forestier unter Mitarbeit des Architekten Nicolas Rubio Tuduri entworfen. Tuduri entwarf auch die Hotels für die zahlreichen Besucher, die man erwartete, und zusammen waren sie für das griechische Theater verantwortlich. Die zwei identischen Paläste von Alfons XII. und Victoria Eugenia mit den charakteristisch flachen Wänden und den Türmen auf dem Dach stammen von Puig i Cadafalch. Der Palau Nacional (heute Museum der Katalanischen Kunst) von Catà i Catà, Cendoya i Oscoz und Domènech i Roura liegt am Endpunkt der Hauptachse. Erhalten blieben auch die Casa de la Prensa (Polizeistation) von Pere Domènech, der Palast der Agrikultur (Theater) von Mayol Ferrer und Ribas sowie der Palast der Grafischen Künste (Städtisches Archäologisches Museum) von Pelagi Martínez Paricio und Ramon Dural Reynals. Für den Sport, eine Aktivität, die meistens keinen Platz auf einer Weltausstellung fand, entwarf Domènech i Roura ein Gemeindestadion. Das spanische Dorf wurde von Francesco Foluera und Ramón Raventós gestaltet.

Die von Raventós konzipierten Eingangstürme grenzen an zwei Pavillons, von denen einer der Arbeit und der andere der Kommunikation gewidmet ist. Sie wurden von Calzada und Jujol bzw. von Félix zusammen mit Gruart und Ferrer entworfen. Jujol gestaltete auch den von Borromini beeinflussten monumentalen Brunnen auf der Plaza de España. Der erleuchtete „Zauberbrunnen“ stammt von Carles Buïgas.

Zum Schluss verdienen noch die Straßengestaltung der Hauptachse, heute die Avenida Reina Maria Cristina, und die Terrassen von Puig i Cadafalch eine Erwähnung. Die meisten Bauten sind im Stil des Noucentisme konzipiert worden. Dabei wurden sowohl Formen aus der spanischen als auch aus der italienischen Renaissance verwendet, weil das Modell des italienischen Stadtstaates für viele katalanische Architekten ein Idealbild darstellte. So entwarf Josep Goday i Casals den Pabellon de la Ciudad de Barcelona, der auf Florentiner Bauwerke von Brunelleschi zurückging.

Unten: **Haupteingang von der Plaza de España aus gesehen, mit dem von Jujol entworfenen Brunnen im Hintergrund**

Wereldtentoonstelling voor Koloniën, Zeevaart en Vlaamsche Kunst Antwerpen

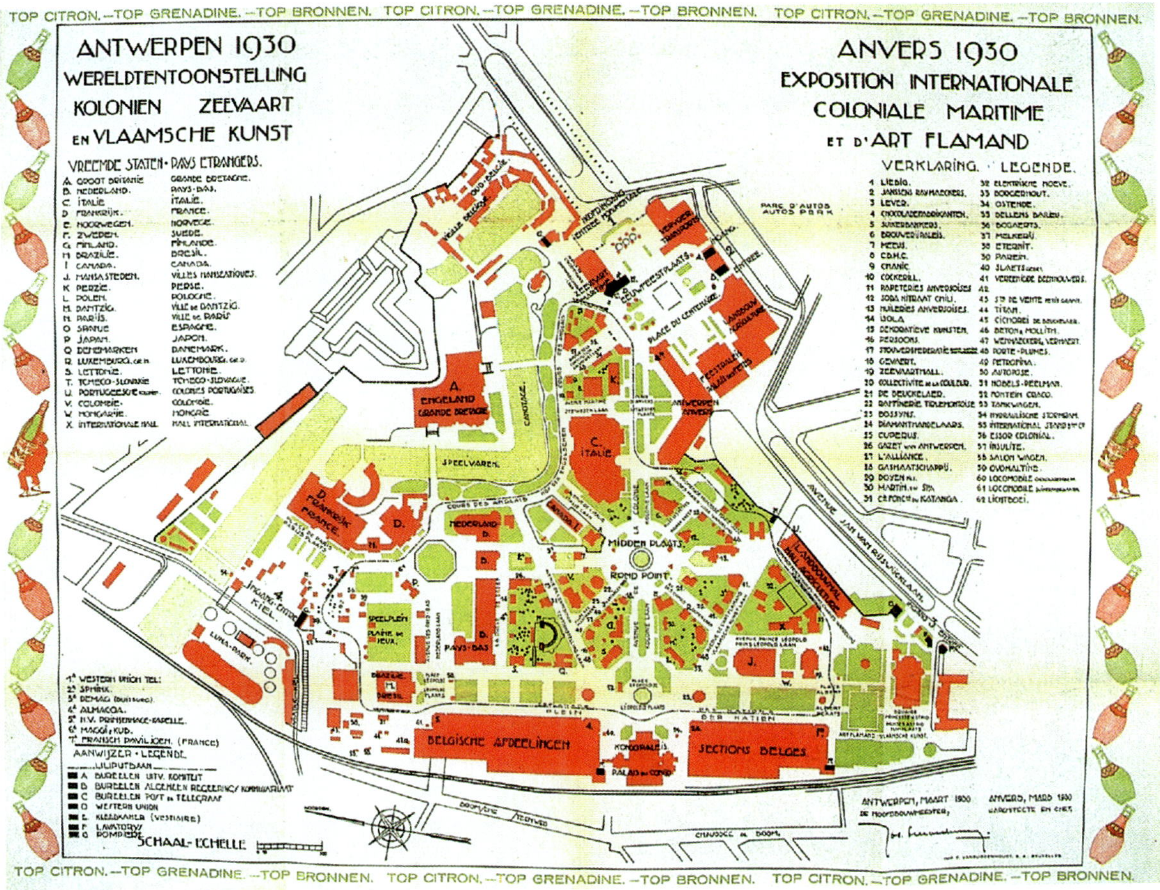

Oben: Grundriss des Ausstellungsgeländes

Linke Seite: Pavillon der Stadt Antwerpen; Architekt: E. van Aver-beeke

Jahr **1930, 26. April bis 4. November** Standort **Antwerpen: Umgebung van Rijswijcklaan** Fläche **69 ha** Besucher **5,2 Millionen** Teilnehmerzahl **21 Länder** Leitender Architekt **Joseph Smolderen** Staatsoberhaupt **König Albert**

Oben: Der niederländische Pavillon; Architekt: H. Wijdeveld

Links: Inneneinrichtung des niederländischen Pavillons

Rechte Seite: Haupteingang zum Ausstellungsgelände

Wie in Paris verzögerte sich auch die dritte große Antwerpener Ausstellung erheblich durch die Folgen des Ersten Weltkrieges. Der Entschluss, die Veranstaltung zu organisieren, fiel unglücklicherweise mit dem ersten Kriegsjahr zusammen, und – eine weitere Komplikation – nach dem Krieg musste noch entschieden werden, welcher belgischen Stadt die Ehre zuteil werden durfte. Hauptsächlich die privaten Geldgeber versuchten, sich die Veranstaltung zu sichern, denn in Belgien waren die Ausstellungen im Gegensatz zu den meisten anderen Ländern bis hin zu einem fortgeschrittenen Stadium stark von privaten Initiativen abhängig. Die endgültige Wahl traf jedoch die Regierung. 1926 erging das salomonische Urteil, dass Brüssel 1935 eine Weltausstellung und Antwerpen zusammen mit Lüttich 1930 eine Doppelausstellung organisieren durften, bei der die Entwürfe über beide Städte verteilt werden sollten. Die Eröffnung der Antwerpener Ausstellung fiel mit der festlichen Inbetriebnahme einer neuen Schleuse in der Schelde zusammen. Auch feierte man 1930 den hundertsten Jahrestag der Unabhängigkeit Belgiens durch die Loslösung von den Niederlanden.

Das Ausstellungsgelände Offenbar befürchtete Antwerpen, dass eine thematisch geschrumpfte Ausstellung kaum etwas wert sei. Deshalb fielen unter die Antwerpen zugewiesene Kategorie „Kolonien“ auch alle möglichen Produkte, die in die Kolonien exportiert wurden – also außer Öfen so ziemlich alles. Es war logisch, dass man der Hafenstadt

Antwerpen die Kolonien zugewiesen hatte, und ebenso sinnvoll war der Standort des Ausstellungsgeländes an der Schelde. Das Gelände lag jedoch nicht mehr am alten Ort Het Zuid, der inzwischen vollständig bebaut war, sondern weiter stromaufwärts: im Gebiet zwischen den Bahngleisen Antwerpen Zuid – Mechelen und der van Rijswijcklaan. Den Entwurf für das Gelände, der die nahe gelegene alte Schanze in den Plan mit einbezog, hatte Emiel van Averbeeke schon 1926 geliefert; er wurde jedoch in leicht abgeänderter Form von Jos Smolderen ausgeführt. Geblieben ist die Kombination von drei aus einem einzigen Punkt ausgehenden Achsen mit einer darüber liegenden fragmentarischen Struktur aus rechtwinkligen Straßen.

Der Plan der großen Pavillons an den Rändern und der kleinen Pavillons an den Straßen wurde jedoch geändert. An ihre Stelle traten sehr viele rein zufällig über das Gelände verteilte kleine Bauten, die ohne Zweifel den Unterhaltungswert der Ausstellung steigerten, aber auch die ursprünglich klare Anlage störten. Natürlich gab es auch größere Pavillons, außer dem belgischen unter anderem die von England, Frankreich und Italien. Die größeren belgischen Pavillons waren um den Eeuwfeest-Platz herum gruppiert, wo sich auch der Haupteingang befand. Dort stand ein Siegestor zu Ehren des unabhängigen Belgien und der drei ersten belgischen Könige, die man als Reiter verewigt hatte. Das Tor selbst war – wie die meisten Gebäude – aus Holz und Putz gefertigt. Die Entwürfe sowohl für das Tor wie auch für die Gebäude um den Eeuwfeest-Platz stammten ursprünglich von van Averbeeke, aber Smolderen hatte das letzte Wort. Natürlich war auch Platz für den Lunapark und ein altbelgisches Dorf vorgesehen, die sich wie immer am Rand des eigentlichen Ausstellungsareals befanden. Die Besonderheit von Alt-Belgien lag darin, dass zur Abwechslung einmal kein Hänsel-und-Gretel-Dorf gezeigt wurde, sondern ein Dorf, in dem die Häuser Bauspuren aus allen Jahrhunderten aufwiesen und deshalb viel wirklichkeitsgetreuer wirkten.

Architektur Auch wenn Art Deco der Ausstellungsstil par excellence war, so wurden in Antwerpen auch andere Richtungen gezeigt. Es kann entweder an der anhaltenden Rezession oder an den veränderten Stilauffassungen gelegen haben, Tatsache war jedoch, dass das dekorative, schmückende Element aus der Architektur verschwunden war. Übrig geblieben war ein strenger, schnörkelloser Stil mit blockförmigen Bauvolumina. Ein treffendes Beispiel hierfür ist der Pavillon der Stadt Ant-

werpen von van Averbeeke, dessen Flügel keinerlei Ornament aufwiesen. Auch das deutsche Hansa-Haus der Städte Hamburg, Lübeck und Bremen war in diesem Stil gebaut. Deutschland hatte übrigens wegen seiner katastrophalen finanziellen Lage keine offizielle Vertretung entsandt.

Wieder andere Pavillons waren in einem konservativeren klassizistischen Stil gestaltet, so auch der Pavillon von England von Edward Lutyens, der schon dreißig Jahre vorher gezeigt hatte, dass er auf einer Weltausstellung nicht brillieren konnte. Den Worten eines zeitgenössischen Kritikers zufolge war der Pavillon „eine Käseglocke ohne Fenster". Der englische Pavillon strahlte in seiner Architektur hauptsächlich den Einfluss einer großen Kolonialmacht aus, was sich im Inneren der Ausstellung durch den Beitrag über die britische Rasse zeigte. Auch die Italiener zeichneten sich dieses Mal nicht durch Meisterschaft in der Baukunst aus: In ihrem Eifer, die Klassiker nachzuahmen, fiel ihnen nichts Besseres ein, als an den Eingang zwei griechische Karyatiden zu stellen.

Dennoch gab es auch Pavillons im Pariser Art-Deco-Stil, darunter natürlich den Pavillon der Stadt Paris selbst, aber auch den von Portugal und den Pavillon der Wissenschaftlichen Schwitzkur. Eine besondere Variante des Art Deco kam in dem allseits bewunderten niederländischen Pavillon des zur Amsterdamer Schule gehörenden Architekten H.Th. Wijdeveld zum Ausdruck. Neben den genannten Kolonialmächten waren auch die (Ex-)Kolonien mit selbstständigen Pavillons vertreten. Wie schon des Öfteren fiel hier Brasilien wieder besonders auf, dieses Mal mit einem luxuriös eingerichteten Art-Deco-Pavillon. Natürlich durfte auch das afrikanische Eingeborenendorf auf dieser Ausstellung nicht fehlen. Zwei Gebäude waren für die Ewigkeit bestimmt: die spätere Christus Koning-Kirche, in der die altflämische Kunst ausgestellt wurde, und ein zweiter Kunstpavillon, der später zu einer Schule umgebaut wurde. Beide Gebäude gehen auf Entwürfe von van Averbeeke zurück.

Auffallend war die Abwesenheit des Modernismus. Russland, 1925 mit Melnikow noch einer der Trendsetter, ließ sich nicht blicken, während die anwesenden Länder, in denen der Modernismus noch halbwegs gedieh, den eher schmückenden Stilen den Vorzug zu geben schienen. Es schien, als läge der Organisation nicht sosehr an einer Erneuerung der Baukunst, sondern vielmehr an der Unterhaltung der breiten Masse. In diesem Licht muss auch die „Gadget-Architektur" gesehen werden, die in der Form von vergrößerten Symbolen und allerlei anderen lustigen Verzierungen einen wichtigen Platz auf der Ausstellung einnahm. 1930 gingen Leichtigkeit und schwer akzentuierter Klassizismus noch Hand in Hand, aber fünf Jahre später in Brüssel sollte das schon nachlassen, um 1937 fast ganz zu verschwinden.

Unten links: **Der italienische Pavillon**

Unten rechts: **Der englische Pavillon; Architekt: Sir Edward Lutyens**

Oben: Landschaftliche Gestaltung im Luna Park

Links unten: Offizielles Plakat der Ausstellung (mit spanischem Text); Entwurf: Marfurt

Mitte rechts: Der Tempel der flämischen Kunst, die spätere Christus Koning-Kirche; Architekt: E. van Averbeeke

Unten rechts: Der brasilianische Pavillon

A Century of Progress Exposition Chicago

Oben: Ansicht von Northerly Island vom Sky Ride aus. Ein „Rocket car" nähert sich auf den Straßenbahnschienen

Linke Seite: Das Chrysler Gebäude; Architekten: Holabird und Root

Jahr **1933, 27. Mai bis 12. November; 1934, 25. Mai bis 31. Oktober** Standort **Chicago (Lakefront, Northerly Island)** Besucher **48.769.227** Fläche **172 ha** Präsident **Rufus C. Dawes** Leitender Architektur kommission **Harvey Wiley Corbett** Chefdesigner **Louis Skidmore** Direktor Farbgestaltung **Joseph Urban**

Die Idee, der Hundertjahrfeier Chicagos eine Ausstellung zu widmen, wurde erstmals 1923 geäußert und 1926 von der Stadt übernommen. Man stellte bald eine Ausstellungskommission zusammen, deren Präsident Rufus C. Dawes und deren Sekretär Daniel H. Burnham jr. waren. Burnhams Vater war bekanntlich der Bauleiter der Weltausstellung von 1893 gewesen (und Hubert Burnham, ein Bruder Daniels, war Mitglied der Architekturkommission der zweiten Ausstellung).

Die Ausstellung von 1893 begründete den Ruf der Gastgeberstadt und der Nation als Industrie- und Kulturmacht. Vierzig Jahre danach hatte sich dieser Ruf gefestigt: die Ausstellung „Jahrhundert des Fortschritts" konnte auf hundert erfolgreiche Jahre industrieller Entwicklung zurück- und auf eine Zukunft im Zeichen der technologischen Innovation vorausschauen. Mitten in der Rezession war die optimistische Haltung, die die Ausstellung ausstrahlte, ein entscheidender Faktor ihres Erfolgs. Die Besucher kamen in Scharen. Die Ausstellung wurde von einigen der wohlhabendsten Bürger Chicagos finanziert und förderte sowohl die örtliche Wirtschaft als auch die Moral der Stadt. Aus diesem Grunde und auf Geheiß des Staatspräsidenten Franklin Delano Roosevelt blieb die Ausstellung noch ein zweites Jahr (1934) geöffnet.

Der Standort Man brachte die Ausstellung „Das Jahrhundert des Fortschritts" genau wie die von 1893 am Seeufer – auf einem fast 5 km langen Gelände einschließlich der künstlich angelegten Insel Northerly Island – unter. Eine weitere Übereinstimmung mit jener Vorgänger-Ausstellung bestand darin, dass eine Kommission für Schöne Künste die Architekten des von der Ostküste geprägten Designs anleitete. Den Vorsitz dieser Kommission hatte Harvey Wiley Corbett, ein New Yorker, der mit seinen phantastischen Visionen von Städten der Zukunft seine Eignung unter Beweis gestellt hatte, und ihre anderen Mitglieder waren Raymond Hood, Ralph Walker, Paul Philippe Cret und Arthur Brown. Die in Chicago ansässigen Kollegen John A. Holabird, Edward H. Bennett und Hubert Burnham kamen später hinzu. Die Kommission ernannte Louis Skidmore zum Chefdesigner und verteilte den Standort ansonsten untereinander, wobei jeder Architekt eigenverantwortlich für die Ausgestaltung seiner Abteilung war. Die Gebäude, die daraus hervorgingen, waren im Allgemeinen in einem kargen, aber modernen High-tech-Stil gehalten. Der New Yorker Theaterdesigner Joseph Urban wurde als Direktor für Farbgebung eingestellt. Er strich die gesamte Ausstellung in klaren und hellen Farben an. Während die Ausstellung von 1893 der Stadt das Prädikat „White City" eingebracht hatte, war das „Jahrhundert des Fortschritts" alles andere als das. Es bot aber – genau wie die frühere Ausstellung – eine Vielfalt an Themen und Unterhaltungsmöglichkeiten, die im Midway-Bereich angesiedelt waren. Zwei der populärsten Attraktionen waren das belgische Dorf und die Straßen von Kairo. Auch die Künste waren auf dieser Ausstellung prominent vertreten. Viele normalerweise kahle Wände waren mit Fresken und Reliefs geschmückt. Erwähnenswert ist Thomas Hart Bentons 75 Meter hohes Wandgemälde, das die Geschichte Indi-

Oben: **Eine künstlerische Impression der Ausstellung mit den Sky Ride-Türmen in der Mitte**

Rechte Seite, links: **Das Gebäude der United States; Architekt: Edward H. Bennett**

Rechte Seite, rechts: **Das Verkehrs- und Transportgebäude; Architekten: John A. Holabird, Edward H. Bennett und Hubert Burnham**

anas zeigt und sich heute im Parlament des Bundesstaates befindet. Zeitgenössische Kunst wurde zugleich mit den Werken alter Meister gezeigt: so war neben Grant Woods „American gothic“ und Marcel Duchamps „Nude Descending a Staircase“ auch Rembrandts „Aristoteles mit der Büste Homers“ zu sehen.

Der Sky Ride Die Architekturkommission beabsichtigte ursprünglich, das Gelände mit einem gigantischen Turm zu markieren, der sich aber durch den Ausbruch der Rezession nicht mehr finanzieren ließ. Stattdessen baute man den Sky Ride, ein erhöhtes Straßenbahnsystem, nach einem Entwurf von Joshua d'Esposito. Es verkehrte zwischen zwei 190 Meter hohen und 600 Meter voneinander entfernten Pfeilern, wobei sich der eine auf dem Festland und der andere auf Northerly Island befand. Stromlinienförmige Gondeln – als „Rocket cars“ bezeichnet – beförderten die Ausstellungsbesucher in einer Höhe von 65 Meter hin und her und boten eine spektakuläre Aussicht auf das Ausstellungsgelände und die Stadt im Hintergrund.

Die Architektur Eine Reihe eindrucksvoller moderner Gebäude lag über das Gelände verstreut. Zu den interessantesten gehörte das Verkehrs- und Transportgebäude von Holabird, Bennett und Burnham – ein Dom mit einem Querschnitt von 62,5 m, an Stahlkabeln hängend, die an den 4,5 m hohen Pfeilern befestigt waren, die die Konstruktion umgaben. Bennetts Gebäude der United States bestand aus drei dreieckigen Türmen, die die drei Bereiche der amerikanischen Regierung symbolisieren sollten. Raymond Hoods halbkreisförmiges Elektrizitätsgebäude, das sich auf Northerly Island erhob, war nur per Boot erreichbar, und Albert Kahns gigantisches Bauwerk für General Motors umfasste eine vollständige Chevrolet-Fertigungsstraße (die Ausstellung wollte nicht die Produkte des Fortschritts, sondern dessen Prozess vorführen). Unter den ausländischen Pavillons stach Adalberto Liberas italienisches Exemplar mit seinen riesigen stilisierten Faszes hervor. Seine Konstruktion basierte auf seinem Design für die Ausstellung anläßlich des zehnten Jahrestags der faschistischen Revolution, das nochmals auf der Brüsseler Messe von 1935 nachgestellt werden sollte.
Eine der populäreren Attraktionen der Ausstellung war die Schau, auf der Häuser und industrielle Gebrauchsgegenstände gezeigt wurden. Hier wurden viele verschiedene Modelle preiswerter Einfamilienhäuser aus vorgefertigten, standardisierten Einzelteilen vorgeführt. Alle waren in modernem Stil gehalten. Die interessantesten beiden Häuser hatte die Chicagoer Firma Keck & Keck entworfen. Das erste war das House of Tomorrow, eine achteckige Konstruktion mit drei Ebenen, die an einem zentralen Versorgungskern aufgehängt war und viel Ähnlichkeit mit R. Buckminster Fullers Dymaxion House aufwies. Bei dem zweiten handelte es sich um das Crystal House (das erst für die Saison 1934 errichtet wurde), eine dreistöckige Kastenstruktur mit Wänden aus Glaselementen. Diese Elemente wurden von Stahlträgern gehalten, die das kleine Gebäude einrahmten. Fullers Dymaxion Car parkte in der überdachten Auffahrt.

Oben: **Diese künstlerische Darstellung fängt die satten Farben der Ausstellung ein.**

Rechte Seite, oben links: **Der italienische Pavillon; Architekten: Adalberto Libera und Mario de Renzi**

Rechte Seite, oben rechts: **Das House of Tomorrow; Architekten: Keck & Keck**

Rechte Seite, unten: **Das Gebäude von General Motors; Architekt: Albert Kahn**

ITALIA

GENERAL MOTORS
GENERAL MOTORS
LA SALLE

V De Groux

Exposition Universelle et Internationale de Bruxelles Bruxelles

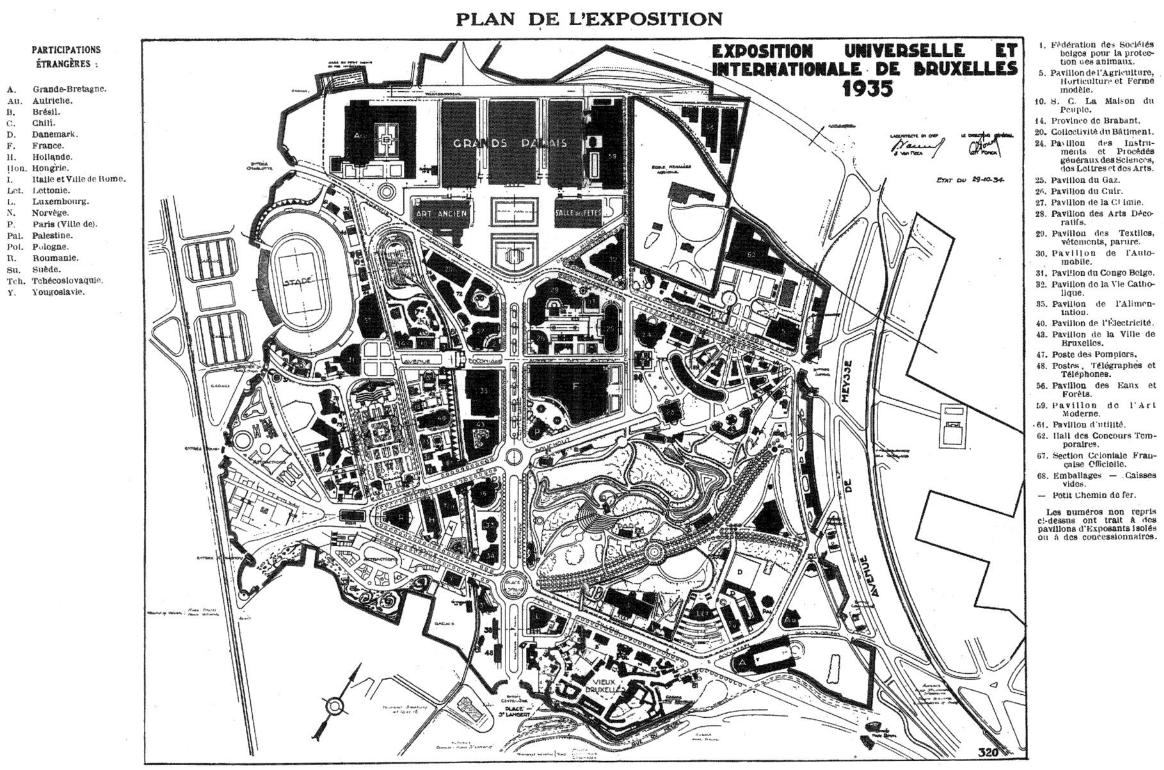

Oben: Grundriss des Ausstellungsgeländes

Linke Seite: Der niederländische Pavillon nach einem Aquarell von V. de Groux; Architekt: D. Roosenburg

Jahr **1935 (27. April bis 25. November)** Veranstaltungsort **Brüssel, Osseghem** Oberfläche **150 ha** Besucher **20 Millionen** Teilnehmerzahl **24 Länder** Staatsoberhaupt **Léopold III.** Leitender Architekt **Joseph van Neck** Leitender Bauingenieur **Paul Célis**

Die Brüsseler Ausstellung von 1935 ist wegen der bombastischen Architekturgewalt der 1937er Ausstellung in Paris etwas in den Hintergrund geraten. Der sonst überaus verdienstvolle Allwood widmet ihr in seinem Buch lediglich einen einzigen Abschnitt, ohne übrigens auch nur ein Wort über die Architektur zu verlieren, während Friebe das Jahr 1935 ganz und gar auslässt. Dies geschieht völlig zu Unrecht, denn in architektonischer Hinsicht war die Ausstellung überaus interessant, und zwar einerseits durch die Nachwirkungen des Art Deco und andererseits, weil der monumentale Klassizismus und insbesondere der Modernismus stark vertreten waren. Was die erste Strömung betrifft, so war die Brüsseler Ausstellung – stärker als Antwerpen 1930 – ein ausgesprochener Vorläufer von Paris 1937.

Der deutsche Pavillon Der Pavillon, der den Kontrast der beiden neuen Richtungen am stärksten verkörperte, existiert nur auf dem Papier: es ist der Wettbewerbsentwurf von Ludwig Mies van der Rohe für den deutschen Nazipavillon. Derselbe Architekt hatte für die Ausstellung von 1929 in Barcelona noch einen Pavillon entworfen, der die Friedfertigkeit und die demokratischen Werte der Weimarer Republik symbolisieren sollte. Knapp vier Jahre später beteiligte sich Mies van der Rohe an einem von den Nationalsozialisten ausgeschriebenen Wettbewerb um eine neue Reichsbank in Berlin. 1934 folgte eine Ausschreibung für den Pavillon für die Weltausstellung. Der Auftrag bestand aus einer Ehrenhalle für Joseph Goebbels Propagandaministerium und vier Ausstellungshallen, in denen die verhängnisvollen Wahnideen Hitlers propagiert werden sollten. Der Pavillon sollte kämpferische Macht und heroischen Willen zum Ausdruck bringen – eine bewusste Stellungnahme gegen den Art Deco, den man als zu weiblich, zu schwach fand. Der deutsche Modernismus stand am Vorabend seiner totalen Verketzerung, war aber von den Nationalsozialisten noch nicht als „entartet“ verpönt worden. Der Entwurf von Mies van der Rohe entlehnte dem Barcelona-Pavillon einige Elemente, so etwa die kreuzförmigen Stahlstützen und die flachen Wände. Das Ganze war jedoch größer, monumentaler und auch sakraler, ein Eindruck, der durch den Hauptaltar im Ehrensaal noch verstärkt wurde. Der symbolische Wert war den Idealen des Modernismus genau entgegengesetzt. Dass Mies ein gutes Verhältnis zu den Nationalsozialisten hatte, wurde nicht von jedem gutgeheißen, auch wenn er nicht der einzige moderne Architekt war, der sich unter dem Druck der Umstände dem Regime anpasste. Aber in den Augen von Freunden und Kollegen beging er mit diesem Entwurf auch Verrat am Stil des Modernismus selbst. Mies van der Rohe gewann nicht den Wettbewerb, erhielt aber den Auftrag für die Gestaltung der Inneneinrichtung. Auch sie wurde wegen der finanziellen Konflikte zwischen Belgien und Deutschland nicht realisiert, was zur Folge hatte, dass die Deutschen überhaupt keine Delegation entsandten.

Das Ausstellungsgelände Die Pavillons waren im Gegensatz zu 1930 gleichmäßig über das Gelände verteilt. Das hügelige Areal von Osseghem wurde in der Landschaftsanlage voll ausgenutzt. Es gab eine einzige, 1000 Meter lange Hauptachse, die in den Platz mit dem permanenten Grand Palais mündete, der auch 1958 benutzt wurde. Diese Achse teilte das Gelände zusammen mit den anderen, schnurgerade verlaufenden Alleen in Parzellen, die u. a. für Alt-Brüssel, einen Park, für die Sektion Landbau sowie für die Vergnügungsanlagen bestimmt waren. Das ebenfalls in die Ausstellung einbezogene Stadion lag auf einem Teil des Geländes, das nicht durch die große Geste, sondern durch die subtile Detaillierung bestimmt wurde. Die Gestaltung des gesamten Areals, auf dem übrigens keine der kleinsten Ausstellungen stattfand, erwies sich als besonders gelungen.

Die Pavillons Die belgischen Hauptgebäude zeigten oft eine Mischung aus Art Deco, Modernismus und Klassizismus. Besondere Erwähnung verdienen das Grote Paleis von J. van Neck, das zuvor mit Überspannungen aus Betonbögen von 89 m Spannweite und einer Höhe von 39 m ausführlich auf seine Belastbarkeit getestet worden war, und der Pavillon de l'Electricité von Eggericx, der einen mit Elektrizität betriebenen Modellbauernhof darstellte. Bemerkenswert ist auch der von Malfait entworfene Art-Deco-Pavillon der Stadt Brüssel, der mit einem 50 m hohen Turm eine Ode an das Brüsseler Belfort, einem Symbol der Freiheit, war. Eines der seltsamsten Bauwerke war der Pavillon des Katholischen Lebens, der Kuppeln, Obelisken und mit Kupfer beschlagene Mauern und eine modernistische Inneneinrichtung hatte. Architekt dieses Gebäudes, das sich in einem Science-Fiction-Film gut ausnehmen würde, war Henry Lacoste, der auch den fast ebenso seltsamen Pavillon für die dekorative Kunst und den griechischen Pavillon entworfen hatte.

Eine der größten ausländischen Einsendungen, die sich über zweieinhalb Hektar ausdehnte, kam aus dem faschistischen Italien, das als Blickfang einen 50 m hohen eisernen Turm errichtet hatte, der damit genauso hoch war wie der Turm des Brüsseler Pavillons. Der Hauptpavillon der italienischen Abteilung „De Littorio“ war ein 30 Meter hoher Block aus Tuffstein (römisches

Oben: Der brasilianische Pavillon; Architekt: Barrez

Rechts: Pavillon der Stadt Brüssel; Architekt: Malfait

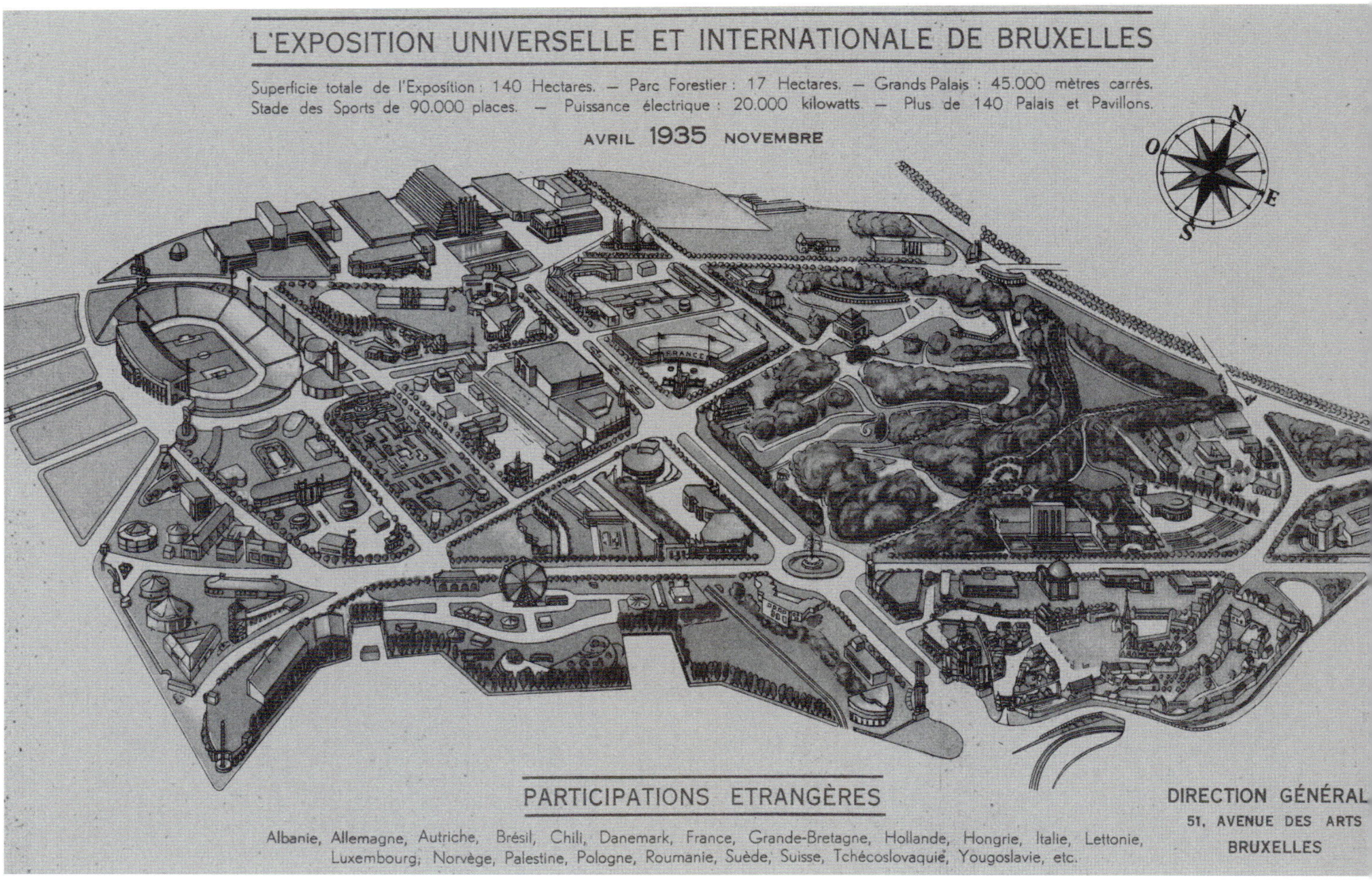

Ganz oben: Das Ausstellungsgelände aus der Vogelperspektive

Oben: Entwurf des deutschen Pavillons mit dem Ehrenhof; Architekt: Ludwig Mies van der Rohe

Rechts: Das Signet der Ausstellung

Oben: Der Pavillon des Großherzogtums Luxemburg; Architekten: Trauss und Wolff

Rechts: Pavilion der Tschechoslowakei; Architekt: Anthonie Heytum

Baumaterial!) und Glas. An der Fassade befanden sich riesige, stilisiert gestaltete, leuchtende Beile. In diesem viel bewunderten Pavillon wurde die Entwicklung des Faschismus dargestellt. Eine noch größere Sektion war der französische Beitrag, aber trotz einer gewissen Qualität waren die Bauten nicht so spektakulär wie die in Frankreich selbst. Ungewöhnlich war jedoch das Ornament an der Spitze eines stattlichen Turmes.

Weniger positiv schätzte man den englischen Pavillon ein, einen halbherzigen modernistischen Bau, aber England richtete damit zum ersten Mal – wenigstens auf einer Ausstellung – den Blick auf die kontinentale Architektur.

Der Vormarsch des Modernismus Auf der Ausstellung waren weder Modernismus, Funktionalismus noch Neue Sachlichkeit – je nach Herkunft des Architekten – der offizielle Stil. Anhänger der einzelnen Strömungen waren jedoch allerdings vertreten. 1930 blieb de Konincks modernistischer Entwurf für Celotex noch unausgeführt, doch schon 1935 erhielt der Architekt Genugtuung. Er entwarf den prachtvollen, in Glas und Stahl aufgezogenen Pavillion pour la Classe Publicité. Ebenfalls modernistisch waren u. a. die Länderpavillons von Finnland, der Schweiz und Norwegen sowie einige andere belgische Bauten. Es fällt auf, dass nach der Ausstellung der stilistischen Zweifel von 1930 in Antwerpen und der Pariser Ausstellung von 1937, auf der der monumentale Klassizismus triumphieren sollte, der Modernismus in Belgien so stark vertreten war, und noch merkwürdiger ist, dass ihm gerade dort bis heute so wenig Aufmerksamkeit entgegengebracht wird.

Rechts: Das Groot Paleis; Architekt: Joseph van Neck

Rechte Seite: Der italienische Pavillon; Architekten: Libera und Rezzi

ITALIA
LITTORIO
XIII

Rechts: Anzeige für ein Baumaterial im Bouwkundig Weekblad vom 6. Juli 1935

Unten: Die Eeuwfeestlaan mit dem Groot Paleis im Hintergrund

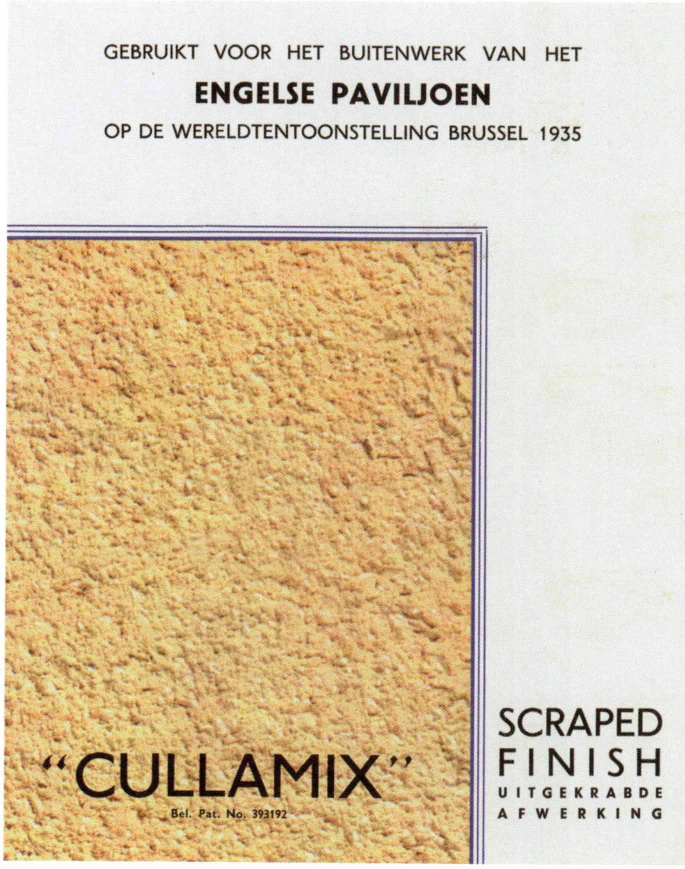

Links: Der Pavillon der Stadt Paris; Architekt: Léon Azéma

Unten: Modell des Pavillon de la Publicité; Architekt: L.H. de Koninck

Rechts: Detail des italienischen Demonstrationsturms

Rechte Seite, oben: Der Schweizer Pavillon; Architekten: Kellermüller und Hofmann

Rechte Seite, unten: Pavillon des Katholischen Lebens; Architekt: Henry Lacoste

Suisse Zwitserland
Suisse

Exposition Internationale des Arts et des Techniques appliqués à la Vie Moderne

Paris

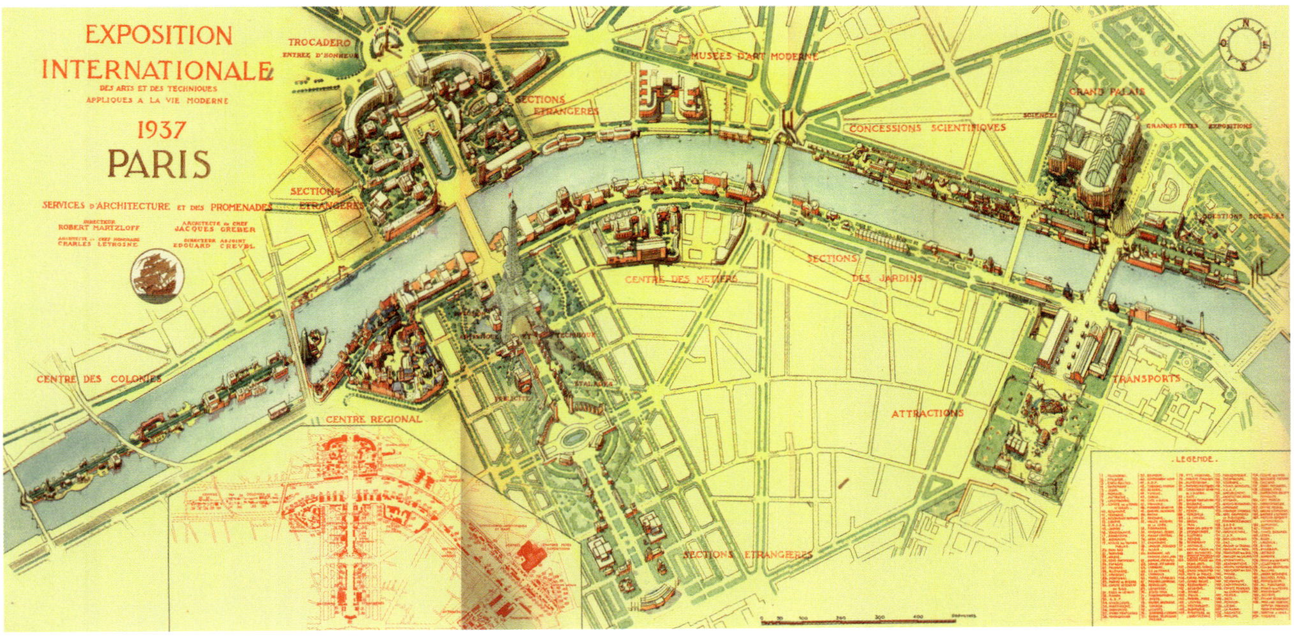

Oben: Grundriss der Ausstellung

Linke Seite: Impression der Ausstellung von 1937 von E. Brenet

Jahr **1937, 25. Mai bis 25. November** Standort **Paris: Champ de Mars, Trocadéro, Seineufer** Fläche **101 ha** Besucher **34 Millionen** Teilnehmerzahl **44 Länder** Leitender Architekt **Jacques Gréber** Neuheit **Roboter** Thema **Kunst und Technik im modernen Leben**

Die Weltausstellung von 1937 fand statt, während in Spanien ein Bürgerkrieg wütete, Italien und Deutschland damit beschäftigt waren, die Weltkarte drastisch der eigenen Weltanschauung anzupassen, und Stalin sich anschickte, die Bevölkerung der Sowjetunion grausam zu unterdrücken. Die drei Diktaturen, die den Weltfrieden bedrohten, waren auf der Ausstellung mit pompös einschüchternden Pavillons demonstrativ vertreten. Dennoch konnte dies die Atmosphäre des progressiven Optimismus – wie er immer mit den Weltausstellungen assoziiert wird – nicht aufheben. Dieses Gefühl kommt deutlich zum Ausdruck in den Worten von Jacques Gréber, dem französischen leitenden Architekten, der beim Anblick des speziell für die Ausstellung errichteten Monument de la Paix meinte, diese Säule werde bestehen bleiben als Symbol für die guten Zeiten, die angebrochen waren.

Organisation, Gelände und Bauten

Mit 44 teilnehmenden Ländern und 34 Millionen Besuchern zählt Paris zu einer der größten der bis dahin stattgefundenen Ausstellungen. Wie bei der großen Vorläuferin von 1889 und anderen Pariser Ausstellungen so standen auch diesmal das Champ de Mars und das Trocadéro im Mittelpunkt des Geschehens. Die Esplanade mit dem Grand Palais wurde – wie schon 1900 – ebenfalls in die Veranstaltung einbezogen, sodass zwei Kerngebiete entstanden, die die Seineufer miteinander verbanden. Das Gelände um den Grand Palais war für Wissenschaften, die sozialen Themen, die Wirtschaft als auch für die Feste bestimmt. Am anderen Seineufer befanden sich die Abteilung Transport, eine kleine Kirmes und mehrere Gärten. In der Seinekurve entstand eine Art Übergangsgebiet zwischen den beiden Kerngebieten. Hier wurde am rechten Seineufer das neue Museum für Moderne Kunst gebaut, während sich auf der anderen Seite das Zentrum für das Handwerk befand. Der alte, für die Ausstellung von 1878 gebaute Palais de Trocadéro entsprach

Rechts: **Der finnische Pavillon; Architekt: Alvar Aalto**

Oben: Abriss des alten Trocadéro

Mitte: Der italienische Pavillon; Architekt: Piacentini

Unten: Der Pavillon des Radios

EXPOSITION INTERNATIONALE ARTS ET TECHNIQUES
PARIS 1937
CENTRE RÉGIONAL
LES
PROVINCES FRANÇAISES

Linke Seite, oben: Der russische Pavillon; Architekt: Boris Iofan. Die monumentale Skulptur auf der Spitze ist ein Werk von Mukhina, die übrigen Skulpturen stammen von Chaikow.

Linke Seite, Mitte: Der belgische Pavillon; Architekten: van de Velde, Eggericx und Verwilghen. Aquarell von A. Brenet

Linke Seite, unten: Ansichtskarte der französischen provinzialen Pavillons

Oben: Das neue Trocadéro vom Eiffelturm aus gesehen; Architekten: Carlu, Boileau, Azéma. Im Vordergrund erheben sich der sowjetische Pavillon (links) und der deutsche Pavillon (rechts).

Rechts: Der deutsche Pavillon; Architekt: Albert Speer

nicht mehr den Anforderungen und wurde durch den Palais de Chaillot ersetzt, der trotz eines Brandes im Jahr 1997 bis heute den Colline de Chaillot schmückt. Auch die berühmten Trocadéro-Brunnen wurden für die Ausstellung von 1937 erbaut. Um diese Brunnenanlage gruppierten sich die meisten Länderpavillons. Die restlichen Länderpavillons befanden sich – wie die Abteilung Kunst und Technik – auf dem nicht allzu dicht bebauten Marsfeld. Der schmale Streifen Land in der Seine, die Ile St. Germain, war für die französischen Kolonien bestimmt, das Dreieck zwischen dem Eiffelturm und der Insel für das „pittoreske Dorf", das aus Pavillons der französischen Regionen bestand. Insgesamt befanden sich auf dem Areal ungefähr 190 größere und kleinere Bauten und Pavillons. Es fehlten die großen Hallen, in denen mehrere Länder zugleich ihre Produkte zeigen konnten. Stattdessen konnten Länder, Institutionen und Betriebe einen Pavillon mit all dem füllen, was ihrer Überzeugung nach dem Thema der Ausstellung gerecht wurde. Der Haupteingang des Ausstellungsgeländes lag auf dem Place de Trocadéro. Die beiden Pavillons des Palais de Chaillot markierten auch die Hauptachse der Ausstellung, die vom Monument des Friedens auf dem Trocadéro-Platz über den Eiffelturm direkt zum Lichtpavillon von Robert Mallet-Stevens hinführte.
Die Querachse wurde logischerweise von der Seine gebildet, die, wie gesagt, gleichzeitig die Verbindungsachse zwischen den beiden Hauptgebieten war. Als dritte und zugleich kleinere Achse diente die Avenue Alexandre III., die vom Grand Palais zur Kirmes verlief.

Unten links: **Inneneinrichtung des spanischen Pavillons; Architekten: Josep Lluis Sert und Josep Lacasa**

Unten rechts: **Der Pavillon der Spanischen Republik; Architekt: Josep Lluis Sert und Josep Lacasa. Foto: Kollar**

Kampf der Stile Das Thema der Ausstellung waren die Kunst und Technik im modernen Leben, aber in der Praxis wurde dieses Thema so weit gefasst, dass sich das Ausgestellte nicht wesentlich von den Exponaten der vorhergehenden Veranstaltungen unterschied. Im Allgemeinen waren die Länderpavillons der architektonische Ausdruck von nationalem Stolz und Propaganda – wie es für eine Weltausstellung nicht ungewöhnlich war. Noch nie zuvor hatten sich die totalitären Regimes jedoch so schamlos präsentiert wie dieses Mal. Die Pavillons des Nationalsozialistisch Deutschlands und der Sowjetunion standen sich direkt gegenüber: ideologische Gegenpole bei ähnlicher Formgebung. Während das Ideal einer Weltausstellung darin bestand, die

Rechts: Der deutsche Pavillon; Architekt: Albert Speer

Links: Museum für moderne Kunst; Architekten: Dondel, Aubert, Viard und Dastugue

Unten links: Die Fußgängerbrücke an der Porte de l'Alma; Architekt: Marc Solorateff

Unten rechts: Festbeleuchtung des Eiffelturms und der Länderpavillons am Ufer der Seine

Links: Die angepasste Inneneinrichtung des Grand Palais; Architekten: Madeline, Lebout und Madelain

Unten: Der Pavillon der Elektrizität; Architekt: Robert Mallet-Stevens

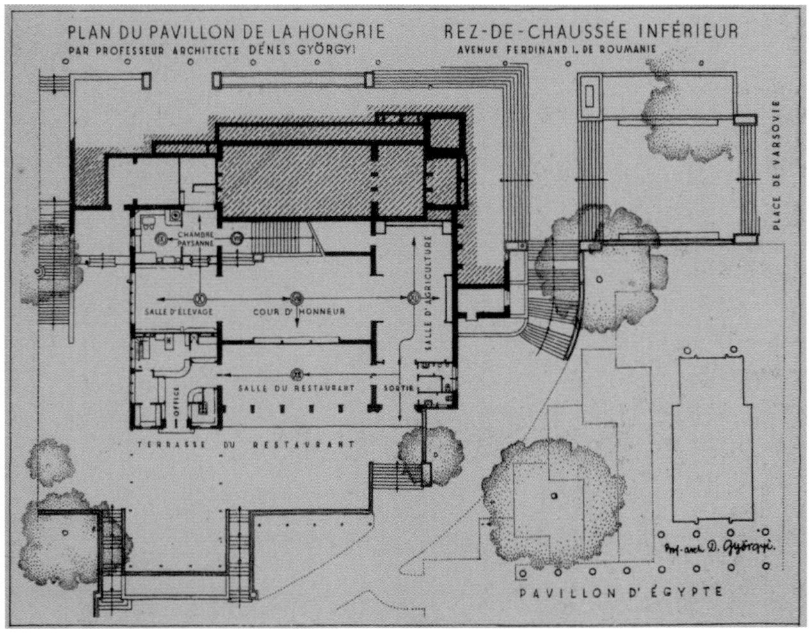

Oben: Grundrisse des ungarischen Pavillons

Rechts: Der ungarische Pavillon; Architekt: D. Györgyi

Linke Seite: Le Ruban Bleu an der Porte du Quai d'Orsay; Architekten: Debat-Ponsan, Fildier, Sebillotte, Mestre

Völker aller Länder enger zusammenzuführen, war die Ausstellung von 1937 eine unverblümte Manifestation nationalistischer Gefühle, was sich in einer Reihe imposanter klassizistischer Bauwerke niederschlug. Die Länderpavillons von Deutschland und der UdSSR wetteiferten mit denen Italiens (und in beschränkterem Umfang des Gastlandes Frankreich) sowie anderer Länder in Bezug auf die Monumentalität. Um diese zu erreichen, griff man auf eine klassische Formensprache zurück, die streng hierarchisch und praktisch ohne jegliche Ornamentik war. Dennoch gab es auch eine Gegenströmung in Gestalt des Funktionalismus, auch International Style oder einfach Modernismus genannt, der auch schon auf der Ausstellung von 1925 mit dem Le Corbusier-Pavillon vertreten war und – in größerem Umfang – 1935 in Brüssel. Dieser International Style stand eher im Einklang mit den Ideen und dem Gedankengut der Weltausstellungen, und sowohl der spanische Pavillon als auch mehrere französische waren in diesem Stil gestaltet. Die Pavillons aus Ungarn und insbesondere die aus Finnland waren auch modern, aber jeder auf seine eigene Art.

Es ist auffallend, dass sich die modernen Architekten im eigenen Land noch oft gegen ihre populäreren und traditionalistischer eingestellten Kollegen durchsetzen mussten. So gesehen kann man die Architektur der 1937er Ausstellung als Klassenkampf zwischen Nationalismus und Internationalismus, zwischen Konservatismus und Progressivität charakterisieren, wobei sich beide Stile kompromisslos zeigten und die zeitgenössischen politischen Verhältnisse widerspiegelten.

Unten: **Das linke Ufer der Seine mit – von links nach rechts – den Pavillons von Schweden (Architekten: Lind, Sven, Ivar), der Tschechoslowakei (Architekten: Kresker, Bolivka) und den Vereinigten Staaten von Amerika (Architekten: Wiener, Higgins, Levi)**

Oben: Der Pavillon der Luftfahrt; Architekten: Audoul, Hartwig, Gerodias. Aquarell von Geo Ham

Mitte links: Der ägyptische Pavillon zeigte eine seltsame Mischung nationaler Motive und Art-Deco-Formen; Architekt: Roger Lardat.

Mitte rechts: Blick auf das Ausstellungsgelände mit den deutlich erkennbaren Pavillons von Deutschland, Italien und Ungarn; Zeichnung: André Maire

Unten: Eingang zum Ausstellungsgelände an der Porte de l'Alma; Architekt: Solorateff

New York World's Fair New York

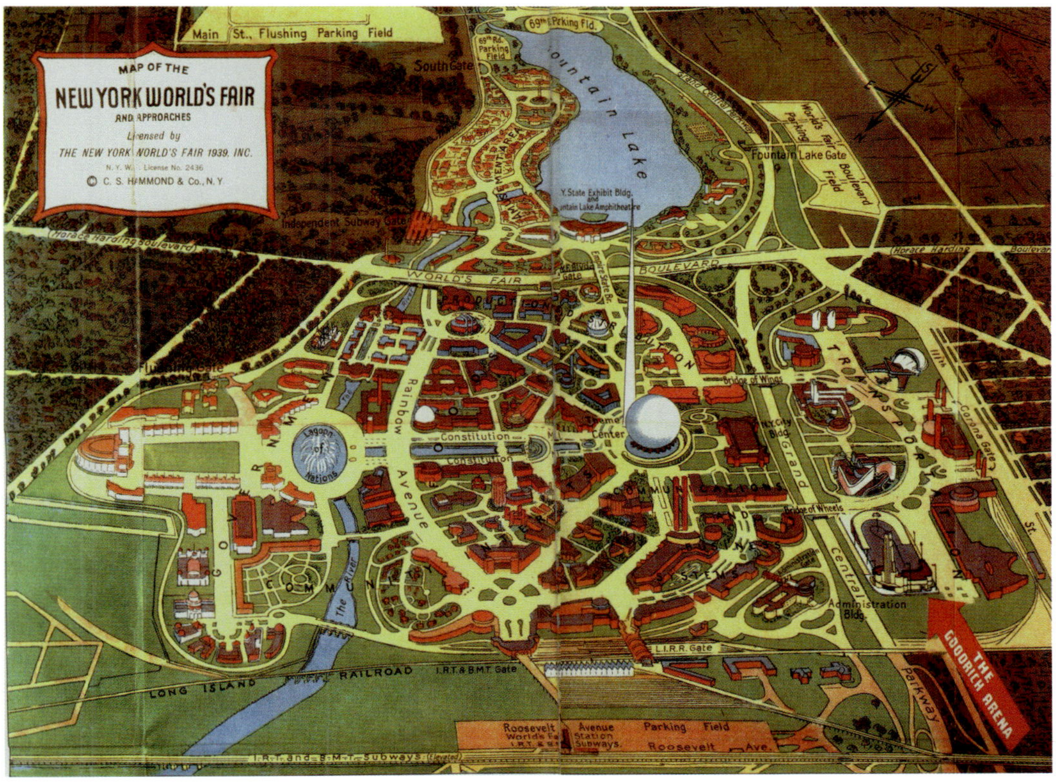

Oben: Grundriss des Ausstellungsgeländes

Linke Seite: Trylon und Perisphere. Architekten: Wallace K. Harrison & Fouilhoux

Jahr **1939/40, 30. April bis 31. Oktober 1939, 11. Mai bis 27. Oktober 1940** Standort **New York: Queens, Flushing Meadows (Corona Dumps)** Fläche **486,4 ha** Besucher **44.932.978** Teilnehmerzahl **33 Länder** Ausstellungsdirektor **Grover Whalen** Vorsitzender des Gestaltungskomitees **Stephen F. Voorhees** Neuheit **Fernsehen, Klimaanlage, Farbfilm** Mottos **Building the World of Tomorrow, For Peace and Freedom**

CHRYSLER MOTORS

Linke Seite, oben: Der Chrysler Pavillon; Architekt: J. G. Rogers

Linke Seite, unten: Das Glass Center mit dem aus Glasbausteinen errichteten Turm der Architekten Shreve, Lamb & Harmon

Oben links: Der Pavillon des Gases; Architekten: Skidmore & Owings, J. Moss

Oben rechts: Der Chrysler Pavillon

In den Jahren 1939/40 fand in New York zum zweiten Mal eine Weltausstellung statt, die jedoch wesentlich mehr Erfolg als ihre Vorgängerin von 1854 hatte. Damals befand sich an der Ecke der 42nd Avenue und der Fifth Avenue ein grob nach dem Londoner Crystal Palace modelliertes Gebäude, das die Besucher nicht gerade in Massen anzog. Der hohe Verlust, der ganz von den Aktionären getragen wurde, schreckte die Geldgeber der Stadt ab, und erst 80 Jahre später war die Zeit reif für einen erneuten Versuch. Es sollte die 15. Weltausstellung (bei insgesamt 20 großen und kleinen) der Vereinigten Staaten werden. Nach der Ausstellung von Louisiana im Jahr 1904 war es die größte Schau, die je veranstaltet wurde. Zur gleichen Zeit fand, was nicht von übermäßiger Loyalität zeugt, in San Francisco anlässlich der Vollendung der Golden Gate Bridge eine viel kleinere Weltausstellung statt.

Geschichte

Die Initiative zur Ausstellung ging von dem Ingenieur Joseph F. Shadgen und von Edward F. Roosevelt aus, die im Mai 1935 einem Neffen Roosevelts, der bei der *Herald Tribune* arbeitete, ihren Plan vorlegten. Die Erfahrung hatte gelehrt, dass die Mobilisierung der öffentlichen Meinung eine absolute Voraussetzung für das Sammeln privater Gelder war. Die Reaktion auf die Idee fiel besonders positiv auf, und schon bald wurde eine gemeinnützige Organisation gegründet, die im Empire State Building ihr Büro hatte und deren Ziel es war, das Debakel von 1854 für immer aus dem kollektiven Gedächtnis zu streichen.

Man hatte sich für das Jahr 1939 entschieden, weil es der 150. Jahrestag des Federal Congress, der Amtseinführung von George Washington als ersten amerikanischen Präsidenten und des ersten Grundgesetzes einer modernen Demokratie war. Es war eine Ironie des Schicksals, dass während der Ausstellungseröffnung das Ultimatum ablief, das Deutschland Polen gestellt hatte, sodass ein neuer totalitärer Krieg unvermeidlich schien. Die Polen waren noch mit einem nationalen Pavillon auf der Ausstellung vertreten – wie auch Italien, Japan und die Sowjetunion. Nationalsozialistischem Deutschland, das die Tschechoslowakei schon überrannt hatte, hatte auf einer Weltausstellung mit dem „Die Welt von morgen"-Thema eigentlich nichts zu suchen.

Weil die Veranstaltung nicht genug Geld eingebracht hatte, fasste man den Entschluss, 1940 eine weitere Ausstellung durchzuführen. In jenem Jahr wehte jedoch ein anderer Wind. War die Expo 1939 noch eine Weltausstellung im wahrsten Sinn des Wortes (also den BIE-Normen zufolge) gewesen, so fehlten im Jahr darauf die Niederlande, die Tschechoslowakei und die Sowjetunion, während die Flaggen der französischen und polnischen Pavillons auf Halbmast hingen. Die übrig gebliebenen Pavillons schwenkten nun gerade die Fahnen und verlagerten den Akzent auf die oberflächliche Unterhaltung, was die finanziellen Einbußen jedoch nicht aufhalten konnte. Trotz dieser Erfahrungen wurde 1964 auf demselben Areal erneut eine – wenn auch – verlustreiche Weltausstellung organisiert.

Oben: Der Pavillon der Marine; Architeken: E. J. Kahn & Muschenheim & Brounn

Links: Die Bridge of Tomorrow; Architekten: Michael L. Radoslovich, Arthur Barzagli (Fair Corporation Design Board)

Oben: Die Constitution Mall genannte Hauptachse der Ausstellung mit dem Trylon und dem Perisphere im Hintergrund

Links: Inneneinrichtung des französischen Pavillons; Architekten: Expert et Patout

Städtebauliches Programm Zum ersten Mal in der Geschichte fand eine Weltausstellung auf einer Mülldeponie statt. Das Einebnen der Corona Dumps war die erste große Aufgabe, vor die sich die Stadt New York gestellt sah. Heute ist das Grundstück, auf dem sowohl letzte Überreste der Ausstellung von 1939 als auch der von 1964 bewundert werden können, unter dem Namen Flushing Meadows bekannt. Das Gelände war aufgeteilt in die Sektionen Verwaltung, Transport, Gemeindeämter, Vergnügungen, Kommunikation, Ernährung, Produktion und Distribution. Allen Sektionen (außer Vergnügung und Verwaltung) war eine Hauptausstellung gewidmet, die von den Fair Authorities entworfen und organisiert wurde. Breite, strahlenförmig auseinander gehende Straßen, die man nach den Prinzipien des Barock entworfen hatte, trennten die einzelnen Sektoren voneinander. Die zentrale Hauptachse führte von dem noch bestehenden New York City Building zum US-Government-Pavillon. Angesichts der Skyline von Manhattan im Hintergrund hielt man es für angemessen, nicht allzu hohe Gebäude zu errichten. Akzente in Form der zahlreichen Pylonen und natürlich des Trylons waren allerdings gestattet.

Im Zentrum des konzentrischen Farbschemas, das vom Board of Design stammt, befanden sich die blendend weiße Perisphere und der Trylon. Die umliegenden Pavillons im Theme Center waren in gebrochenem Weiß gestrichen. Die Hauptachse (Constitution Mall) färbte sich von innen nach außen von Rosa bis Dunkelrot; die Avenue of Patriots von Gelb bis Gold und die Avenue of Progress von Blau bis Ultramarin. Um diese vielfarbigen Boulevards herum führte die Rainbow Avenue. Von dem strengen städtebaulichen Programm wich man schon im ersten Jahr ab, weil sich die Teilnehmer nicht an die Einteilung hielten und das Organisationsbüro nicht die Mittel besaß, etwas dagegen zu unternehmen. Im zweiten Jahr nahm das Chaos zu, zumal eine Lawine von Werbematerial die freie Sicht auf die städtebaulichen und architektonischen Merkmale behinderte.

Oben links: **Der russische Pavillon**

Oben rechts: **Trylon und Perisphere von der Empire State Bridge aus gesehen. Rechts die Kuppel von United States Steel Subsidiaries der Architekten York & Sawyer unter Mitabeit von Walter Dorwin Teague und G.F. Harrel. Die Kuppel hängt, ähnlich wie in Wien 1873, an einer von außen sichtbaren Konstruktion.**

Architektonischer Stil Die Architektur der New Yorker Ausstellung war mit dem europäischen monumentalen klassizistischen Stil verwandt, der 1937 in Paris dominiert hatte. In gewisser Hinsicht konnte man diesen Stil auch mit dem Klassizismus der Chicago-Ausstellung von 1893 vergleichen, wenn auch das Ornament seither eine radikale Wandlung erlebt hatte.

Charakteristisch waren die großen, blinden Mauerflächen, die aus dem Gedanken heraus entstanden, dass der Einbau von Fenstern kostbaren Ausstellungsraum rauben würde. Die Ausstattung der Hallen mit zahlreichen elektrischen Klimaanlagen spielte ebenfalls eine Rolle. Die fensterlosen Mauerflächen boten Platz für Gemälde und Reliefs in einem etwas groben Art-Deco-Stil, aber im Allgemeinen blieb die Dekoration auf bestimmte Stellen beschränkt. An Material wurden auf dieser Ausstellung außer Gips auch Keramik, Glas und Metall verwendet.

Ein neues, amerikanisches Element, das sich in der Architektur präsentierte, war der Beitrag von Industriedesignern wie Raymond Loewy, Norman Bel Geddes, Henry Dreyfuss und Walter Teague. Dieser Beitrag bestand aus einer stromlinienförmigen Formgebung für den Rasierapparat ebenso wie für den Ozeandampfer, die das schnelle, moderne Leben visualisieren sollte. Die Übersiedlung berühmter Europäer in die USA wie Mies van der Rohe und Gropius hatte zu jenem Zeitpunkt noch keinen Einfluss auf die amerikanische Architektur. Letzterer war aber zusammen mit Breuer für den Pennsylvania Pavillon verantwortlich. Der Board of Design war jedoch mehr von den genannten amerikanischen Architekten beeindruckt, und da der Board die Entwurfsregeln aufstellte, wobei er Repliken historischer Bauten, außer in den „Government and Amusement Zones", ausdrücklich verbot, entstand eine Art Einheitsstil, den man am besten als amerikanische Variante des Art Deco umschreiben kann.

Unter den Bauten der ausländischen Teilnehmer muss sicherlich der russische Pavillon genannt werden, der mit seinem übertriebenen, 4 Millionen Dollar teuren Pomp eine der größten Publikumsattraktionen darstellte. Zur absoluten Attraktion wurden aber die Perisphere, ein Modell der Stadt der Zukunft, und der Trylon (von engl. *triangular*, dreieckig, und *pylon*, Pfeiler). Dieser 213 m hohe Turm war zusammen mit der Perisphere auch das Symbol der Ausstellung, obwohl ihm in der Architekturgeschichte nie eine ähnliche Bedeutung beigemessen wurde wie anderen spektakulären Blickfängern, z.B. dem Eiffelturm oder dem Atomium. Der temporäre Charakter dieser monumentalen Nadel wird wohl dazu beigetragen haben.

Unten: **Plaza of Light, vom General Electric Pavillon aus gesehen**

Exposition Universelle et Internationale de Bruxelles (Expo '58) Bruxelles

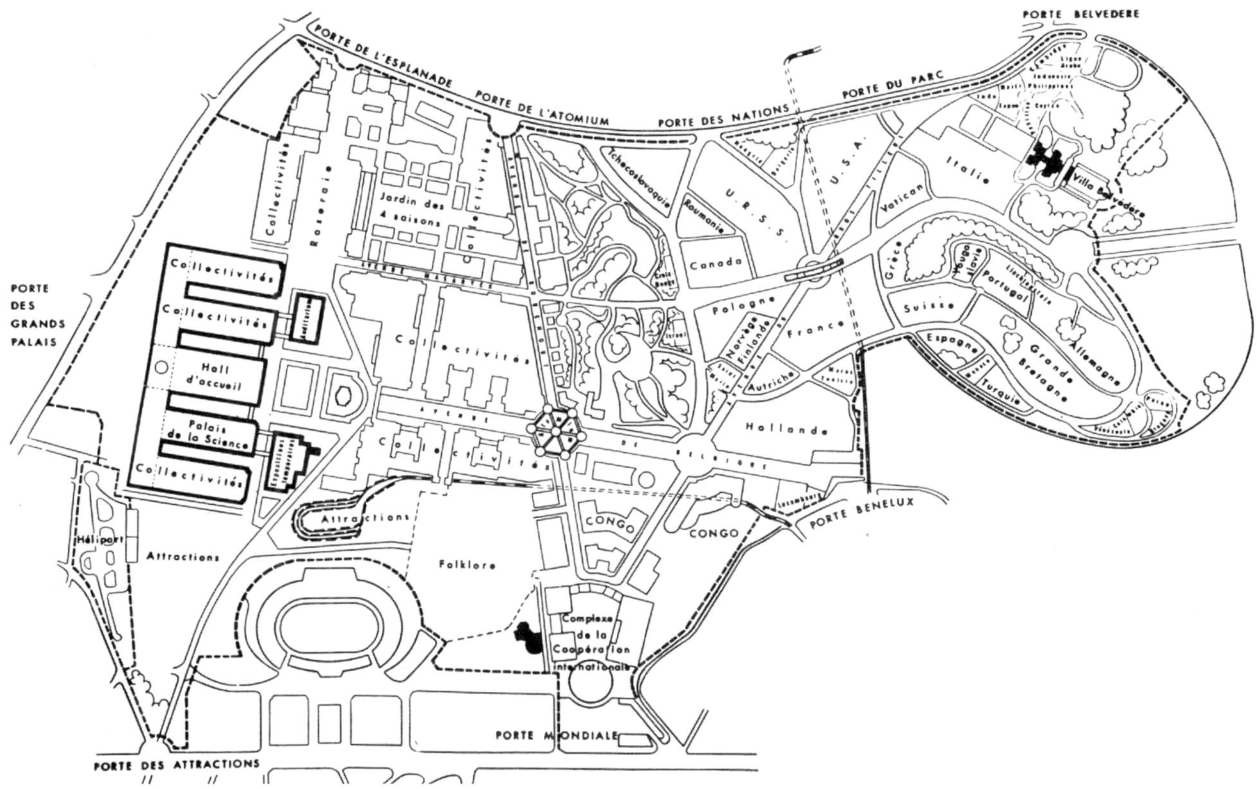

Oben: Grundriss des Ausstellungsgeländes

Linke Seite: Das Atomium; Architekt: André Waterkeyn

Jahr **1958, 17. April bis 19. Oktober** Standort **Brüssel: Heizelplateau** Fläche **200 ha** Besucher **41,1 Millionen** Teilnehmerzahl **44 Länder** Leitender Architekt **J. Van Goethem** Neuheit **Sputnik** Thema **Die Welt nach menschlichem Maß erbauen**

Die Brüsseler Weltausstellung von 1958 zählt vermutlich zu den großen Ausstellungen mit den schlechtesten Kritiken überhaupt. Vor allem im Gastland selbst wurde harte Kritik an der Architektur laut. Man fand alles zu groß angelegt und zu gekünstelt. So erklärt es sich, dass der von Le Corbusier entworfene Philips-Pavillon nach der Ausstellung ohne viel Aufhebens gesprengt wurde.

Das Thema lautete „Die Welt nach menschlichem Maß erbauen" und genau das war nach Ansicht vieler Experten der Punkt, an dem die Ausstellung total versagte.

Unten: **Der finnische Pavillon, Architekt: Reima Pietilä**

Rechte Seite: **Der spanische Pavillon; Architekten: Ramon Vazquez Molezun und José Antonio Corales**

Eine kritische Beurteilung der Expo In den fünfziger Jahren setzte sich die Erkenntnis durch, dass der technische Fortschritt nicht nur ein Segen war, sondern sich auf die Menschheit auch nachteilig auswirken konnte.

Auch in der Architekturwelt wurden Zweifel am Fortschritt laut. Man führte heftige Diskussionen über die Nebenwirkungen des Funktionalismus. Tonangebende Architekten plädierten für eine Rückkehr zum menschlichen Maß und lehnten die ihrer Ansicht nach phantasielosen Wohnviertel ab. Die Brüsseler Ausstellung ist von diesen neuen Tendenzen in der Architektur nicht zu trennen. Das ging nicht nur aus ihrem Thema hervor, sondern auch aus der 1954 verschickten Einladung der belgischen Regierung an die potentiellen Teilnehmer. Darin stand, dass die Ausstellung im Dienst „des Menschen im wahrsten und erhabensten Sinne des Wortes" stehen werde und dass die gewerblichen Erzeugnisse „unter ihrem menschlichen Aspekt betrachtet werden" sollten.

Das Ausstellungsthema stand jedoch in auffälligem Kontrast zur Brüsseler Alltagsrealität. Bezeichnend für die belgische Hauptstadt der fünfziger Jahre waren der alles zermalmende Bulldozer und die wie Pilze aus dem Boden schießenden kolossalen Bürohäuser. In diesem Licht betrachtet, ist die Kritik an der Ausstellungsarchitektur, insbesondere der inländischen, mehr als verständlich. Das Schreckgespenst des Menschen und seiner Umgebung, die dem technologischen Fortschritt zum Opfer fallen, tauchte – allen guten Absichten zum Trotz – auf. Betrübt musste man denn auch feststellen, dass das Auto infolge der Ausstellung Bürgerrechte erworben hatte. Auf dem Parkplatz des Expogeländes konnten 45.000 Autos abgestellt werden, und während man auf der Ausstellung stolz altbelgische Jugenstil-Architektur präsentierte, verschwanden die Originale innerhalb kürzester Zeit.

Ein menschliches Maß war nach Ansicht der Kritiker schwer zu finden. Dass die Kritik so massiv ausfiel, hing auch damit zusammen, dass Architekten und Stadtplaner von vornherein zu wenig Einfluss auf die Organsiation und Planung hatten. Das Atomium, das ähnlich dem Eiffelturm bei seiner Fertigstellung die Gemüter erregte, war nicht nur das Symbol der Ausstellung, sondern in den Augen der Gegner auch das Symbol von Arroganz und megalomaner Übertreibung und damit genau das Gegenteil des menschliches Maßes: „Aber Modernismus und Technik haben alle Zweckmäßigkeit und gesunden Menschenverstand fallen gelassen, und der Wunsch nach menschlichen Verhältnissen und Bedürfnissen wurde geopfert, um einen allzu hohen Tribut für einen ‚verblüffenden' Superlativ zu zahlen ... Die absurden Berechnungen und die technische Akrobatik des ‚Atomiums' werden erst nach dem Abbruch dieses architektonischen Monsters aus dem Gedächtnis verschwinden."

Links oben: Der englische Pavillon; Architekten: H. V. Lobb und J. C. Ratcliff

Links unten: Innenseite einer der 20 hohlen Rohre des Atomiums

Rechts oben: Der Sowjetpavillon; Architekten: J. Abramow, A. Boretski, V. Doubow und A. Polanski

Rechts unten: Der französische Pavillon; Architekt: Guillaume Gillet; Ingenieure: René Sarger und Jean Prouvé

Übrigens wird dieses „Ungetüm" gegenwärtig positiver bewertet. Das Atomium gilt – auch wieder eine Parallele zum Eiffelturm – als Wahrzeichen der Stadt.

Das menschliche Maß kollidierte auch mit dem neuen Atomzeitalter, in dem sich die Supermächte feindlich gegenüberstanden. Auch der im russischen Pavillon ausgestellte Sputnik ließ den Menschen winzig erscheinen. In diesen Kontext ist die kritische Haltung zur Ausstellung einzuordnen, ohne sie damit jedoch verteidigen zu wollen, denn sie wird der Qualität der Bauten nicht gerecht. Brüssel 1958 ist eindeutig – trotz der Feststellung, dass es, architektonisch gesehen, nichts Neues gebracht hat – ein wichtiges Moment in der Geschichte der Baukunst gewesen. Die Brüsseler Ausstellung war der Sieg der sichtbaren Konstruktion. Funktionelle Tendenzen der Vorkriegszeit wurden durchgesetzt und um expressivere Architekturformen ergänzt. Die Zeltdachkonstruktion, die in einigen Pavillons angewendet wurde, setzte sich durch. Bei dieser Konstruktion, die unter anderem dank des Prinzips der mehrfach gebogenen Hautfassade ermöglicht wurde, handelte es sich um eine echte Innovation. Auch andere phantasievolle Konstruktionen waren zum Gemeingut geworden. Das Flachdach wurde zugunsten der fünften Fassade aufgegeben.

Oben: Der Pavillon der Ziviltechnik; Architekt: van Doorselaere unter Mitarbeit von Paduart (Ingenieur)

Links: Inneneinrichtung des Pavillons der Ziviltechnik

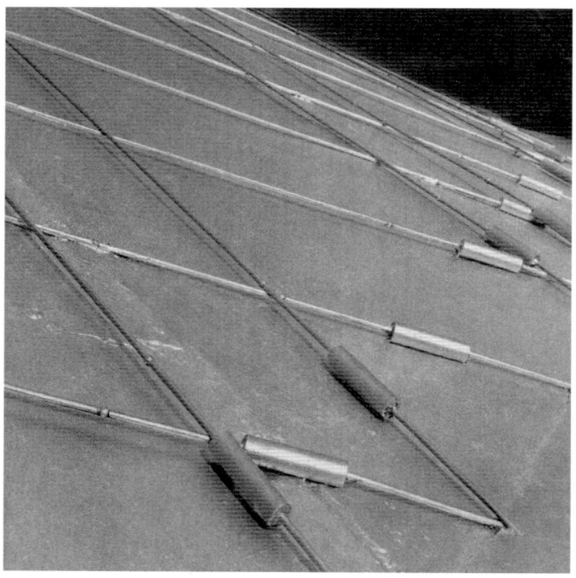

Oben: Der Philips Pavillon von Le Corbusier

Links: Detail des Philips Pavillons

Rechts: Der norwegische Pavillon mit den aus Plexiglas hergestellten Säulen; Architekt: Sverre Fehn

Unten: Inneneinrichtung des japanischen Pavillons; Architekt: K. Mayekawa

Das Ausstellungsgelände und das Atomium

Das Austellungsgelände auf dem Heizelplateau überlagerte das Ausstellungsgelände von 1935, wurde aber um ein ebenso großes Stück zu einer Gesamtfläche von 200 ha erweitert. Verschiedene Bauten, darunter die Eingangshallen, waren noch von der letzten Brüsseler Ausstellung übrig geblieben. Die Eingangshalle mit dem Poort der Grote Paleizen (Tor der Großen Paläste) stand rechtwinklig zur Belgiëlaan, der Hauptachse, auf der sich auch das Atomium befand. Zugleich war das Atomium der zentrale Punkt zwischen dem belgischen Teil der Ausstellung und den Länderpavillons. Diese befanden sich in einem Landschaftspark, während die belgischen Pavillons in einer geometrischeren Anlage standen. Letztere wurden auch wegen ihres knapp bemessenen Raums viel kritisiert. Am äußeren Parkrand war eine Ecke für die internationalen Organisationen reserviert, darunter Benelux (Belgien, die Niederlande, Luxemburg), die Europäische Gemeinschaft (dem Vorläufer der Europäischen Union) für Kohle und Stahl und die Vereinten Nationen. Durch das im Westen gelegene Vergnügungstor gelangte man in den Unterhaltungsteil, den Lunapark und das pittoreske altbelgische Dorf (Alt-Belgien).

Das Atomium war natürlich der Blickfang der Ausstellung und sollte eine neue und bessere Welt repräsentieren: ein Symbol des Friedens mitten im Kalten Krieg. Das Ungetüm stellt ein 150-millionenfach vergrößertes Molekül dar. Die neun Aluminiumkugeln werden durch Rohre mit einem Durchmesser von 3,30 m miteinander verbunden. Die Kugeln selbst haben einen Durchmesser von 18 m. Die Gesamtkonstruktion steht auf drei Beinen, in denen sich zwei Treppen und ein Aufzug befinden, und ist 102 m hoch. Dieses „architektonische Monstrum", das inzwischen eine gründliche Renovierung vertragen könnte, hat als eines der wenigen Gebäude die Ausstellung überlebt.

Das Atomium, einige kleinere Bauten und der Landschaftspark sind die einzigen Zeugnisse der Brüsseler Weltausstellung von 1958. Außerdem blieb das tschechische Restaurant erhalten und wurde in Prag wiederaufgebaut. Die Kritiker von damals haben allen Grund zur Zufriedenheit.

Unten links: Der deutsche Pavillon; Architekten: E. Eiermann, S. Ruf und Rossow

Unten rechts: Der deutsche Pavillon

Links: Führer der Weltausstellung mit dem Atomium auf dem Titelblatt

Unten: Der niederländische Pavillon; Architekten: van den Broek & Bakema, Gerrit Rietveld, Boks und Peutz

HALL CO.
4:52

Century 21 Exposition Seattle

Oben: So sah ein Künstler die Einschienenbahn der Ausstellung

Linke Seite: Die Space Needle; Architekt: John Graham

Jahr **1962 (21. April bis 21. Oktober)** Standort **Seattle** Fläche **29,9 ha** Besucher **6.609.609** Anzahl teilnehmender Länder **24** Vorsitzender der Ausstellungskommission **Edward E. Carlson** Amerikanischer Präsident **John F. Kennedy** Neuheiten **Der „Bubbleator“, die „Friendship 7“-Raumkapsel** Thema **Das Leben des Menschen im Weltraumzeitalter**

Bei der Brüsseler Ausstellung von 1958 präsentierte der Pavillon der Vereinigten Staaten eine Modeschau als Herzstück, während der rivalisierende sowjetische Pavillon den Sputnik-Satelliten vorstellte. Vor einem europäischen Publikum konzentrierte sich die amerikanische Darstellung bewusst auf ihre demokratischen Werte und die Kultur der Freiheit. Als aber das sogenannte Weltraumrennen immer größere Dimensionen annahm, fühlten viele Amerikaner, einschließlich Präsident John F. Kennedy, daß sich die Nation jetzt gezwungen sah, ihr technologisches Können sowohl der eigenen Bevölkerung als auch der ganzen Welt zu demonstrieren. Mit ihren wissenschaftlichen und auf die Raumfahrt orientierten Exponaten und ihrem Thema des „Lebens des Menschen im Raumfahrtzeitalter" diente die Century 21 Exposition von Seattle genau diesem Ziel. Die NASA hatte ihren eigenen Pavillon (wo die „Friendship 7"-Raumkapsel des Astronauten John Glenn ausgestellt war), und die offizielle Einrichtung der USA war den Wissenschaften gewidmet. Kennedy eröffnete die Ausstellung höchstpersönlich – wenn auch weit von ihr entfernt –, indem er ein Telegramm von seinem Urlaubsort in Florida aus schickte.

Oben: Das Drehrestaurant der Space Needle

Rechte Seite, oben links: Broschüre zum thematischen Ausstellungsstück „Man's Life in the Space Age"

Rechte Seite, oben rechts: Thailändischer Pavillon mit der Space Needle im Hintergrund

Rechte Seite, unten: Die Space Needle im Bau

Hintergrund

Die ursprüngliche Planung für das Ereignis begann bei einem Mittagessen im Jahre 1955, an dem viele von Seattles einflußreichsten Bürgern teilnahmen (das Thema sollte „Festival des Westens" lauten), mit weitaus bescheideneren Zielen. Edward E. Carlson, ein energischer Manager des Hotelgewerbes mit vielen Beziehungen zu den höheren Kreisen, wurde zum Vorsitzenden der Ausstellungskommission benannt.

Seattle konnte sich glücklich schätzen, den Segen des BIE für die Ausstellung erhalten zu haben. Die Versuche der Stadt, sich die Unterstützung der Organisation zu sichern, waren nämlich aus verschiedenen Gründen gescheitert: das BIE war amerikanischen Petitionen nicht günstig gesonnen, weil das Land kein Unterzeichner des BIE war; die Mitglieder des BIE hielten Seattle für eine provinzielle Stadt, und außerdem hatten sich New York und Moskau darum beworben, eine Ausstellung durchführen zu dürfen. Die Kommission von Seattle bestand jedoch auf ihrem Anliegen, und als Robert Moses, die treibende Kraft hinter der New Yorker Ausstellung, das BIE in der Presse heruntermachte, bekam Seattle schließlich die Unterstützung des BIE.

Das Ausstellungsgelände

Nach langer Debatte unter den Mitgliedern der Ausstellungskommission entschied man sich für das umliegende Areal des städtischen Auditoriums von Seattle. Obwohl es nur eine kleine Fläche hatte, lag das Gelände zentral, hatte gute Verkehrsverbindungen und befand sich auf festem Boden (ein wichtiger Faktor, der ihn von anderen potentiellen Arealen unterschied).

Durch die Nähe zur Stadt konnten viele Gebäude als permanente Konstruktionen entworfen werden – ein Umstand, der die Kosten auf längere Sicht rechtfertigen sollte. Ein Gremium für Beratung hinsichtlich des Designstandards wurde

You are about to see...
MAN'S LIFE
IN THE
SPACE AGE
The theme of
SEATTLE WORLD'S FAIR
Presented by
THE STATE OF WASHINGTON
and
THE SEATTLE WORLD'S FAIR
THE SEAL OF THE STATE OF WASHINGTON
1889

PACIFIC CAR & FOUNDRY CO.

gegründet, um die Planung und Architektur des Geländes zu beaufsichtigen. Im Gegensatz zu vielen vorherigen Ausstellungen wurde die „Century 21 Exposition" nicht nach den Beaux-Arts-Prinzipien, d.h. mit großen Boulevards und symmetrisch angeordneten Bauten, geplant. Statt dessen waren die Pavillons scheinbar willkürlich auf dem Gelände verteilt: Kommerzielle Ausstellungsstücke lagen neben dem U.S. Science Pavillon, internationale Pavillons umgaben das Washington State Coliseum, für Vergnügen war auf der „Gayway" gesorgt und andere Gebäude, die der Unterhaltung dienten, befanden sich der Nähe des zentral gelegenen Stadiums. Eine hoch gelegte Einschienenbahn brachte Besucher aus der Innenstadt über eine 1,8 km lange Spur zu dem Gelände. Zwei Züge mit Gummirädern beförderten 450 Passagiere innerhalb von 90 Sekunden von der Stadt zur Ausstellung hin und her.

Die Space Needle Das sichtbare Kernstück der Ausstellung war die Space Needle, ein 180 Meter hoher Aussichtsturm mit einer untertassenförmigen Plattform, auf der sich ein Drehrestaurant befand, das Platz für 220 Gäste hatte. Die ursprüngliche Idee zu einem Turm stammte von Carlson, der auf einer Urlaubsreise von dem 150 Meter hohen Fernsehturm in Stuttgart sehr beeindruckt war (er holte sich dort einen neuen Mercedes-Benz ab). Carlson dachte, eine ähnliche Konstruktion sei nicht nur ein geeignetes Symbol, sondern dazu auch eine Attraktion für die Ausstellung in Seattle. Der Architekt John Graham teilte seine Ansicht; unabhängig davon hatte er die Arbeit an einem Turm für die Stadt initiiert, der sich selbst durch Eintrittsgelder und Einnahmen aus einem Restaurant finanzieren sollte. Graham reichte einen Entwurf ein, der akzeptiert wurde, und seine Firma finanzierte das Gebäude daraufhin mit privaten Mitteln. Es erwies sich jedoch als schwierig, auf dem Ausstellungsgelände einen Platz für den Turm zu finden. Aufgrund der privaten Finanzierung konnte der Turm nicht auf Land gebaut werden, das von der Regierung für gebrauchsuntauglich erklärt worden war (was für den größten Teil des Ausstellungsgeländes zutraf). Erst nach eingehenden Untersuchungen fand man eine kleine Parzelle Land (eine ehemalige Feuerwache), die nicht für gebrauchsuntauglich erklärt worden war, und die Bauarbeiten konnten beginnen.

Pavillons Der auffallendste Pavillon war Paul Thirys Washington State Coliseum, der nach Ablauf der Ausstellung als städtische Arena gedient hatte. Die auffälligsten Merkmale des elf Stockwerke hohen Gebäudes, das 1,6 ha in

Oben: **Washington State Coliseum; Architekt: Paul Thiry**

Rechte Seite: **Pavillon der Wissenschaft der Vereinigten Staaten, Architekt: Minoru Yamasaki**

Beschlag nahm, waren seine expressionistischen Strebepfeiler aus Beton und das überhängende viereckige Dach. Im Inneren befand sich das thematische Ausstellungsstück, die von Donald Deskey entworfene „World of Tomorrow". Sie fing damit an, dass hundert Ausstellungsbesucher einen kugelförmigen Aufzug, den „Bubbleator", betraten, der sie zu einer höheren Plattform beförderte. Von dort aus bewegten sie sich durch acht Installationen, darunter „Man's Past Futures", „Century 21 City" und „Your Future Today", bevor sie den Pavillon durch den „Exit to Now" wieder verließen.

Der United States Science Pavillon, ein Hufeisen aus sechs miteinander verbundenen Gebäuden unterschiedlicher Höhe, zeigte die Früchte der amerikanischen wissenschaftlichen Forschung und war bei weitem der populärste Pavillon der Ausstellung. Die von Minoru Yamasaki entworfenen Betonbauten befanden sich auf einem Sockel und waren durch eine Piazza mit fünf gotischen Türmen aus Aluminium von den anderen Pavillons getrennt. Ein Film von Charles Eames betonte die Beziehung zwischen wissenschaftlichem Fortschritt und Alltagsleben; das „Spacearium" von Boeing nahm Besucher mit auf eine simulierte Reise mit Lichtgeschwindigkeit durch den Weltraum.

OFFICIAL SOUVENIR MAP

NEW YORK WORLD'S FAIR 1964/1965

New York World's Fair New York

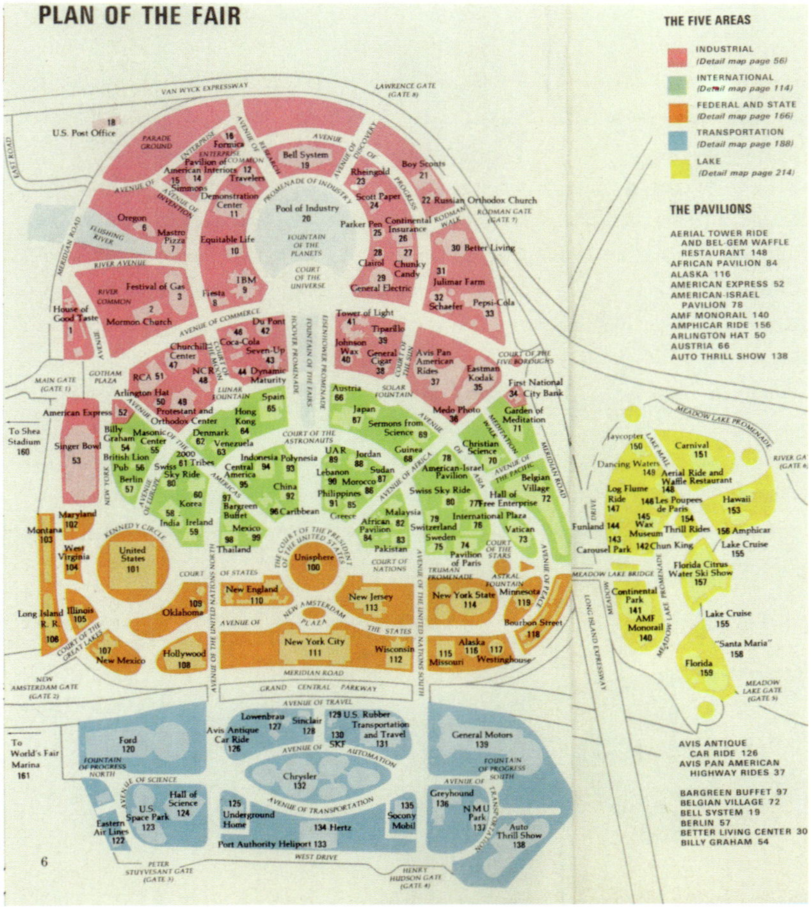

Oben: Grundriss des Ausstellungsgeländes mit der Aufteilung in vier Zonen

Linke Seite: Grundriss des Ausstellungsgeländes mit den dreidimensional wiedergegebenen Pavillons

Jahr **1964, 22. April bis 18. Oktober; 1965, 21. April bis 17. Oktober 1965** Standort **New York: Queens, Flushing Meadows** Fläche **262 ha** Besucher **51.607.307, davon 27 Millionen im ersten Jahr** Teilnehmerzahl **24 Länder** Präsident **Robert Moses** Motto **Peace Through Understanding (Friede durch Verständigung)**

Ein Vierteljahrhundert nach der nur teilweise erfolgreichen Weltausstellung von 1939 war Flushing Meadows in den Jahren 1964 und 1965 – anlässlich des 300-jährigen Bestehens des Namens New York – zum zweiten Mal Schauplatz einer solchen großen Veranstaltung. Bedingt durch eine unglückliche Verkettung der Umstände war die Anzahl der ausländischen Teilnehmer jedoch sehr gering. Eine kleine Unstimmigkeit zwischen der Organisation und dem Bureau International des Expositions (BIE) in Paris hatte dazu geführt, dass nicht New York, sondern Seattle als Ausstellung der höchsten Kategorie nominiert wurde, was zur Folge hatte, dass viele BIE-Mitgliedsländer einen Pavillon in Seattle und nicht in New York bauen ließen. Und das, obwohl „Seattle Century 21" eigentlich ein wissenschaftliches Thema hatte und deshalb nicht besonders universal war.

Die Abwesenheit ausländischer Teilnehmer, darunter die aller kommunistischen Staaten, der übermäßige Kommerz (die so genannte Disneyfizierung) sowie die finanziellen Verluste haben dazu beigetragen, dass New York 1964, im Gegensatz zu der erfolgreichen Ausstellung in Seattle, als Fiasko betrachtet wird. Dennoch hat die Ausstellung den Stadtteil Queens um ein Wahrzeichen bereichert, das im Laufe der Jahre über die Grenzen hinaus bekannt geworden ist. Der futuristische Aussichtsturm des New York State Pavillion spielte eine wichtige Rolle in dem Science-Fiction-Film *Men in Black* und kann sich in dieser Hinsicht mit dem Atomium und dem Eiffelturm messen, die beide mehrmals auf der Leinwand verewigt wurden.

Der Aussichtsturm war jedoch nicht der symbolische Mittelpunkt der Ausstellung. Diese Ehre blieb dem Unisphere vorbehalten, einem durchbrochenen Stahlglobus, der an jener Stelle stand, wo sich 1939 der Perisphere befunden hatte. Diese Standortwahl war die logische Folge der Tatsache, dass die klar gegliederte Parkanlage von 1939 mit dem axialen, symmetrischen Konzept nicht unangetastet blieb, übrigens sehr zum Verdruss der anfangs zurate gezogenen Landschaftsarchitekten. Nur die Einteilung der Pavillons war diesmal anders. Man hatte sie nicht mehr wie 1939 in Viertel eingeteilt, sondern in thematische Streifen, was der Übersichtlichkeit zugute kam. In diesem Zusammenhang sei auf die alte Produkteinteilung des 19. Jahrhunderts verwiesen, wie sie unter anderem 1867 von Frédéric Le Play entwickelt wurde. Der Streifen an der gegenüberliegenden Seite des Grand Central Parkway war für die Transportpavillons bestimmt, die Streifen zu beiden Seiten des Unisphere für die ausländischen Teilnehmer bzw. für die Pavillons der föderalen Regierung und die der amerikanischen Bundesstaaten. Der vierte Streifen schließlich war der Industrie vorbehalten. Daneben hatte man ein gesondertes Gebiet als Vergnügungsviertel eingerichtet, das wie 1939 am Meadow Lake lag. Für die Organisation der Ausstellung war – wenn auch nicht zu jedermanns Zufriedenheit – Robert Moses verantwortlich, der auch schon 1939 mitgewirkt hatte.

Links: **Der Aussichtsturm des New York State Pavillons. Der höchste Turm ist fast 70 m hoch.**

Rechte Seite: **Die Stahlstruktur des Unisphere auf dem Umschlag des Official Souvenir Book**

OFFICIAL SOUVENIR BOOK
OF THE NEW YORK
World's Fair
1965
IN BEAUTIFUL NATURAL COLOR $1.00

Die Bauten Blickfang und gleichzeitig Symbol der Ausstellung sollte der Unisphere sein, ein 12 Stockwerke hohes Skelett aus rostfreiem Stahl, auf dem die Reliefs der Weltkontinente angebracht waren. Er entstand nach einem Entwurf des Büros Peter Muller-Munk Associates. Die Parkanlage, die den Unisphere umgab, war das Werk des Landschaftsarchitekten Gilmore D. Clarke. Der immense, von der Firma U.S. Steel fabrizierte Koloss stand auf demselben Fundament wie der Perisphere von 1939 und kann im Gegensatz zu jenem Ausstellungssymbol noch immer bewundert werden. Der Unisphere war trotz der komplizierten Computerberechnungen, ohne die er nicht hätte gebaut werden können, sicher keine gewagte Konstruktion und schon gar nicht originell, wenn man bedenkt, dass auch schon Paris 1900 einen gigantischen Globus hatte. Aber die Stahlkonstruktion war auf jeden Fall das größte existierende maßstabgerechte Modell der Welt. Ob es nun aus Stolz oder aus kommerziellen Motiven geschah, der zahllose Male abgebildete Unisphere wurde jedenfalls als Warenzeichen registriert.

Besondere Dächer Der oben genannte Aussichtsturm war Bestandteil des noch heute zugänglichen Komplexes des Staates New York, der aus einem hohen und zwei niedrigeren Türmen, einem runden Theater sowie dem Pavillon selbst, dem „Tent of Tomorrow" besteht. Der Pavillon besitzt ein riesiges, ovales Flachdach, das an 16 hohlen Betonrohren hängt. Seine Außenseite war mit Werken amerikanischer Avantgarde-Künstler verziert, darunter Roy Lichtenstein, James Rosenquist und Andy Warhol, letzterer mit einer Arbeit, die erst von anstößigen Stellen befreit werden musste. Der Entwurf für den Pavillon stammte von Philip Johnson, Richard Foster und ihrem Assistenten, dem Ingenieur Lev Zetlin. Das Dach, das ursprünglich mit farbigem, durchsichtigem Kunststoff überzogen war, war wie ein Doppeldiaphragma aus Stahlkabeln konstruiert. Die 35 m hohen Stahlrohre – vom selben Typ wie die Rohre der drei Türme – wurden nach einer speziell entwickelten Methode vor Ort gegossen. Der Ausstellungsraum befand sich im Erdgeschoss, wodurch das imposante Dach zusätzlich auffiel. Eine derartige phantasievolle Behandlung des Daches als „fünfte Fassade" war auch schon 1958 in Brüssel zu sehen und sollte auf den folgenden Weltausstellungen sehr populär werden.

Der fließende Übergang von einer differenzierten Überdachung zu einem Ausstellungspavillon wird auch im Gebäude der Port of New York Authority gut sichtbar. Es ist als viereckige Platte konstruiert, gegen die eine runde Scheibe drückt. Das Ganze ruht auf vier Betonpfeilern, in denen sich die Treppenhäuser befinden. Das Dach des von A. Gordon Lorimer, Ray Monte, E. Donald Mills und John Pile entworfenen Gebäudes war so konzipiert, dass es sogar als Hubschrauberlandeplatz diente. Die Fenster des Restaurants in der viereckigen Platte gingen in die Verglasung der Treppenhäuser über und bildeten auf diese Weise den riesigen Buchstaben T, der für „Transportation"(engl. Verkehr) stand. Ein anderer Pavillon, der scheinbar aus einer einzigen gigantischen Überdachung bestand, war das Bell System Exhibit, das auf einem Entwurf von Harrison & Abramovitz, Henry Dreyfuss und Paul Weidlinger (Konstruktion) basierte. Auch hier befand sich der eigentliche Pavillon im Dach, und zwischen den Trägern der riesigen Struktur gab es einen freien Durchgang. Von wieder einer anderen Auffassung zeugte der IBM-Pavillon, den Eero Saarinen kurz vor seinem Tod entworfen hatte und dessen Inneneinrichtung von Charles Eames stammte.

Rechts und rechte Seite: **Zwei Ansichten des Unisphere; Architekt: Peter Muller-Munk Associates. Ihn umgibt der „Brunnen der Kontinente", ein Entwurf von Gilmore Clark.**

Der Pavillon war ein gigantisches eiförmiges Theater, das von einem Wald aus verzweigten Stahlbäumen getragen wurde, deren Laubwerk aus 14.000 graugrünen Platten bestand. Durch die einkalkulierte Korosion wirkten die Säulen im Laufe der Zeit immer natürlicher.

Andere Pavillons Der gläserne Gas-Pavillon nach einem Entwurf von Walter Dorwin Teague Associates befand sich unter zwei gigantischen Betonplatten, deren Rippen in eine einzige Zentralsäule mündeten. Die Dachform von Travelers Insurances, eine Schalenkonstruktion aus Beton, sollte die zwei Regenschirme aus dem Firmensignet darstellen. Der Entwurf stammte von Kahn & Jacobs und Donald Deskey. Die Regenschirme konstruierte Lev Zetlin. Auch der Pavillon von Alaska bestand aus einer alles überspannenden Betonschale, aber hier diente der Iglu als Inspiration.

Die Pavillons von New Jersey und New England dagegen gingen nicht von einer überkuppelnden Riesenstruktur aus, sondern von aneinander geschmiedeten Systemelementen in kleinem Maßstab. Der Pavillon des Staates New England bestand aus einer Reihe hexagonaler niedriger Pavillons, die um sorgfältig angelegte Gärten gruppiert waren. Der Bau von New Jersey bestand aus mehreren, an riesigen Masten kreativ aufgehängten Zeltdächern. Den Entwurf – das Ergebnis eines Wettbewerbs – hatte Philip Sheridan Collins zusammen mit den Firmen Uhl & Hoisington und Peter Quay Yang Associates geliefert. Ein weiteres Prinzip war das Aufhängen einer schachtelförmigen Konstruktion an einem außen sichtbaren Skelett. Das war an sich nichts Neues, wurde jedoch von der österreichischen Delegation originell ausgeführt. Die Konstruktion bestand aus einem großen A-förmigen Holzbalken, der den Pavillon scheinbar einklemmte.

Zusammenfassend kann man sagen, dass sich das Dach auf der Ausstellung von 1964 verselbstständigte, wobei es manchmal wie ein Regenschirm über einer kleineren Struktur schwebte, manchmal als Träger diente und zuweilen auch den Pavillon selbst ausmachte. Diese Tendenz sollte sich in Montreal 1967 fortsetzen und 1970 in Osaka ihren Höhepunkt erreichen. Ein anderer Trend bestand darin, dass die „modernen" Materialien Glas, Beton und Eisen wie in Brüssel 1958 (und ganz im Gegensatz zu New York 1939, wo man fast alle Konstruktionen verhüllt hatte) dominierten.

Von beiden New Yorker Ausstellungen sind eine ganze Reihe von Gebäuden erhalten geblieben. Außer dem Unisphere und dem New York State Pavillon stehen noch das Port Authority Building und die Hall of Science. Von 1939 stammt der New York City Pavillon, der auch 1964 wieder als Ausstellungsraum diente. Aus dem zweiten Jahr (1965) ist eine geodätische Kuppel übrig geblieben, in der man Winston Churchill eine Ausstellung widmete. Der spanische Pavillon und der John-Wax-Pavillon wurden in St. Louis bzw. Wisconsin wieder aufgebaut.

Links: Der New York State Pavillon. Man erkennt deutlich, wie das Dach des Pavillons völlig selbständig in der Luft hängt; Architekten: Philip Johnson & Richard Foster

Oben: The Port of New York Authority. In der runden Scheibe befinden sich die Küchen des höher gelegenen Restaurants. Die Glaswände des Restaurants bilden zusammen mit dem Treppenhaus die Initiale T aus dem Wort *Transportation*; Architekten: A. Gordon Lorimer, Ray Monte, E. Donald Mills & John Pile

Links: United States Pavillon, der 28. Entwurf, den Charles Luckman anfertigte

Unten links: Der Bell Telephone Pavillon. Der eigentliche Pavillon befand sich in der schweren Überdachung. Entwurf: Harrison & Abramovitz, Henry Dreyfuss und Paul Weidlinger (Konstruktion)

Unten rechts: Tower of Lights: Synergetics, Inc. und Robinson-Capsis-Stern Ass. Der Turm bestand aus 600 Aluminiumprismen, aus denen die weltweit größten Suchscheinwerfer ihr Licht nach oben richteten.

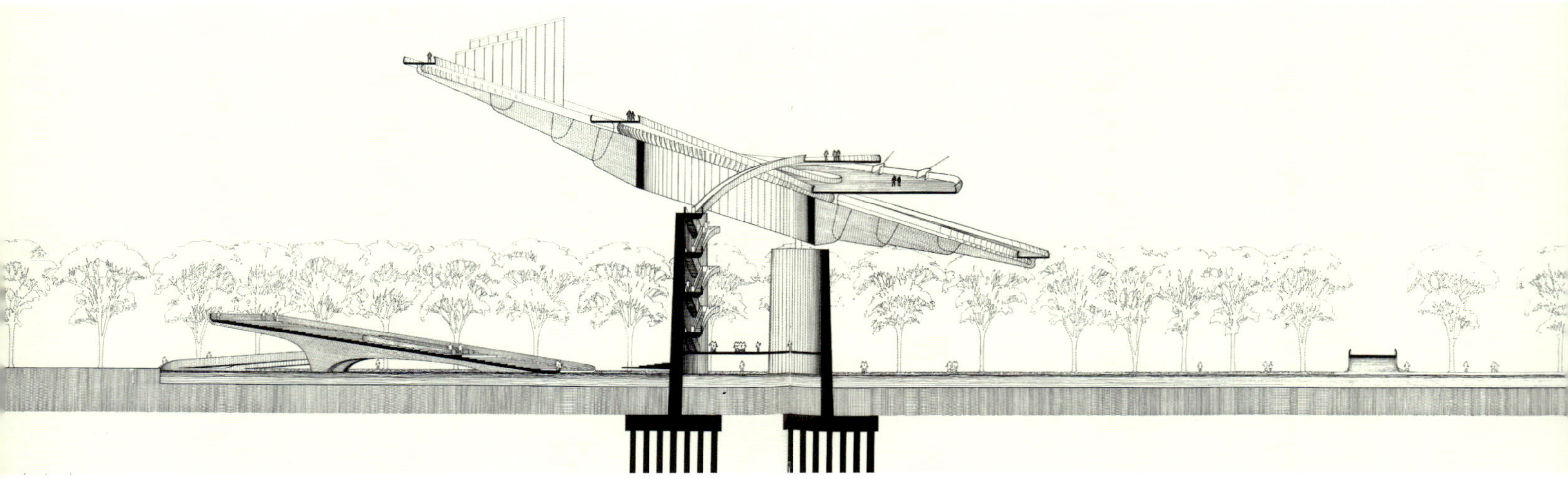

Oben: Der von Paul Rudolph für die Portland Cement entworfene Galaxon, der ursprünglich als Mittelpunkt der Ausstellung geplant war. Das Projekt wurde abgelehnt.

Mitte links: Kunst auf der Ausstellung: der *Rocket Thrower* von Donald Delue

Mitte rechts: Der österreichische Pavillon zählte zu den wenigen Bauten, deren wichtigstes Baumaterial Holz war; Architekt: Gustav Peichl

Unten links: Vergnügen auf der Ausstellung

Unten rechts: Das aufgehängte Johnson-Wax-Theater; Entwurf: Lippincott & Margulies unter Mitarbeit des Ingenieurbüros Severud-Elstad-Krueger

Oben: Die Brunnen des Unisphere im Abendlicht

Links: Natürlich war auch die amerikanische Autoindustrie auf der Ausstellung vertreten. Die Rotunde des Ford Pavillons bestand nicht aus einer Kuppel, sondern aus einem Flachdach (vgl. Wien 1873). Architekt: Welton Becket Associates; Entwurf: WED Enterprices, Inc.; Konstruktion: Thomas Starrett Construction Company

Universal and International Exhibition (Expo '67) Montreal

Oben: Der sowjetische Pavillon; Architekt: M.V. Posokhin

Linke Seite: Die geodätische Kuppel von Buckminster Fuller; Innenansicht

Jahr **1967, 21. April bis 27. Oktober** Standort **Montreal: St.-Lorenz-Strom** Fläche **365 ha** Besucher **50.306.648** Teilnehmerzahl **60 Länder** Vorsitzender **Pierre Dupuy** Leitender Architekt **Edouard Fiset** Motto **Man and his World – Terre des Hommes**

Unten: Grundriss

Ganz unten: Offizielles Signet der Expo, das die Verbrüderung der Menschen symbolisiert; Entwurf von Julien Hébert

Aller guten Dinge sind drei, wird man sich in Montreal gedacht haben, nachdem die zwei früheren Versuche, eine Weltausstellung auf der Insel St. Hélène durchzuführen, jeweils durch einen Weltkrieg vereitelt worden waren. Außerdem fand 1967 die Hundertjahrfeier der kanadischen Unabhängigkeit statt. Es hieß also „jetzt oder nie". Der Mangel an Erfahrung konnte nicht verhindern, dass die Expo 1967 die zweitgrößte und darüber hinaus die erfolgreichste Weltausstellung aller Zeiten wurde. Nach Abzug aller Kosten blieben nach ersten Schätzungen 83 Millionen Dollar als Gewinn übrig, aber in Wirklichkeit belief sich dieser auf 73 Millionen Dollar. Das war zwar keine überwältigende Summe, wenn man bedenkt, dass Montreal für diesen Betrag einen enormen Schritt vorwärts gemacht hatte. Die Stadt hatte eine vollständig neue Infrastruktur erhalten, darunter eine richtige U-Bahn sowie neue Straßen und Brücken. Elendsviertel wurden saniert und an ihre Stelle traten Hotels und Theater. Von der Ausstellung selbst sind diverse Länderpavillons, das Verwaltungsgebäude, das Aquarium und das Habitat übrig geblieben.

Wie so oft ging auch hier die Initiative von Privatpersonen aus. Nach einer gründlichen Vorbereitung, zu der ein Besuch in Brüssel 1958 gehörte, gelang es, die Unterstützung der Behörden zu gewinnen. Damit war jedoch die Skepsis, die durch die finanziellen Fiaskos von New York 1964 herrschte, noch nicht vertrieben. Manch einer hegte Zweifel, ob die Organisatoren in der Lage sein würden, alles rechtzeitig und innerhalb des verfügbaren Budgets durchzuführen. Viele Kanadier empfanden es deshalb auch als Vertrauensbeweis, als der niederländische Pavillon schon acht Monate vor der offiziellen Eröffnung der Expo fertiggestellt wurde und viele Besucher gastfreundlich empfing.

Thema Das Motto und das Signet der Ausstellung führten das Thema von Brüssel 1958 fort, als der Mensch im Mittelpunkt gestanden hatte. Die Organisatoren hatten darauf geachtet, dass auf der Ausstellung weder die „kalte", unpersönliche

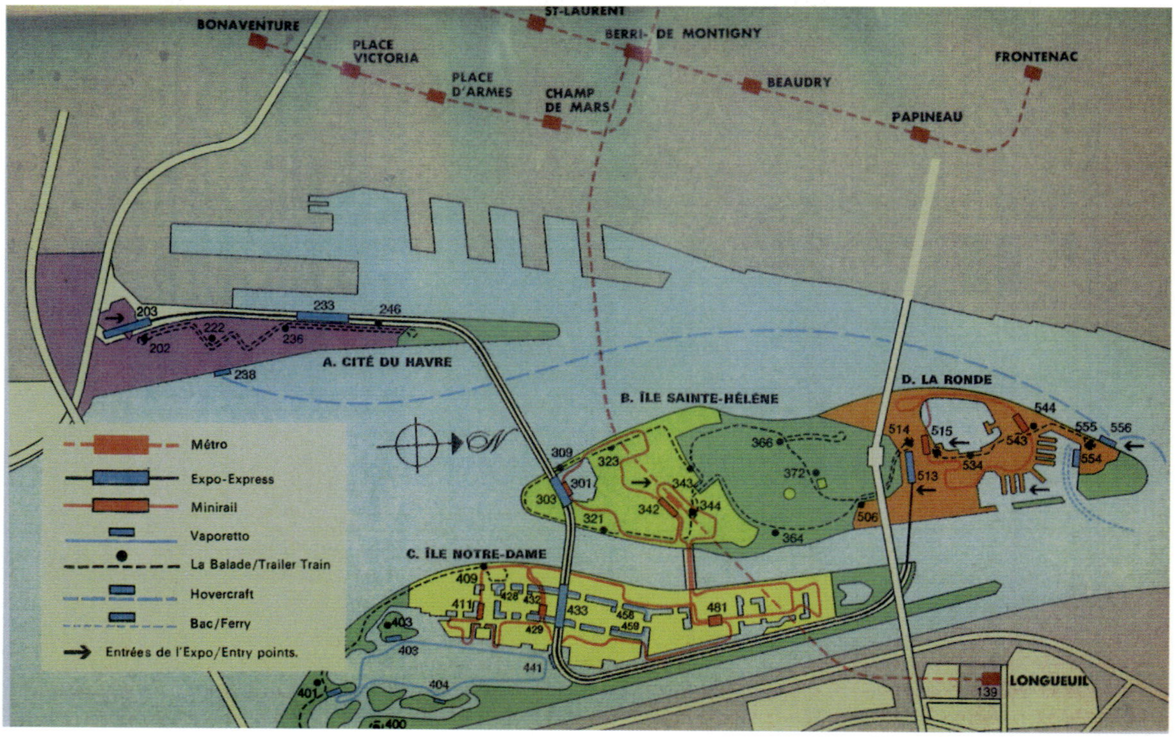

Links: Das Habitat von Moshe Safdie

Technik dominierte, noch dass sie ins andere Extrem, d. h. in einen dekadenten Vergnügungspark ausartete. Längst nicht jedes Land hielt sich an das Thema *Terre des Hommes* – es war dem gleichnamigen Buch von Antoine de Saint-Exupéry entnommen –, das menschliche Maß hingegen nahmen fast alle zum Ausgangspunkt. Sogar die bekannten Produktkategorien ordnete man dem menschlichen Handeln unter: der Mensch als Produzent und der Mensch als Schöpfer. In diese Atmosphäre passt auch der Durchbruch der modularen Raumtragwerk-Konstruktion und des Habitats, das an anderer Stelle noch behandelt wird. Das von Julien Hébert entworfene Signet der Expo bestand aus stilisierten Paaren mit ausgestreckten und verschlungenen Händen, die für Liebe und Freundschaft standen. Der Kreis, den die Paare bildeten, symbolisierte die Welt, und ganz in diesem Sinn wurde eine der neuen Brücken zur Ile Saint-Hélène auf den Namen Concordia-Bridge (Brücke der Eintracht) getauft.

Ausstellungsgelände Außer der Concordia-Bridge, die die Ingenieure Beaulieu und Trudeau und der Architekt Claude Beaulieu entwarfen, wurde noch eine zweite Brücke, die Bridge of the Isles, über den 1700 m breiten St.-Lorenz-

Strom gebaut. Dies war notwendig, weil sich die Ausstellung über die Ile Saint-Hélène hinaus auf die speziell für diesen Anlass neu aufgeschüttete Ile Notre Dame und die Halbinsel der Cité du Havre erstreckte. Montreal war damit die erste Stadt, die eine Weltausstellung auf einer Insel veranstaltete, die man über Brücken, aber auch mit der U-Bahn erreichen konnte. Auf dem Areal verkehrte für die Besucher eine Einschienenbahn. Die Pavillons waren nicht wie sonst üblich entlang einer Hauptachse ausgerichtet, sondern in vier Gruppen eingeteilt, zwischen denen sich Wasser oder Grünanlagen befanden. Die Straßendekoration hatte – ebenso wie die Beschilderung – Paul Arthur Associates speziell für die Expo entworfen. Die öffentliche Raum wurde mit Skulpturen von Alexander Calder, Jean Tinguely und Max Bill ausgeschmückt.

Die Architektur Neu auf der Expo war die weit verbreitete Anwendung der Raumtragwerk-Konstruktion. Es handelte sich dabei eigentlich um einen dreidimensionalen Fachwerkträger, der schon von den Weltausstellungen des 19. Jahrhunderts her bekannt und ziemlich einfach zu (de-)montieren war. Das Raumtragwerk eignet sich vorzüglich zur Aufteilung in klei-

Oben links: **Der tschechische Pavillon; Architekten: Miroslav Repa und Vladimir Pycha**

Oben rechts: **Die geodätische Kuppel von Buckminster Fuller**

Unten: **Übersichtsfoto des Geländes. Gut sichtbar sind das Schrägdach des sowjetischen Pavillons am Flussufer und daneben der tschechoslowakische Pavillon. Im Hintergrund erhebt sich das Zeltdach von Frei Otto.**

Links: Skulptur von Max Bill

nere, also mehr auf das menschliche Maß zugeschnittene Einheiten. Diese Gliederung ist auch einer der Ausgangspunkte für das „Habitat", eine der beiden Themenausstellungen auf der Expo 1967 (die andere stand unter dem Motto „Story of Man"). Dem noch sehr jungen israelischen Architekten Moshe Safdie gelang es, einen modularen Betonkasten mit den Maßen 1250 × 570 × 320 cm für die Realisierung von zwanzig verschiedenen Apartments zu verwenden – Inneneinrichtungen und Terrassen nicht mitgerechnet. Die insgesamt 158 Apartments für 700 Bewohner erhielten alle ausreichend Sonnenlicht. Safdies sehr origineller, noch heute bewohnter Komplex, der an Felsen erinnert, auf denen Affen klettern, wurde leider ziemlich geschmacklos eingerichtet, ein Übel, an dem mehrere Pavillons auf der Expo litten.

Fast schon traditionsgemäß wurde das menschliche Maß im imposanten Sowjetpavillon ignoriert. Er bestand aus einem gigantischen, schräg abfallenden Dach, das auf zwei enormen V-Stützen ruhte und durch die Fassadenhaut aus Glas deutlich sichtbar war. Übrigens stellte der russische Pavillon mit seinen 13 Millionen Besuchern die größte Publikumsattraktion dar.

Wie bei dem Habitat waren auch mit dem United States Pavillon starke – wenn auch sehr subjektive – ideologische Assoziationen verbunden. Der Architekt war R. Buckminster Fuller, „Bucky", der legendäre Guru und Erfinder der geodätischen Kuppel, für die der US-Pavillon das weltweit größte Beispiel war. Fuller war sein ganzes Leben damit beschäftigt, die Tugenden des Friedens zu preisen sowie die Verbesserung der Lebensumstände der Menschen durch die Technologie und ein wissenschaftliches Verständnis der Natur. Geodätische Kuppeln waren sein größter Erfolg und fanden bei nahezu jeder Schicht der amerikanischen Gesellschaft Anklang: Anhänger der Gegenkultur priesen sie als holistische Symbole der Natur; die Befürworter der Technik bewunderten ihr Kräftegleichgewicht; Architekten und Künstler lobten ihre Formeneleganz; Kunden aus Militär- und Wirtschaftskreisen bevorzugten sie wegen ihrer niedrigen Kosten, Stabilität und einfacher Herstellung, und das breite Publikum wurde von Fuller selbst verführt. Da sie anscheinend jedem etwas bot, wurde Fullers 75 Meter große

Kuppel, die eigentlich eine Dreiviertelkugel war, das erklärte Symbol der Ausstellung. Fuller erhielt die AIA-Goldmedaille für das Bauwerk, in dem während der Renovierung im Jahre 1976 ein Brand wütete. Das ausgebrannte Skelett steht noch heute auf dem Ausstellungsgelände.

Frei Ottos Konstruktion, die große Überdachungen mit wenig Gewicht ermöglichte, war empirisch zustande gekommen. Konstruktionen wie das Raumtragwerk, das seit New York 1964 ein fester Bestandteil von Weltausstellungen war, und das hängende Dach, aber auch die geodätischen Kuppeln kann man als umhüllende Strukturen auffassen, in denen sich der eigentliche Pavillon befindet: eine Struktur in der Struktur. Diese bauliche Tendenz wurde auf der Ausstellung von 1970 in Osaka mit der „Symbol Zone“ fortgeführt, was allerdings manchen Zeitgenossen nicht weit genug ging.

Linke Seite, oben: Der Schweizer Pavillon; Projektarchitekt: Werner Gantenbein

Linke Seite, unten: Transport mit der Einschienenbahn

Rechts: Der deutsche Pavillon bei Nacht; Architekten: Frei Otto und Rudolf Gutbrod

Unten: Die Skulptur L'*Homme/Man* von Alexander Calder auf dem Place Internationale Nickel auf der Ile Sainte-Hélène

Japan World Exhibition (Expo '70) Osaka

Oben: Der Fuji-Pavillon; Architekt: Yukata Murata. Der aufblasbare Pavillon kann sogar der Windkraft eines Orkans widerstehen.

Linke Seite: Der Takara-Pavillon von Kisho Kurokawa war eine Raumtragwerk-Konstruktion mit aufgehängten Systemkuben.

Jahr **1970, 15. März bis 13. September** Standort **Osaka: Senri Hills** Fläche **ca. 350 ha** Besucher **64,2 Millionen** Teilnehmerzahl **38 Länder** Leitender Planer und Architekt **Kenzo Tange** Charakteristikum **Aufblasbare Gebäude** Thema **Progress and Harmony for Mankind (Fortschritt und Harmonie für die Menschheit)**

Japan hatte schon mindestens dreimal versucht, sich die erste asiatische Weltausstellung zu sichern, aber die Pläne waren aus verschiedenen Gründen nie zur Ausführung gekommen. Als schließlich das Bureau International des Expositions 1965 die Weltausstellung der Kategorie A der Stadt Osaka zuerkannte, wollte sich das Land nicht lumpen lassen. Die ursprüngliche, in der Vorbereitungsphase geäußerte Überlegung, wie 1851 alle Ausstellungsstände in einer riesigen Struktur unterzubringen, wurde jedoch unter dem Druck der Industrie, die sich selbst profilieren wollte, zugunsten des bewährten Konzepts individueller Pavillons schnell wieder verworfen.

Kritik An dem alten Konzept entzündete sich auch die Kritik an der Ausstellung, die bei den (westlichen) Architekturkritikern sowieso nicht gerade auf Begeisterung stieß. So lautete einer der erhobenen Einwände, dass kein Platz für eigenwillige Experimente bleibe, weil die Japaner kaum etwas dem Zufall überlassen wollten. Eine weitere Beanstandung bezog sich auf die Feststellung, dass die Ausstellung kein Farbschema habe und dass das triste Grau des nackten Betons dominiere. Der erste Vorwurf ist unlogisch und außerdem unwahr, während der zweite die Entwicklung der japanischen Nachkriegsarchitektur ignoriert, in der der „Beton brut" eine wichtige Rolle spielte, nachdem Le Corbusier die Japaner auf dieses Material aufmerksam gemacht hatte und es u. a. von Kenzo Tange weiter entwickelt wurde. Wie schon gesagt, es wurde vor allem bemängelt, dass man sich nicht für ein übergreifendes Konzept entschieden hatte, das alle Länder harmonisch vereinte und keine komplizierten Pavillonkonstruktionen erforderlich machte. Die Kritiker meinten, Osaka hätte die Tendenz von Montreal 1967, eine Struktur in einer viel größeren Struktur unterzubringen, aufgreifen müssen. Jetzt entsprach nur Kanzo Tanges „Symbol Zone" einigermaßen diesem Idealbild. Um diesen symbolhaften Bereich herum gruppierten sich die Pavillons der Länder und Industrien, die alle verschieden und ganz bewusst so auffällig wie möglich entworfen worden waren. Heutzutage mutet diese Kritik etwas überholt an. Mittlerweile erfreut sich die heterogene Pavillonarchitektur von Osaka 1970 immer größerer Wertschätzung.

Unten: **Grundriss des Ausstellungsgeländes**

Links: Die „Symbol Zone" mit dem Raumtragwerk von Kenzo Tange

Das Ausstellungsgelände und der japanische Städtebau Von ganz anderer Tragweite ist dagegen der Vorwurf, dass der viel gerühmte Fortschritt, das Thema der Ausstellung, gerade in Japan der Natur und Umwelt einen schweren Schlag versetzt hätte. Die japanischen Millionenstädte waren unstrukturiert, ungesund und ungeordnet. Die viel zu schmalen Straßen konnten den Verkehr nicht fassen, und für etwas so Unsinniges wie die Gestaltung öffentlicher Räume wollte man kein Geld verschwenden.

Gegen diese Zustände protestierten die Architekten jedoch schon seit den sechziger Jahren. Zur Protestgeneration gehörten natürlich auch die „Metabolisten", eine komplizierte Avantgarde-Bewegung, die 1960 von jungen tonangebenden Architekten, darunter Kikutake und Kurakawa, gegründet worden war. In den Augen der Metabolisten war die Stadt eine Megastruktur mit angehängten Wegwerfwohnungen – in etwa vergleichbar mit den futuristischen Projekten der englischen Archigram-Gruppe. Die Struktur über der Struktur gehörte ebenfalls zu den Konzepten der Bewegung. Dass man das Ausstellungsgelände nicht nach metabolistischen Prinzipien eingerichtet hatte, ist vielleicht der eigentliche Grund für die Kritik an dem Sammelsurium von Pavillons gewesen. Die meisten Kritiker vergaßen jedoch, dass gerade große Veranstaltungen wie eine Weltausstellung einen gewaltigen Anreiz zur Verbesserung der Infrastruktur der Gaststadt bedeuteten. Osaka, nach Tokio Japans meistverschmutzte Stadt, gab 2 Milliarden Dollar für die so häufig gescholtene Ausstellung aus, investierte aber 8 Milliarden Dollar in die Stadt und in die Verbesserung ihrer Infrastruktur. Weniger astronomisch hoch, wohl aber vergleichbar, waren die Investitionen für die Olympischen Spiele von 1964 in Tokio.

Kenzo Tanges Ideen zur Gestaltung des Ausstellungsareals knüpften eher an Montreal 1967 und Brüssel 1958 als an die Metabolisten an. Sie machten deutlich, dass eine Weltausstellung – in Tanges Augen ein einziges großes Fest – nicht dasselbe ist wie eine Stadt. Tanges Ausgangspunkt war das Thema Fortschritt und Harmonie: Er wollte also sowohl den technischen Fortschritt zeigen als auch ein Forum schaffen, in dem sich die Menschen näher kommen konnten. Für ihn stand nicht mehr das alte Ausstellungsideal, die Verbrüderung der Nationen, an erster Stelle, sondern die Verbrüderung der Menschen. Dafür war die Festival Plaza bestimmt, die im Zentrum des Geländes lag: die „Symbol Zone".

Ein zweiter Ausgangspunkt war die Raumordnung des Areals, die sowohl Harmonie als auch Verschiedenartigkeit zum Ausdruck bringen sollte. Zu diesem Zweck verband Tange die riesige Struktur der „Symbol Zone" mit anderen, kleineren Plazas, indem er dazwischen überdeckte und klimatisierte Gehsteige auf Laufbändern rollen ließ. Die „Symbol Zone" stellte den Stamm, die Gehsteige die Zweige und die Pavillons die bunten Blüten eines Baumes dar. Der Stamm sollte neutral, also ohne Farbe bleiben. Das Hauptgebäude erstreckte sich über der Autobahn, die das Gelände durchschnitt, und verband so beide Teile miteinander. Ordnung wurde auch dadurch geschaffen, dass man die großen Pavillons an den Rand des Geländes legte und die Kleineren an den zentralen, künstlichen See. Im Norden und im Süden des Geländes dehnten sich zur Entspannung und Unterhaltung landschaftlich gestaltete Gärten aus. Außer den „rollenden Gehsteigen" sorgte eine Einschienenbahn für die Beförderung der Besucher.

Links: Der Toshiba-IHI-Pavillon; Architekt: Noriaki Kurokawa. Der Theatersaal ist an einer Raumtragwerk-Konstruktion aufgehängt.

Unten: Der Schweizer Pavillon; Architekt: Willi Walter

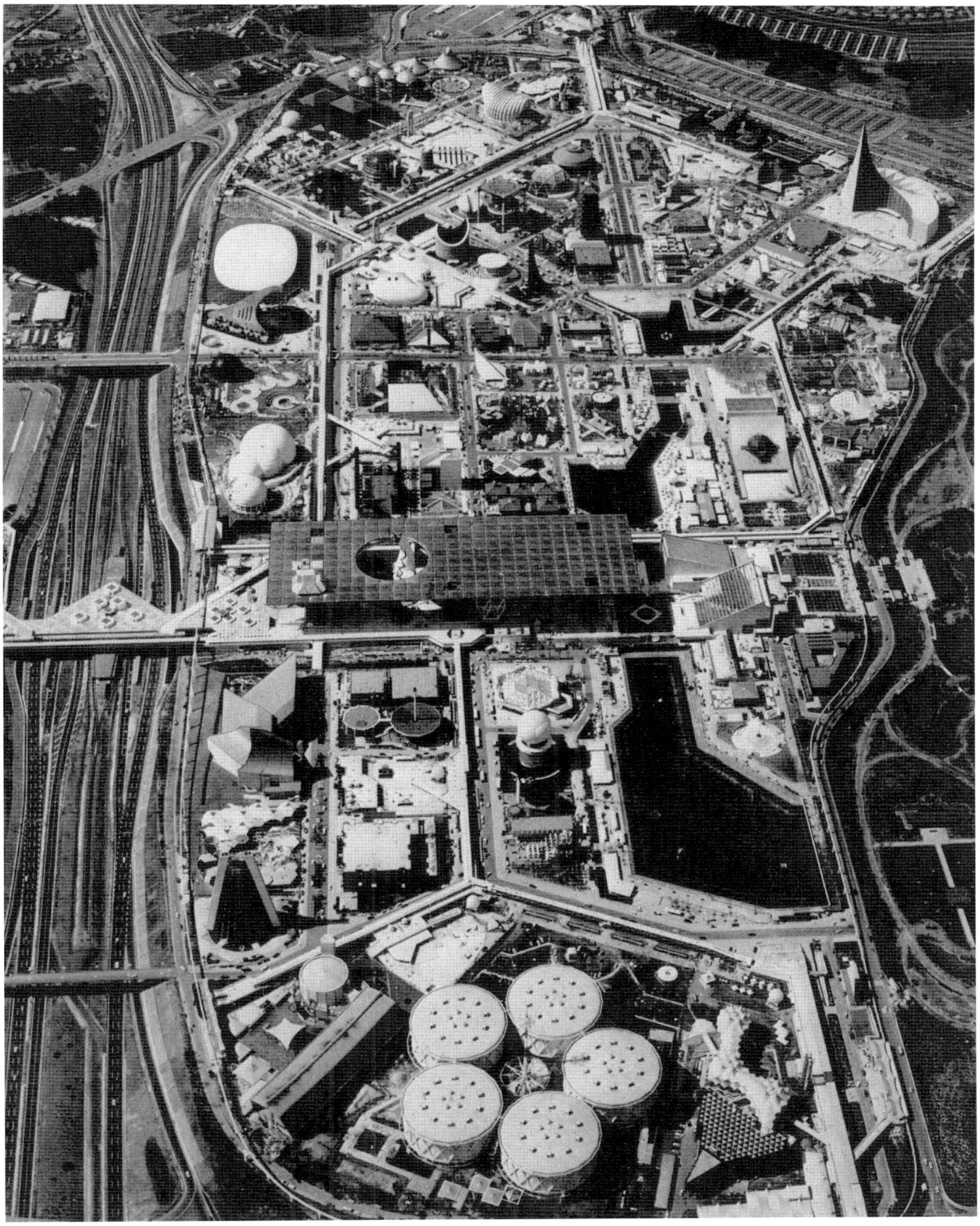

Links: Das Ausstellungsgelände aus der Vogelperspektive

Unten: Die „Symbol Zone" im Querschnitt; links der hohle Sonnenturm

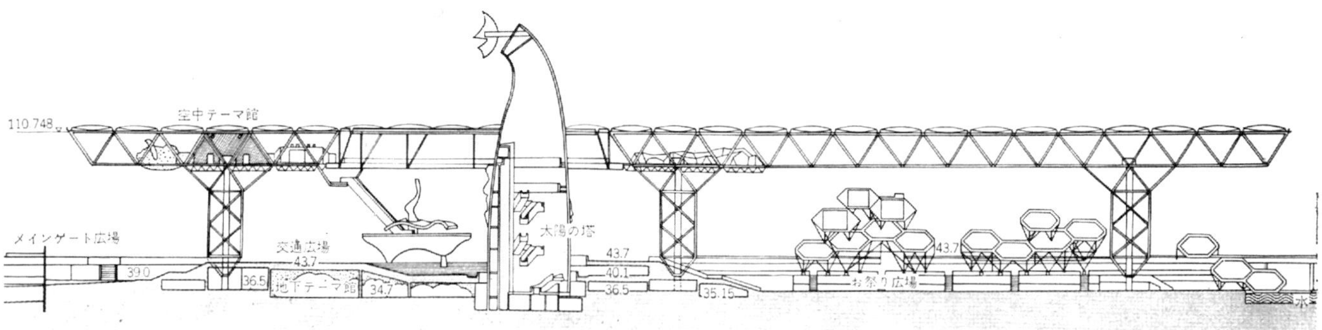

Die Architektur

Der Blickfang war natürlich die „Symbol Zone", Teil der riesigen Struktur, die beide Arealhälften miteinander verband. Die 108 × 292 m große „Symbol Zone" war mit einem auf sechs Beinen ruhenden Raumtragwerk überdacht, unter dem sich auch die Expo Hall, die Festival Plaza und das Museum der schönen Künste befanden.

Das Dach wurde vom „Turm der Sonne", einer 70 m hohen Hohlskulptur von Taro Okamoto, durchbohrt. Dieser Turm hatte drei Gesichter, von denen eines dem Eingang zugewandt war, das zweite eine beschützende Gottheit und das dritte die Ewigkeit und den Kosmos darstellte. Die ausgestreckten Arme der Skulptur hießen die Besucher willkommen. Daneben befanden sich unter dem Dach zwei kleinere Skulpturen, die die Mutterschaft und die Jugend darstellten. Diese Plastiken symbolisierten das Wachstum, die Würde des Menschen, die unendliche Energie und den Fortschritt der menschlichen Rasse.

Die Metabolisten der ersten Stunde waren ebenfalls mit Pavillons vertreten: Kikutake mit dem 120 m hohen Expoturm, dem Takara- und dem Toshiba IHI-Pavillon. Letzterer war ein Raumtragwerk aus fast 1500 Tetraedern, an denen ein Theatersaal aufgehängt war – auch hier handelte es sich wieder um eine Struktur, die sich in einer größeren befand. Ein anderer Metabolist war Sachio Otani, der für die Expo den Sumitomo-Pavillon entworfen hatte. Dieser bestand aus Raumtragwerk-Türmen, in denen eine Art fliegender Untertassen hingen.

Neu auf der Ausstellung war die aufblasbare Konstruktion, die man in zwei verschiedenen Systemen auf der Ausstellung bewundern konnte. Zum einen war es der amerikanische Pavillon, der eingegraben war und ein aufblasbares Kunststoffdach hatte, das wiederum von zwei diagonal verlaufenden Seilen und einem leichten Überdruck im Bauwerk gehalten wurde. Die verantwortlichen Architekten waren Davis, Brody, Chermayeff, Geismar und de Harak. Die andere Konstruktion stammte von der Fuki-Gruppe und war von Yukata Murata entworfen worden. Sie bestand aus enormen aufblasbaren Bändern aus Segeltuch, die miteinander verknüpft waren. Diese Konstruktion war stark genug, um einen Orkan zu überstehen. Auch über dem Raumtragwerk der Festival Plaza lag ein aufblasbares Dach.

Es mutet heutzutage etwas seltsam an, dass man damals der Kombination aus riesigen Strukturen und aufblasbarer Architektur eine große Zukunft prophezeite. So etwa spekulierte ein Kritiker über die Möglichkeit, den Londoner Covent Garden auf dieses Weise zu modernisieren. Es sieht vorläufig jedoch nicht danach aus, dass es irgendwann einmal eine aufblasbare Stadt geben wird.

Unten links: **Der amerikanische Pavillon; Architekten: Davis, Brody, Chermayeff, Geismar und de Harak**

Unten rechts: **Der sowjetische Pavillon; Architekten: M. Posokhin, W. Swirski, A. Kondratjew. Im Vordergrund der klimatisierte mobile Gehsteig**

Oben: Der niederländische Pavillon; Architekt: J.B. Bakema in Zusammenarbeit mit C. Weeber (Architekt), J. Vrijman (Filmemacher) und W. Crouwel (Designer)

Oben links: Der französische Pavillon; Architekt: Shimizu Construction Corporation

Oben rechts: Riesenroboter in der Festival Hall

Rechts: Der Gas-Pavillon; ArchiteKt: Ohbayashi-Gumi Ltd.

Oben links: Luftansicht des australischen Pavillons; Architekt: James MacCormick; Bautechniker: Norman Sneath

Oben rechts: Der Automobilpavillon; Architekt: Kunio Mayekawa

Links: Der Sumitomi Märchen-Pavillon; Architekt: Sachio Otani

Universal Exposition Sevilla

Oben: Die La Barqueta-Mapfre-Brücke von Santiago Calatrava. Rechts auf dem Foto befindet sich das Expogelände.

Linke Seite: Der finnische Pavillon; Architekten: Jääskeläinen, Kaakko, Rouhiainen, Sanaksenaho, Tirkkonen

Jahr **1992, 20. April bis 12. Oktober** Standort **Sevilla: Insel La Cartuja** Fläche **168 ha** Teilnehmerzahl **108 Länder** Präsident der staatlichen Expo '92-Gesellschaft: SA **Jacinto Pellón** Thema **The Era of Discoveries (Das Zeitalter der Entdeckungen)**

Erst 22 Jahre nach Osaka 1970 wurde wieder eine Weltausstellung der höchsten Katagorie durchgeführt, und zwar in Sevilla. Die Stadt erfüllte zum zweiten Mal in ihrer Geschichte die Gastgeberrolle. Das erste Mal, 1929, betonte die thematische Ausstellung das historische Band zwischen der Hafenstadt und Spaniens Kolonien in Übersee. Das Jubiläumsjahr 1992, fünf Jahrhunderte nach der Entdeckung der Neuen Welt, bot sich in diesem Sinn zur Wiederaufnahme des Themas an. Ursprünglich sollte auch Chicago der berühmten Expedition des Kolumbus gedenken, aber die amerikanische Stadt, die schon 1893 und 1933 eine Weltausstellung durchgeführt hatte, sagte im letzten Moment ab, sodass es nicht zu einer doppelten Weltausstellung kam.

Vorgeschichte Die erste Anregung zur Expo ging schon 1976 von König Juan Carlos aus. Es folgten konkrete Pläne des aus Sevilla stammenden sozialistischen Ministerpräsidenten Felipe Gónzales. Diese gingen jedoch über eine bloße Weltausstellung hinaus. Sie bezogen sich auch auf die Anlage einer völlig neuen Infrastruktur; dazu zählten ein Flughafen, eine Bahnverbindung nach Madrid für Hochgeschwindigkeitszüge inklusive Bahnhof und breitere, dem größeren Verkehrsaufkommen angepasste Autobahnen. Außerdem verbesserte man das Kommunikationsnetzwerk, führte verschiedene öffentliche Arbeiten aus und modernisierte kulturelle Einrichtungen. Auf dem Expogelände selbst baute man den Triana-Turm für die Stadtwerke. Für Gónzalez war die Expo nur ein Teil des zukünftigen regionalen Aufschwungs, den erst die immensen Investitionen ermöglichen würden, die man sich von Sevilla versprach. Zu diesem Zweck konnte Spanien aus europäischen Mitteln für benachteiligte Regionen schöpfen, sodass Sevilla wahrscheinlich die erste Expo ist, die teilweise mit ausländischem Geld finanziert wurde.

Das Ausstellungsgelände Als Ausstellungsareal hatte man die künstliche Insel im Guadalquivir, der historischen Lebensader der Stadt, ausgesucht. Die La Cartuja genannte Insel erhielt ihren Namen nach dem Karthäuserkloster Santa Maria de las Cuevas und entstand infolge der Erdarbeiten, die den Guadalquivir eindämmen und die Stadt vor Überschwemmungen schützen sollten. Ursprünglich lag das karge, trockene Gebiet brach, als aber 1975 die Arbeiten am Fluss beendet waren, verfügte Sevilla über ein sehr ausgedehntes Gebiet, das von der Expo nur zu einem kleinen Teil beansprucht werden sollte. Die Kultivierung und Bepflanzung des Expogeländes sowie der angrenzenden Sport- und Erholungsgrundstücke war eine Aufgabe, die dem Projekt der Einbeziehung der New Yorker Mülldeponie in die Ausstellung von 1939 in nichts nachstand.

Rechts: Der belgische Pavillon; Architekten: Driessen, Meersman, Thomas

Oben: **Die Alamillobrücke von Santiago Calatrava. Links auf dem Foto befindet sich das Expogelände.**

Eine der wichtigsten Aufgaben, vor die sich die Organisatoren gestellt sahen, war die Wiederherstellung der Verbindung zwischen dem Ausstellungsareal und der historischen Stadt, die das veraltete Eisenbahngelände vom Fluss abschnitt. Ein erster Schritt war die Verlegung des Bahnhofs auf die andere Seite der Stadt. Am Wasser wurde eine Promenade für Spaziergänger angelegt, und über den Guadalquivir baute man nicht weniger als sechs neue Brücken, sodass es nun doppelt so viele gab wie vorher. Für die Bebauung des Geländes wurde ein Wettbewerb ausgeschrieben, und wie 1851 dankten die Organisatoren den Einsendern für ihre Bemühungen, um danach einen eigenen Entwurf vorzulegen. Die Organisatoren sahen sich zu diesem Schritt gezwungen, weil die genauen Vorgaben nicht vor der Ausschreibung feststanden. So rechnete man ursprünglich mit 60 ausländischen Teilnehmern statt der 108, die sich im Laufe der Vorbereitungen anmeldeten.

Mit dem pragmatischen Plan gelang es nicht, eine Wechselwirkung zwischen Alt und Neu zustande zu bringen. Die beachtliche Flussbreite hätte kühne Bauformen gerechtfertigt, die Aussicht über die Stadt geboten und von der Promenade auf der gegenüberliegenden Seite aus als Blickfang gedient hätten. Stattdessen bietet das Ufer von La Cartuja ein uneinheitliches Panorama, und die Pavillons wenden sich von der Stadtseite ab. Auch die viel befahrene sechsspurige Autobahn trägt dazu bei, dass der Guadalquivir die Verbindung zwischen der historischen Stadt und dem Expogelände nicht verstärkt, sondern die Trennung zwischen ihnen eher unterstreicht.

Der städtebauliche Plan, der auch nicht gerade bemerkenswert ist, besteht, grob gesehen, aus drei Zonen. Die regionalen spanischen Pavillons, die Sevilla den Rücken zukehren, bilden einen ziemlich knapp bemessenen Villenpark, der den großen Teich sozusagen wie ein Halbkreis mit einigen Lücken umgibt. Die Länderpavillons erheben sich in einer Art Schlachtordnung zu beiden Seiten der fünf parallelen Avenidas, die senkrecht auf einen Kanal zulaufen. Zum Schluss gibt es noch die Zone mit der permanenten Bebauung; dazu zählen u. a. der Triana-Turm (von Francisco J. Saénz de Oiza) und der Pavillon der Entdeckungen (von Javier Feduchi und – nach dem Brand – von Eduardo Arroyo). Die Grünanlagen wurden ebenfalls in drei Zonen unterteilt: in den Klosterkomplex von La Cartuja, den Teichbereich und den Spazierpark am Guadalquivir. Insgesamt wurden etwa 32.000 Bäume gepflanzt, die auf dem im Sommer sehr heißen Gelände Schatten spenden sollten. Der ursprüngliche Entwurf (ex aequo) von Emilio Ambasz, der den ersten Preis erhielt, sah eine viel weiter reichende Lösung vor. Aber selbst in diesem Plan war die Beziehung zur historischen Stadt nicht deutlich erkennbar. Vielmehr orientierte sich der Entwurf stark am Guadalquivir, den Ambasz in Gestalt kleiner Tümpel weit in das Ausstellungsgelände vordringen lassen wollte. Aber offenbar war dies zu viel der Ehre für einen Fluss, den Sevilla erst nach vielen Jahrhunderten mühsam hatte zähmen können.

Einrichtung und Architektur Die kritischen Anmerkungen zum städtebaulichen Entwurf des Plans verstummten angesichts der sorgfältigen und detaillierten Art und Weise, in der das Areal gestaltet wurde. Die speziell für die Expo entworfene Straßendekoration war einfach und funktionell, aber die Einrichtung des öffentlichen Raumes als Ganzes war von einer überwältigenden Anmut, Schönheit und von ähnlicher Qualität wie die spanische Architektur der neunziger Jahre, die innerhalb kurzer Zeit ein hohes Niveau erreicht hatte. Das bewiesen nicht nur die spanischen Pavillons, sondern auch der neue Bahnhof und der Flughafen der Stadt (Architekten: Antonio Cruez bzw. Rafael Moneo), der Triana-Turm und die Restaurierung von La Cartuja (Architekt: Francisco Torres).

Es ist schwierig, etwas Endgültiges über die allgemeinen Merkmale der Architektur auf der Expo zu sagen, denn dafür ist der zeitliche Abstand zu diesem Ereignis noch zu kurz. Ein auffälliges Merkmal ist hingegen – außer der sorgfältigen Detaillierung – die damit zusammenhängende Verwendung von kostbaren und ausgewählten Materialien wie Holz, Naturstein, Aluminium und anderen Metallen. Jeder dieser ungefärbten Grundstoffe hat natürlich seine eigene Farbe. Daneben herrschten weiche Farben wie Ocker, Rot, Blau und Weiß vor, was bestens mit dem Grün der Bepflanzung harmonierte. Diese Farbigkeit stand in starkem Kontrast zum Grau des „Beton brut“, der Osaka 1970 und auch die spanische Architektur jener Jahre geprägt hatte. Der Sichtbeton war in Ungnade gefallen, die Wände waren entweder aus Naturstein oder aus einfach zu (de)montierenden, manchmal durchscheinenden Platten. Auch das Raumtragwerk erfreute sich keiner großen Beliebtheit mehr, und die einzige Struktur innerhalb einer anderen Struktur war der französische Pavillon.

Unter den vielen außergewöhnlichen Pavillons verdient der von Kuweit besondere Beachtung. Der Entwurf stammt von Santiago Calatrava, der auch für zwei prachtvolle neue Brücken über den Guadalquivir verantwortlich war. Das Dach des Pavillons war ein kleiner Platz mit einem Marmorboden. In der sengenden Mittagshitze schloss sich darüber ein Dach, indem sich große Holzklauen miteinander verschränkten. Unter den von ausländischen Architekten entworfenen Pavillons beeindruckte besonders der japanische von Tado Ando gezeigte Bau; er besaß eine fast sakrale Ausstrahlung.

Die Expo zeigte – abgesehen von den Brücken – nicht wirklich gewagte, neue Strukturen, wohl aber eine fast vollkommene Architektur und Formgebung, von der übrigens nach wie vor Vieles zu bewundern ist. Wie 1958, 1964, 1967 und 1970 konnte man auch diesmal die unterschiedlichsten Dachvariationen beobachten: Hängedächer, Zeltdächer und andere Lösungen, die die Architektur von den allzu starren Einengungen befreien sollten. Es ist schon schwierig genug, die Bedeutung der Brüsseler Ausstellung von 1958 für die Architektur einzuschätzen, aber bei Sevilla 1992 ist es fast unmöglich. Fest steht allerdings, dass Letztere zu den gelungensten Ausstellungen aller Zeiten zählen wird.

Unten: **Der Pavillon von Kuweit; Architekt: Santiago Calatrava**

Links: Der finnische Pavillon; Architekten: Jääskeläinen, Kaakko, Rouhiainen, Sanakse-naho, Tirkkonen

Unten: Grundriss des Ausstellungsgeländes

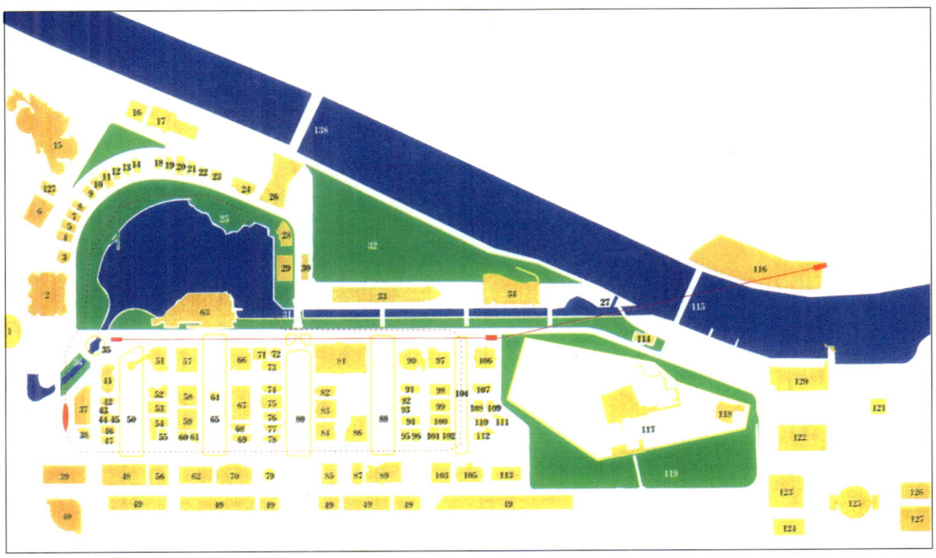

Links: Der französische Pavillon; Architekten: Viguier, Jodry, Seigneur

Unten: Innenansicht des italienischen Pavillons; Architekten: Gae Aulenti, Pierluigi Spadolini

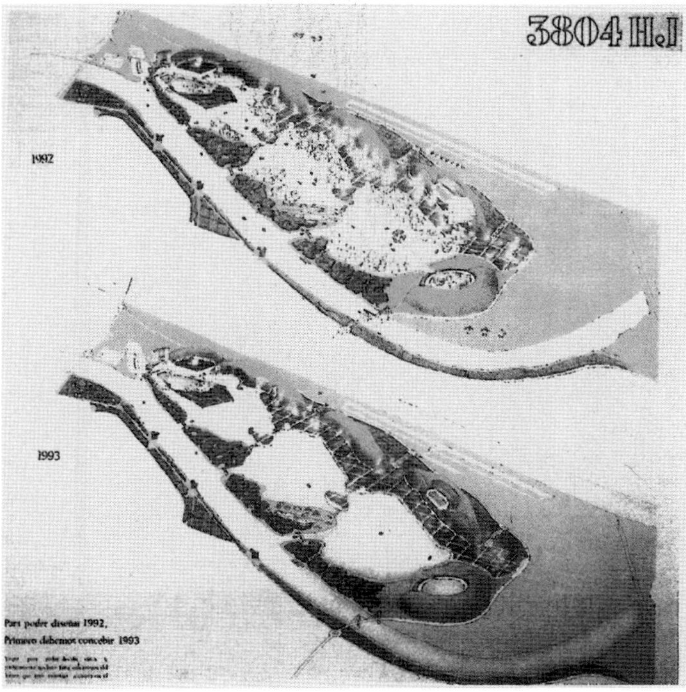

Links: Das nicht ausgeführte Projekt von Emilio Ambasz gewann ex aequo den ausgeschriebenen Ideenwettbewerb.

Unten: Der chilenische Pavillon; Architekt: José Cruz Orvalle

EXPO2000
HANNOVER

The World Exposition

Expo 2000 Hannover

Oben: Das offizielle Maskottchen der Expo nach einem Entwurf von Javier Mariscal, der durch das Maskottchen für die Olympischen Spiele in Barcelona 1992 bekannt wurde.

Linke Seite: Das offizielle Signet der Expo geht auf einen Entwurf von Iris Utikal und Michael Gais von der Gruppe Qwer zurück. Es ist das Ergebnis eines Wettbewerbs und kann flexibel verwendet werden.

Jahr **2000, 1. Juni bis 31. Oktober** Standort **Hannover: Kronsberg** Fläche **90 ha Deutsche Messe und 70 ha Anbaugelände** Besucher **40 Millionen (geschätzt)** Teilnehmerzahl **180 (geschätzt)** Motto **Mankind – Nature – Technology (Menschheit – Natur – Technologie)**

Den Zuschlag für die wichtige Milleniumsausstellung des Jahres 2000 vergab das Bureau International des Expositions (BIE) an die Stadt Hannover. Damit darf Deutschland nach 150 Jahren und nach vielen Aufsehen erregenden nationalen und thematischen Ausstellungen wie der Werkbund-Ausstellung von 1914 und der Pressa-Ausstellung von 1928 endlich eine Weltausstellung der höchsten Kategorie organisieren. Dass das 21. Jahrhundert in Wirklichkeit erst am 1. Januar 2001 beginnt, spielt dabei wohl kaum eine Rolle.

Umwelt und Technik Wie bei der 1998 in Lissabon organisierten Weltausstellung der zweiten Kategorie wird auch in Hannover die Umwelt den thematischen Schwerpunkt bilden. Das Leitthema „Mankind – Nature – Technology“, dem auch die ausländischen Teilnehmer folgen müssen, wird in einem 100.000 m² großen Themenpark anhand der folgenden Begriffspaare gestaltet: Gesundheit und Ernährung, Leben und Arbeit, Umwelt und Entwicklung, Kommunikation und Information, Freizeit und Mobilität sowie Erziehung und Kultur. Bei all diesen Begriffspaaren stellt sich immer wieder die schwierige Frage, wie zu Beginn des 21. Jahrhunderts das Verhältnis zwischen Umwelt und technologischem Fortschritt zu beurteilen ist, wobei ausdrücklich auf die Internationale Umweltkonferenz von Rio de Janeiro (1992) verwiesen wird. Eines der Probleme besteht darin, dass die Versorgung der Weltbevölkerung mit Wohnraum nicht auf Kosten der knappen Grundstoffe erfolgen darf. Als mögliche Lösung präsentiert sich ein japanisches Wohnungsbauprojekt, bei dem die Wohnungen aus gepresstem und erhitztem Klärschlamm gebaut werden. Man beabsichtigt, den Themenpark nach der Expo in eine „Internationale Zukunftsakademie“ umzuwandeln, die sich fortlaufend mit der Problematik des technologischen Fortschritts beschäftigen soll.

Zum ersten Mal ist eine Weltausstellung wirklich ein „global village“: über Satellit wird die Verbindung mit Projekten in aller Welt aufrechterhalten, die einen Bezug zum Ausstellungsthema haben. Ferner kann man virtuelle Zukunftsprojekte besuchen, wodurch der Begriff der „ephemeren Architektur“, mit dem seit jeher die temporären Ausstellungsgebäude gemeint sind (obwohl die Pavillons in Hannover größtenteils stehenbleiben sollen), eine völlig neue Bedeutung erhält.

Das Messegelände Ganz im Einklang mit den umweltbewussten ökonomischen Zielsetzungen der Expo bedeutet die Nutzung bestehender Messehallen ein Novum in der Geschichte der Weltausstellung; dafür musste man beim BIE erst eine besondere Genehmigung einholen. Aus den finanziellen Verlusten von Sevilla 1992, als viele kostspielige Pavillons das Feld räumen mussten, hat man Lehren gezogen, und das Organisationskomitee der Expo 2000 sprach sich dafür aus, den 23 Hallen umfassenden Komplex um zwei neue Hallen zu erweitern und gleichzeitig zwei Zonen für die Länderpavillons zu reservieren.

Unten: Der niederländische Pavillon mit der umweltfreundlichen grünen Ebene und den Windmühlen zur Energieversorgung. Entwurf: MVRDV

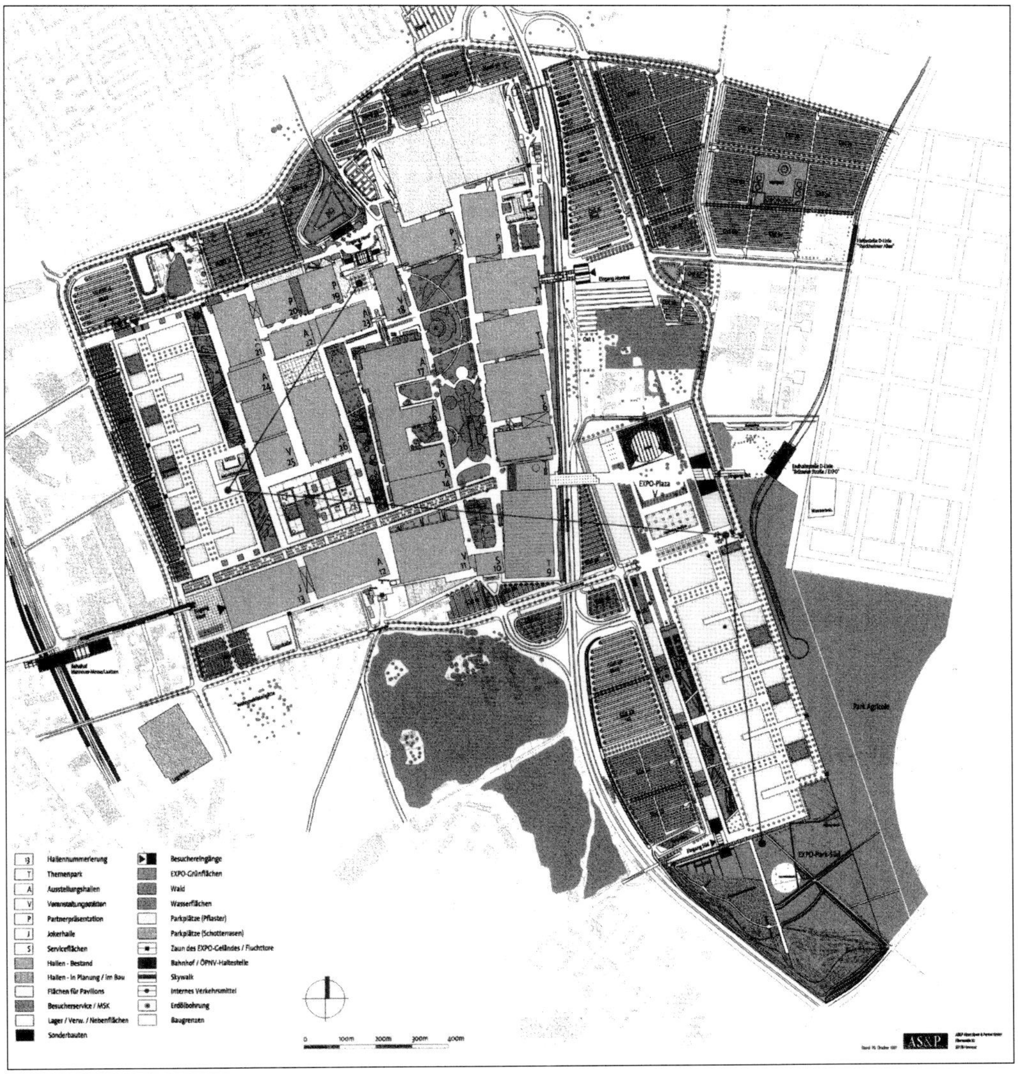

Links: Austellungsplan mit dem bestehender Komplex der Messehallen in Orange (inklusiv den neuen Hallen T8, T9 und zwischen A24 und V25 und in Gelb die Areale für die noch zu bauenden Pavillons)

Unten: Beispiele einer möglichen Anordnung der Länderpavillons auf den dafür vorgesehenen Parzellen

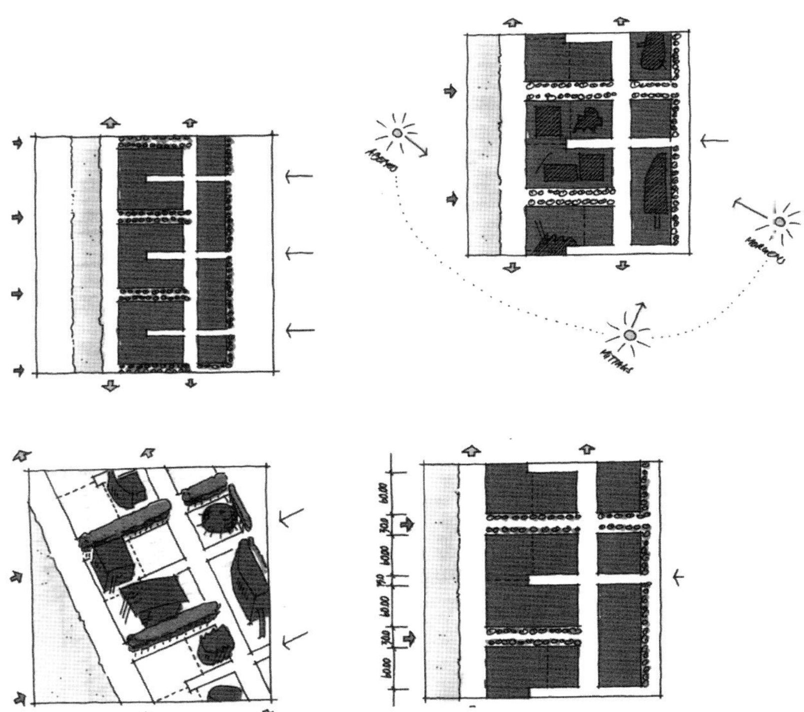

Ein Teil dieser Pavillons wird – wie natürlich auch die Messehallen – erhalten bleiben und ein anderer Teil wird irgendwo anders wieder aufgebaut werden. Teilnehmende Länder oder Organisationen, die keinen eigenen Pavillon bauen lassen, werden mit einer Präsentation in den westlichen Hallen untergebracht, während die östlichen für den Themenpark reserviert sind.

Weil die Organisatoren die vorhandeden Gebäude mitberücksichtigen mussten und weil zu dem Gelände ein viel befahrener Messeschnellweg gehört, der die geplante Expo-Plaza optisch vom Rest des Areals abzuschneiden droht, war die Aufgabe, das Ausstellungsgelände zu entwerfen, ein besonders komplexes Vorhaben. Der Masterplan vom November 1997, den das Büro Albert Speer & Partner (AS & P) aus Frankfurt ausarbeitete, basiert auf der 1994er Version von Arnaboldi/Cavaldini aus Locarno, Kienast Vogt Partner aus Zürich und AS & P. Er umfasst nicht nur das eigentliche Ausstellungsgelände, sondern auch die unmittelbare Umgebung, darunter die Kronsberg-Siedlung und die umliegende Infrastruktur. Die existierenden Hallen bilden den Kern des kompakten Ausstellungsgeländes, wobei die Ausrichtung der westlichen und der nördlichen Hallen die Lage der parallelen Streifen, die für die Länderpavillons geplant sind, bestimmt. Diese Streifen sind nach einem System in gleiche, rechteckige Abschnitte gegliedert, die wiederum in drei teils miteinander verbundene Parzellen unterteilt sind, in denen jeder Teilnehmer ein 60 x 150 m großes „Fach" erhält. Südlich der westlichen Hallen befinden sich ein großer rechteckiger Platz, der von Kienast Vogt Partner gestaltet wird, sowie zwei weitere Messehallen, die im rechten Winkel zu den Streifen mit den Länderpavillons stehen.

Wie schon erwähnt, kommen zu den bestehenden Messehallen zwei weitere Hallen hinzu, eine zwischen den Hallen 24 und 25, sodass diese eigentlich zusammengefügt werden, und eine Doppelhalle, die von Gerkan, Marg und Partner südlich der Hallen platziert wird; beide sind für den Themenpark bestimmt.

Kronsberg-Siedlung Die „Allee der vereinigten Bäume" ist ein Abschnitt der wichtigen Ost-West-Achse, die von dem neu zu bauenden Fernbahnhof Hannover/Laatzen und dem dazu gehörigen Boulevard über eine Brücke zur Expo-Plaza und der Station Brüsseler Straße führt, womit das Problem der drohenden Zweiteilung des Ausstellungsgeländes durch die Messeschnellstraße gelöst wird. Außerdem stößt die Allee im rechten Winkel zu den Sektoren der Länderpavillons, sodass zwischen beiden Gebieten eine optische Einheit geschaffen wird. Die Expo-Plaza, die auf einen Entwurf von Gerkan, Marg und Partner zurückgeht, wird vom deutschen Pavillon dominiert, für den Florian Nagler den Auftrag erhielt. Die Station Brüsseler Straße verbindet den östlichen Eingang mit dem Expo-Gelände und der Kronsberg-Siedlung, einem Neubauviertel mit 2500 Wohnungen für Mitarbeiter und mit einer Bauausstellung mit 400 (unbewohnten) Apartments der Zukunft. Die Siedlung wird nach der Ausstellung auf insgesamt 6000 Wohnungen erweitert, die nach einem vorgegebenen Schema auf viereckigen Bauparzellen erbaut werden. Danach wird Kronsberg in Hannover integriert.

Infrastruktur Trotz der Tatsache, dass die Messe schon heute in der Lage ist, große Besuchermengen aufzufangen, wird die Infrastruktur um Hannover für die Expo wesentlich erweitert, sodass der erwartete Andrang von täglich 300.000 Besuchern bewältigt werden kann. Die Schnellzugverbindung nach Hannover wird verbessert, der Flughafen mit dem Zentrum verbunden, eine neue Linie der Stadtbahn angelegt, und die Deutsche Bundesbahn baut einen neuen Fernbahnhof (Hannover/Laatzen). Dieser Bahnhof, zu dem auch die 400 m lange Verbindungsstraße (Münchener Straße) zwischen dem Bahnhof und dem Westeingang des Expogeländes gehört, muss pro Tag rund 180.000 Fahrgäste befördern. Für dessen Entwurf erhielten Gösler, Gösler & Döring den 1. Preis in einem Architektur-Wettbewerb. Die Jury pries u. a. den hohen Komfort, der den Fahrgästen geboten wird, und die gelungene städtebauliche Lösung, die in Richtung von Laatzen eher bescheiden und zur Expo hin großzügiger wirkt. Der Bahnhof entspricht den Anforderungen großer Veranstaltungen, ist aber auch für den normalen Gebrauch geeignet. Die von dem Architektenbüro gewählte Form passt also sowohl zu einem regionalen als auch zu einem großen Bahnhofsgebäude. Bei der Ankunft auf dem Ausstellungsgelände werden die Besucher mit einer verglasten Personentransportröhre, dem Skywalk, und einer Einschienenbahn weiterbefördert.

Pavillons Zum Zeitpunkt der Entstehung des vorliegenden Buches war lediglich etwas von den Pavillons der Schweiz und der Niederlande bekannt. Wie schon erwähnt, wird von den Teilnehmern verlangt, dass sie sich an die Thematik der Ausstellung halten, und zwar sowohl bei der Präsentation als auch beim Bau des Pavillons selbst. Mit ihrem Plan, den von Holzpfählen getragenen Pavillon nach der Ausstellung im eigenen Land als Restaurant wiederzuverwenden, hält sich die Schweiz eng an den Auftrag. Der niederländische Pavillon, im Ergebnis eines Ideenwettbewerbs vom Büro MVRDV entworfen, zeigt Umweltbewusstsein, indem er dem Dachgarten von Le Corbusier völlig neue Impulse gibt: Der wie ein Hamburger aufgeschichtete Pavillon hat eine Zwischenebene aus Bäumen. Auf dem Dach des Pavillons befinden sich Windmühlen, die typisch für die Niederlande und zugleich ein Symbol der Energieeinsparung sind.

Bibliographie

Allgemeine Literatur

Allwood, John: *The Great Exhibitions*, London 1977.

Beutler, Christian: *Weltausstellungen im 19. Jahrhundert*, München 1973.

Friebe, Wolfgang: *Buildings of the World Exhibitions*, Leipzig 1985.

K.V.G.O. *Kerstnummer Grafisch Nederland*, „Wereldtentoonstellingen", o.S., 1991.

Poirier, René: *Des foires, des peuples, des expositions*, Brüssel 1958.

Le livre des expositions universelles 1851-1989. Ausstellungskatalog Union Centrale des Arts Décoratifs – Musée des Arts Décoratifs, Paris 1983.

Themenorientierte Literatur

Album de l'Exposition 1900, 120 Vues et 7 Plans.

Arts et techniques dans la vie moderne in: Exposition Paris 1937, Nr. 4, August 1936.

Arts industriels et du métier, exposition universelle et internationale: Bruxelles 1910, section Néerlandaise, Antwerpen 1910.

Baalman, Dirk: *De wereldtentoonstelling van 1883 in Amsterdam*, in: Kunstlicht 9, 1983, S. 5–11.

Barré-Despond, Arlette und Suzanne Tise: *Jourdain*. New York 1991. [1900]

Bastlud, Knud, S. Giedion: *José Luis Sert*. Zürich 1967.

Bekaert, Geert und Francis Strauven: *Bouwen in België 1945-1970*. Brüssel 1971 [1958].

Benevolo, Leonardo: *History of Modern Architecture*. Cambridge (Mass.) 1977.

Berlage, H.P.: *Beschouwingen over bouwkunst en hare ontwikkeling*. Rotterdam 1911 [1910].

Bontridder, Albert: *Dialoog tussen licht en stilte*, in: Hedendaagse bouwkunst in België. Antwerpen 1963.

Brunhammer, Yvonne und Suzanne Tise: *Les Artistes Décorateurs 1900–1942*. Paris 1990.

Bruxelles et l'Exposition 1910 – Brussel en de Tentoonstelling. Antwerpen 1910.

Chemetov, Paul und Bernard Marrey: *Architectures Paris 1848–1914*. Paris 1980.

Cordat, Charles: *La Tour Eiffel*. Paris 1955.

Corneli, R., *Antwerpen und die Weltausstellung*, o.S. 1886.

Cremona, Italo: *De wereld van de Jugendstil*. Amsterdam 1969.

The Crystal Palace Exhibition, Illustrated Catalogue, An unabridged republication of the Art Journal Special Issue. Introduction John Sloag. New York 1970.

De Opmerker. 18. Jg., 1883.

De Panoramische droom, Antwerpen en de wereldtentoonstellingen 1885, 1894, 1930. Ausstellungskatalog Antwerpen, Bouwcentrum 12. Juni–31. August 1993.

Dean, David: *Architecture of the 1930's. Recalling the English Scene*. RIBA Drawnings series. New York 1983.

Deutschlands Raumkunst und Kunstgewerbe auf der Weltausstellung zu Brüssel 1910. Stuttgart o.J. (1910).

Doctorow, E.L.: *World's Fair*. New York 1985 [1939].

Drexler, Arthur (Hg.): *The Architecture of the Ecole des Beaux-Arts*. London 1977.

Evenson, Norma: *Paris, A Century of Change 1878–1978*. New Haven/London 1979.

Expo 70. in: Architectural Review, Bd. CLXVIII, 882, 1970.

Expo 70. in: Deutsche Bauzeitung, 104. Jahrgang, 1. Juli 1970.

Expo '92 Sevilla Pabellon de Belgica. Antwerpen 1992.

Expo '92 Sevilla, Architecture and Design. Sevilla/Mailand 1992. Offizieller Katalog.

L'Exposition des Arts Décoratifs, in: Art et Décoration, Juillet–Décembre 1925.

Ferreira de Almeida: *Exposicoes Universais, Barcelona 1929*. Lissabon 1995.

Freeland, J.M.: *Architecture in Australia, A History*. Melbourne 1968.

Gazette des Architectes et du Batiment, Revue bimensuelle publiée sous la direction de mm. E. Viollet-le-Duc et A. de Baudot, architecte. 3e année–1865, Paris.

Gers, Paul: *En 1900*, o.S., o.J. (1900).

Gilliam, Harold und Phil Palmer: *The Face of San Francisco*. New York 1960.

Gournay, Isabelle: *Le nouveau Trocadéro*. Lüttich/Brüssel 1985.

Gréber, Jacques: *L'Architecture aux Etats-Unis*: Paris 1920.

Harada, Jiro: *The Panama-Pacific International Exposition and its Meaning*, in: The Studio LXV. Nr. 269, August 1915.

Jager, Ida: *Willem Kromhout Czn.*: Rotterdam 1992 [1910].

Kalff, L.C.: *Kunstlicht und Architektur*. Eindhoven 1943.

Katalog Neue Sammlung, Staatliches Museum für Angewandte Kunst München. München 1973.

Kinchin, Perilla & Juliet: *Glasgow's Great Exhibitions*. Wendlebury 1988.

Klasen, Ludwig: *Grundriß-Vorbilder von Gebäuden für Kunst und Wissenschaft*. Abt. X, Leipzig 1887.

Klein, Dan, Nancy A. McClelland, Malcolm Haslan: *Art Deco*. Alphen aan den Rijn 1995.

Kraemer, Hans: *Das XIX. Jahrhundert in Wort und Bild.* Berlin, Leipzig, Stuttgart, Wien, o.J.

Kultermann, Udo (Hg.): *Kenzo Tange Architecture and Urban Design 1946–1969.* Zürich 1970.

Laville, Michel: *Expo 67 in Montreal.* in: Werk II, November 1967, S. 708–730.

Le Corbusier: *Het electronische Gedicht/Le Corbusier.* Eindhoven 1958.

Lenning, Henry F.: *The Art Nouveau.* Den Haag 1951 [1900].

L'Illustration, Album hors serie, „Exposition Paris 1937", Paris 1937.

Long, David G. De u. a. (Hg.): *American Architecture: Innovation and Tradition.* New York 1986.

Loyrette, Henri: *Gustave Eiffel. Ein Ingenieur und sein Werk.* Stuttgart 1985.

Maass, John: *The Glorious Enterprise.* American Life Foundation, N.Y. State.

Mendoza, Eduardo: *Stad der wonderen.* Amsterdam 1988 [1929].

Montijn, Ileen, *Kermis van Koophandel, De Amsterdamse wereldtentoonstelling van 1883,* Bussum 1983.

Montreal Expo '67, De Mens in de Delta, de Nederlandse deelneming aan de Wereldtentoonstelling Montreal 1967. o.S. 1968.

Monzie, Anatole De: *Pavillon Societé des Artistes Décorateurs. Exposition Internationale Paris – 1937.* Paris 1937.

Newhall, Ruth: *San Francisco's Enchanted Palace:* Berkeley 1967 [1915].

Nicoletti, Manfredi: *D'Aronco e l'archittura liberty.* Rom/Bari 1982 [1902].

Orandakan. 's-Gravenhage 1970.

The Overseas Construction Association of Japan: *Japan's Construction 1970.* Tokyo o.J.

Panman, J.: *Gids Wereldtentoonstelling Brussel '58.* Amsterdam-Antwerpen 1958.

Le pavillon de la Hongarie a l'exposition internationale de Paris 1937. Budapest 1937.

Pevsner, Nikolaus: *History of Building Types.* London 1976.

Pevsner, Nikolaus, J.M. Richards (Hg.): *The Anti-Rationalists,* London 1973.

Prims, Lut und Ronny de Meyer: *Het Zuid (Antwerpen 1875–1890), Architectuur & Maatschappij.* Antwerpen 1993.

Quantrill, Malcolm: *Alvar Aalto, A critical Study.* New York 1983.

Ragon, Michel: *Histoire mondiale de l'architecture et de l'urbanisme moderne,* o.S. 1971.

Roth, Leland M.: *A Concise History of American Architecture,* New York 1980.

Roth, Leland M. McKim: *Mead & White, Architects.* London 1983 [1983].

Rydell, Robert W.: *World of Fairs.* Chicago und London 1993.

Scharabi, M.: *Architekturgeschichte des 19. Jahrhunderts.* Tübingen/Berlin 1993.

Schulze, Franz, *Mies van der Rohe, Critical Essays.* New York 1989 [1937].

Selle, Gert: *Jugendstil und Kunstindustrie,* Darmstadt 1974.

Simon, Alfred: *Bundesrepublik Deutschland, Planen und Bauen.* Bonn 1973.

Sinkevitch, Alice (Hg.): *A.I.A. Guide to Chicago.* San Diego 1993.

Speer, Albert (Hg.): *Neue Deutsche Baukunst.* Berlin 1941.

Stern, Robert, Thomas Mellins, David Fishman, New York 1960, *Architecture and Urbanism Between the Second World War and the Bicentennial,* New York 1995.

Stroink, Rudy (Hg.), *Ir. J. H. van den Broek, Projekten uit de periode 1928–1948,* Delft 1981.

Teirlinck, Herman: *Brussel 1900.* Antwerpen 1981.

The Japan Architect 127, Jan.–Febr. 1970.

Trachtenberg, Marvin: *The Statue of Liberty.* Middlesex 1974.

Walton, Ann Thorson: *Ferdinand Boberg-Architect, The Complete Work.* Cambridge, Massachusetts 1994.

Wilde, Otto und Albert Ganzlin (Hg.), *Weltausstellung Chicago,* Berlin 1893. Fotoalbum.

Willensky, Elliot und Norval White, *A.I.A.: Guide to New York City.* New York 1988.

Wilson, Edwin: *The Wishing Tree.* Sydney 1992 [1879]

Windsor, Alan: *Peter Behrens, Architect and Designer.* London 1981

Register

Das Register enthält die Namen der im Text genannten Architekten, Ingenieure und Designer sowie die Jahre jener Ausstellungen, an denen sie aktiv beteiligt waren.

Impressum

Produktion, Koordination Cees de Jong, Emmanuelle Kramps, V+K Publishing, Blaricum

Autor, Illustrationsmaterial Erik Mattie, Amsterdam

Design Cees de Jong, Jan Johan ter Poorten, Corine Teuben, V+K Design, Blaricum

Lithographie Propress, Wageningen

Druck und Bindung Emico Offset, Wommelgem

Übersetzung Rosi Wiegmann, Helga Marx, Amsterdam

Redaktion Daniela Tivig

Der Dank des Autors richtet sich an Antiquariat Opbouw Amsterdam, Architectura & Natura Amsterdam, Bart van den Berg, Coert Peter Krabbe, Gerrit Oorthuys, Jouke van der Werff, Deutsche Bahn A.G., Expo 2000 Hannover GmbH.

Bildnachweis William Henry Fox Talbot, S.12 rechts; Missouri Historical Society, S.117, S.119, S.120; Kollar, S.184; *Domus*, S.203, S.207 oben; Marc, S.205; *Architectural Design*, S.207 unten; Pressedienst, S.209 unten; DLR + John Graham Associates/Engineers/Planners, S.210, S.212, S.213 oben und unten links; Minoru Yamasaki Associates, S.215; Robert Perron, S.229; Leonardo Bezzola, S.231; *Deutsche Bauzeitung*, S.234, S.238; *Architectural Review*, S.237; Jouke van der Werff, S.244, S.248, S.250; Nederlandse Stichting voor Wereldtentoonstellingen, S.254 oben.

Die Texte und Fotos zu den Kapiteln St. Louis, 1904, Chicago, 1933 und Seattle, 1962 stammen von Princeton Architectural Press, New York.